Assédio Moral e Sexual no Trabalho:

Teoria e Prática para Prevenção por meio do Compliance *e outras Ferramentas*

Assédio Moral e Sexual no Trabalho:

Teoria e Prática para Prevenção por meio do Compliance *e outras Ferramentas*

Evandro de Oliveira Tinti

Advogado. Professor e Palestrante na área do Direito do Trabalho e Direito Processual do Trabalho. Mestre em Direito e Gestão de Conflitos pela Universidade de Araraquara. Especialista em Direito e Processo do Trabalho pela Escola Paulista de Direito — EPD (São Paulo). Bacharel em Direito pelo Centro Universitário Padre Albino - Unifipa (Catanduva).

LACIER

LACIER
Lacier Livraria e Editora
www.livrarialacier.com.br

Rua Doutor Quirino, 808 – Centro
CEP 13015-081 – Campinas, SP – Brasil

Fevereiro, 2024

Diretor: *Lacier José de Rezende*
Coordenação editorial: *Peter Fritz Strotbek*
Projeto de capa: *Fabio Giglio*
Projeto gráfico e editoração eletrônica: *The Best Page*

Ficha Catalográfica

Dados Internacionais de Catalogação na Publicação (CIP)
(Câmara Brasileira do Livro, SP, Brasil)

T593a Tinti, Evandro de Oliveira.
Assédio moral e sexual no trabalho : teoria e prática para prevenção por meio do *compliance* e outras ferramentas / Evandro de Oliveira Tinti. — 1. ed. — Campinas, SP : Lacier Editora, 2024.
202 p. ; 17 x 24 cm.

ISBN 978-65-88805-81-7

1. Assédio moral — Legislação. 2. Assédio sexual Legislação. 3. Assédio no ambiente de trabalho. 4. Trabalhadores — Aspectos morais e éticos. I. Título.

CDU 331.347.426

Índices para catálogo sistemático:
Assédio no ambiente de trabalho — Direito
Angela Schmidt da Rosa - Bibliotecária - CRB-14/1171

Sumário

Prefácio

Muito honrado com o convite para prefaciar a obra do professor Evandro de Oliveira Tinti, fruto da sua dissertação de mestrado que tive a honra de participar da banca examinadora.

O assédio moral e sexual são graves violações dos direitos humanos e devem ser combatidos em todas as esferas da sociedade inclusive nas relações do trabalho. A realidade do assédio moral e sexual no local de trabalho precisa ser enfrentada através de diversas maneiras de prevenção, de forma a promover uma cultura organizacional que valorize a dignidade da pessoa humana, em especial em microempresas responsáveis por empregar grande número de trabalhadores, conforme pesquisa realizada no capítulo 1.2 do presente livro.

O olhar específico para as microempresas se faz necessário diante da especificidade dessa relação de emprego, muitas vezes pautada pela gestão informal e familiar conforme pontua o autor. E este trabalho cuida de enfrentar o tema sob esse enfoque de forma brilhante.

É preciso que as práticas de prevenção sejam eficazes, envolvendo educação, conscientização e providências de proteção para criar um ambiente seguro e respeitoso para todos. O trabalho do Evandro é uma valiosa colaboração para o ordenamento jurídico no enfrentamento desta questão, pois há necessidade de trazer luz ao tema e desafiar a cultura da impunidade, principalmente porque essas formas de violência muitas vezes passam desapercebidas ou são minimizadas.

Ao longo do livro cuida o autor de definir e classificar o assédio para depois estabelecer estratégias eficazes de precaução, com o objetivo de promover ambiente de trabalho seguro, inclusivo e respeitoso para todos.

O tema é complexo e muitas vezes negligenciado no plano da prevenção (dever primário do empregador). Assim, apresentar ferramentas de combate é essencial para promoção do bem estar social e da preservação da dignidade da pessoa humana. Sem dúvida alguma o resguardo é a chave para criar o ambiente de trabalho seguro e saudável e também para evitar a consequencia da violação de tais direitos que é a responsabilidade civil através de indenização (dever secundário do empregador).

A prevenção é a forma de erradicar o assédio em todas as suas formas, razão pela qual o aprofundamento do seu estudo é de fundamental importância, o que faz com que o presente livro se torne um chamado à ação e à conscientização da importância de implementação de políticas de prevenção.

Apesar do trabalho ser voltado para as formas de prevenção ao assédio moral e sexual, o autor cuida também de abordar a responsabilidade civil, através de importante pesquisa bibliográfica e da legislação vigente.

Uma das finalidades da indenização por assádio moral ou dano moral é a pedagógica, de forma a demonstrar que certos comportamentos são inaceitáveis, reforçando os valores da sociedade, educando tanto o agressor quanto a comunidade em geral sobre os limites éticos e legais que devem ser respeitados nas interações humanas.

A compreensão das nuances legais e éticas envolvidas nesses casos também é um dos objetivos de impor condenação decorrente da responsabilidade civil. Daí porque o livro não cuida apenas das políticas e praticas eficazes de prevenção ao assédio moral e sexual, pois um entendimento mais aprofundado da responsabilidade civil nessas situações pode contribuir para a criação de ambientes de trabalho mais seguros, justos e produtivos.

No primeiro capítulo o livro cuida de nos mostrar a importância da microempresa no cenário nacional e o funcionamento do compliance como mecanismo de prevenção ao assédio. No capítulo 2 traz o conceito e requisitos do assédio, o que se faz necessário para assim compreender a sua caracterização, pois o conhecimento é o início do percurso para a prevenção de violações de direitos.

Já no terceiro capítulo, o autor nos traz um estudo sobre o meio ambiente do trabalho e a consequente responsabilidade civil do empregador com destaque aos princípios constitucionais que servem de pilares para proteção ao meio ambiente, bem como o tema é tratado no direito comparado para finalmente nos dois últimos capítulos abarcar a aplicação prática do compliance na prevenção do assédio, além de outras formas de prevenção.

O presente livro é um presente e ótimo aporte para o ordenamento e para comunidade jurídica, o que certamente será bibliografia indispensável quanto ao tema.

O autor é advogado militante e professor de Direito do Trabalho e Processo do Trabalho em diversos cursos e desde 2019 integra o corpo docente do Curso de Pós-Graduação da Escola Paulista de Direito, do qual sou coordenador e tenho a honra de ser o responsável pelo convite de seu ingresso.

Conheci o professor Evandro no curso de Pós-Graduação da EPD, tendo se destacado pela sua participação efetiva e dedicação em todas as aulas, por este motivo não me surpreendeu a qualidade do presente trabalho, o que torna fácil a recomendação da presente obra deste grande e jovem jurista.

Prof. Dr. Carlos Augusto Marcondes de Oliveira Monteiro

Introdução

Os conflitos relativos a assédio moral e sexual são um grande problema nas relações de trabalho no Brasil, havendo atualmente muitos processos que tratam do tema, embora possa haver diversos casos sem a judicialização, por diversos motivos, como falta de provas ou medo de represálias.

Além da judicialização destes conflitos, nos parece necessário empreender esforços no sentido da prevenção, uma vez que, após os danos causados, a simples indenização pecuniária nem sempre representa uma real reparação.

Até porque as condutas de assédio, seja este moral ou sexual, são maléficas não só aos empregados que a sofrem, mas para toda a sociedade e até mesmo para a empresa que as cometem ou as toleram, uma vez que o risco de indenizações em processos trabalhistas é grande e pode afetar substancialmente sua saúde financeira.

Mesmo as microempresas são prejudicadas quando realizam condutas que sequer sabem ser consideradas como assédio, ou então quando não detém o devido controle sobre as atividades de seus empregados ou prestadores de serviço, o que se volta contra ela em processos judiciais.

As microempresas apresentam algumas características que podem originar, ou ao menos permitir, práticas de assédio moral e sexual no ambiente de trabalho, como dificuldade de comunicação, gestão não profissional, que leva a metas e cobranças arbitrárias, bem como falta de critério para promoções funcionais, prêmios ou até mesmo punições, além de ausência de apoio profissional externo.

Além do problema principal, que é a proteção da dignidade e dos direitos da personalidade do trabalhador, tal tema também gera efeitos econômicos e sociais muito relevantes, de forma que, por qualquer ângulo que seja analisado, mostra-se necessária a sua discussão e, na medida do possível, a utilização de formas de prevenção de conflitos dele decorrentes.

Por isso, o presente livro busca ser útil aos profissionais do direito e empresários, na medida em que a prevenção de conflitos decorrentes de assédio moral e sexual não são amplamente debatidos no dia a dia dos juristas, que, via de regra, acabam voltando suas atenções à solução processual de conflitos, que muitas vezes poderiam ser prevenidos se houvesse uma atenção maior pela empresa e pelos profissionais de direito que a assessoram.

Na realidade das microempresas verifica-se precariedade na prevenção de conflitos, pois o foco do microempresário acaba sendo, via de regra, voltado à atividade econômica e não às situações que podem gerar consequências judiciais como indenizações e até investigação criminal.

Com isso, a presente obra pretende ser um manual na prática jurídica de profissionais que atuem junto às microempresas, e até mesmo para microempresários que se interessem pelo tema, trazendo orientações práticas para a implementação de medidas para prevenção de assédio moral e sexual.

Claro que, embora o presente livro tenha como foco principal as microempresas, as técnicas e ferramentas nele estudadas podem ser usadas em empresas de outros portes, na medida de suas características, uma vez que não há como separar totalmente a realidade das empresas no país, havendo dificuldades e desafios em comum.

Quanto à estrutura, este livro apresenta um primeiro capítulo para delimitar o conceito de microempresa para os fins destes estudos, bem como estudar a realidade destas empresas no Brasil atualmente, inclusive suas características que possam gerar riscos de conflitos laborais decorrentes de assédio moral e sexual, bem como as formas de solução destes conflitos, aqui incluído o *compliance* trabalhista.

No segundo capítulo abordar-se-á questões conceituais de assédio moral e assédio sexual, tratando de requisitos para a configuração de ambos, a legislação aplicável, diferenças e semelhanças entre estas formas de assédio, estatísticas processuais, e possíveis causas e consequências destas práticas de assédio.

No terceiro capítulo é realizado o estudo sobre meio ambiente do trabalho e responsabilidade civil do empregador, que demonstra a importância de um ambiente laboral equilibrado e também as consequências em caso de descumprimento da legislação de proteção do trabalho.

Por fim, nos capítulos quarto e quinto, a partir da observação das características das microempresas potenciais causadoras de conflitos relativos ao assédio moral e sexual nas relações de trabalho, buscar-se-á uma proposição geral de prevenção destes conflitos, tanto pela implementação de um programa de *compliance* na microempresa, além de outras ferramentas de comunicação, gestão e treinamentos, com sugestões práticas de como aplica-las na prevenção de conflitos de assédio moral e sexual no âmbito de microempresas.

Capítulo 1

Microempresas, Prevenção de Conflitos e *Compliance* Trabalhista

Ao estudar a realidade das microempresas verificamos, por conta de algumas características que apresentam, o potencial gerador de conflitos, que levam a conflitos judiciais e outras consequências negativas para estas empresas, de modo que é relevante o estudo da prevenção de conflitos, como a aplicação de um programa de *compliance* ou outras ferramentas, no âmbito das microempresas.

1.1. Conceito de microempresa

Antes da análise específica do *compliance* nas microempresas, mostra-se necessário tratar do conceito de microempresa para compreensão do uso do termo nesta obra.

Existem diversas classificações empresariais pelo seu porte, por diversos órgãos públicos e privados, tais como o Serviço Brasileiro de Apoio às Micro e Pequenas Empresas (SEBRAE) e a Receita Federal do Brasil que se utiliza da previsão legal da Lei Complementar n. 123/2006, que estabelece faixas de valores de renda bruta anual para classificação das empresas em microempresa individual, microempresa e empresa de pequeno porte.

A Lei Complementar n. 123/2006 prevê normas que visam o tratamento diferenciado e favorecido quanto a tributos, obrigações trabalhistas e previdenciárias, entre outras previstas no *caput* do seu art. 1º.(1)

---

(1) Art. 1º Esta Lei Complementar estabelece normas gerais relativas ao tratamento diferenciado e favorecido a ser dispensado às microempresas e empresas de pequeno porte no âmbito dos Poderes da União, dos Estados, do Distrito Federal e dos Municípios, especialmente no que se refere:

I – à apuração e recolhimento dos impostos e contribuições da União, dos Estados, do Distrito Federal e dos Municípios, mediante regime único de arrecadação, inclusive obrigações acessórias;

II – ao cumprimento de obrigações trabalhistas e previdenciárias, inclusive obrigações acessórias;

III – ao acesso a crédito e ao mercado, inclusive quanto à preferência nas aquisições de bens e serviços pelos Poderes Públicos, à tecnologia, ao associativismo e às regras de inclusão.

IV – ao cadastro nacional único de contribuintes a que se refere o inciso IV do parágrafo único do art. 146, in fine, da Constituição Federal.

Em seguida, no art. 3º, esta mesma Lei trata da definição de microempresa e empresa de pequeno porte, considerando microempresa aquela que "aufira, em cada ano-calendário, receita bruta igual ou inferior a R$ 360.000,00 (trezentos e sessenta mil reais)", e considerando empresa de pequeno porte aquela que "aufira, em cada ano-calendário, receita bruta superior a R$ 360.000,00 (trezentos e sessenta mil reais) e igual ou inferior a R$ 4.800.000,00 (quatro milhões e oitocentos mil reais)".

A doutrina de Andréa Bastos da Silva Guimarães, Kátia Cilene Medeiros de Carvalho e Luiz Andrés Ribeiro Paixão destaca que, por sua vez, o Instituto Brasileiro de Geografia e Estatística (IBGE) "não adota nenhum preceito de classificação de MPEs, utilizando na realização de suas pesquisas critérios de pessoal ocupado, de receita e de atuação em mais de uma Unidade da Federação (UF) para definir os estratos certo, amostrado e gerencial".(2)

Todavia, na presente obra decidiu-se por utilizar do critério fixado pelo SEBRAE para delimitação do porte de Microempresas, a partir do número de empregados, que é um critério objetivo e que considera as peculiaridades de algumas grandes espécies de atividade econômica.

A tabela a seguir (tabela 1) demonstra os detalhes deste critério de apuração do porte das empresas, utilizado pelo SEBRAE:

Tabela 1 — Critérios de apuração do porte das empresas pelo número de empregados, utilizado pelo SEBRAE(3):

Porte	Extrativa mineral; Indústria de Transformação e Construção	Agropecuária; Serviços Industriais de Utilidade Pública; Comércio e Serviços
Microempresa	até 19 pessoas ocupadas	até 9 pessoas ocupadas
EPP	de 20 a 99 pessoas ocupadas	de 10 a 49 pessoas ocupadas
Média empresa	de 100 a 499 pessoas ocupadas	de 50 a 99 pessoas ocupadas
Grande empresa	500 pessoas ocupadas ou mais	100 pessoas ocupadas ou mais

Em síntese, conforme tabela 1, microempresa é aquela que, no comércio, agropecuária, Serviços Industriais de Utilidade Pública, e serviços tem até nove empregados, ou, no caso da extração mineral, indústrias de transformação e construção, até dezenove empregados.

(2) GUIMARÃES, Andréa Bastos da Silva; CARVALHO, Kátia Cilene Medeiros de; PAIXÃO, Luiz Andrés Ribeiro. Micro, pequenas e medias empresas: conceitos e estatísticas. 2018. *Radar*, v. 55, p. 21-26, fev. 2018, p. 22. Disponível em: https://www.ipea.gov.br/portal/images/stories/PDFs/radar/180209_radar_55_cap04.pdf. Acesso em: 21 jul. 2022.

(3) SEBRAE (Org.). *Anuário do trabalho nos pequenos negócios:* 2018. 11. ed. Serviço Brasileiro de Apoio às Micro e Pequenas Empresas; Departamento Intersindical de Estatística e Estudos Socioeconômicos [responsável pela elaboração da pesquisa, dos textos, tabela gráficos e mapas]. Brasília, DF: DIEESE, 2020, p. 10. Disponível em: https://www.dieese.org.br/anuario/2018/anuarioPequenoNegocio2018.pdf. Acesso em: 06 abr. 2022.

Este critério que considera o número de empregados parece ser o que melhor auxilia o presente estudo, pois quando tratarmos, mais adiante neste livro, de conflitos decorrentes de assédio moral e assédio sexual no trabalho pretendemos discutir formas de prevenção a partir de reestruturação e de novas práticas para um melhor ambiente de trabalho.

E assim, para delimitação epistemológica na presente obra, utiliza-se de tal critério para que se possa traçar as estratégias de prevenção de assédio conforme as particularidades da hierarquia de microempresas, com poucos empregados e poucos setores, ou talvez nenhuma subdivisão, mas que ainda assim tem potencial para ocorrência de assédio moral e sexual por conta de suas características.

Os conflitos que ocorrem em microempresas, assim como todas as dificuldades de gestão, sejam elas técnicas, econômicas, financeiras, ou de fluxo de trabalho, atingem também médias e grandes empresas, mas o recorte epistemológico da presente obra é realizado na perspectiva de contribuir com a prevenção de conflitos nas microempresas tendo em vista sua realidade, geralmente pouco especializadas e com gestão informal, muitas vezes familiar, com poucos empregados, mas que, na somatória, alcança grande parte dos trabalhadores formais do país.

1.2. A realidade das microempresas no Brasil

Segundo levantamento do SEBRAE, as microempresas representavam em 2018 cerca de 93,00% de todas as empresas do país, no total de 7.141.534, enquanto as demais eram assim distribuídas: pequenas empresas 435.054 (6,00%); médias empresas 45.153 (0,60%); e grandes empresas 26.817 (0,40%).(4)

Em relação aos empregados formais, também com dados de 2018, verificamos que as microempresas, na somatória, tinham 8.395.428 de empregados, o que equivale a 25,58% do total de empregados formais contratados no Brasil, enquanto as demais empresas apresentavam as seguintes quantidades e porcentagens de empregados: pequenas empresas 9.390.891 (28,61%); médias empresas 4.582.951 (13,96%); e grandes empresas 10.453.747 (31,85%).(5)

A doutrina demonstra também que muitas micro e pequenas empresas são familiares, explicando que:

> Por consequência da alta taxa de desemprego no país, o empreendedorismo torna-se uma opção comum como uma fonte de renda.

---

(4) SEBRAE (Org.). *Anuário do trabalho nos pequenos negócios:* 2018. 11. ed. Serviço Brasileiro de Apoio às Micro e Pequenas Empresas; Departamento Intersindical de Estatística e Estudos Socioeconômicos [responsável pela elaboração da pesquisa, dos textos, tabela gráficos e mapas]. Brasília, DF: DIEESE, 2020, p. 27-28. Disponível em: https://www.dieese.org.br/anuario/2018/anuarioPequenoNegocio2018.pdf. Acesso em: 06 abr. 2022.

(5) *Ibidem*, p. 137.

> Neste contexto, é possível perceber a predominância da participação familiar no estilo de empresas fundadas. Uma pesquisa realizada em 2016, mostra que 52% das Micro e Pequenas empresas no Brasil são do tipo familiares, ou seja, possuem sócio ou empregado parente do proprietário.(6)

Estes dados demonstram que as microempresas, em seu conjunto, estão enraizadas pelo país e são parte importante da economia, pois geram grande parte dos empregos e garantem uma multiplicidade de iniciativas, combatendo monopólios e acumulação de riquezas nas mãos de poucas pessoas. Além disso, como oferecem mais de um quarto das vagas de emprego do país, também fica demonstrada sua relevância na manutenção de índices de emprego.

Não obstante essa importância para a economia do país, as microempresas, por diversos fatores, nem sempre conseguem se manter abertas por muito tempo, havendo um grande percentual delas que encerram suas atividades formalmente.

Mesmo no período anterior à pandemia de Covid-19 as microempresas sempre demonstraram dificuldades de se manterem ativas em seu início. Um levantamento realizado pelo SEBRAE em 2016 mostrou que cerca de metade das microempresas abertas entre 2008 a 2012 encerraram suas atividades formalmente dentro de dois anos, enquanto que empresas de pequeno porte, média e grandes empresas se mantiveram em funcionamento quase em sua totalidade, aproximadamente 97%.(7)

Ou seja, a realidade da microempresa apresenta algumas particularidades em relação às empresas de outros portes, como o número reduzido de empregados, gestão informal, muitas vezes familiar, o que potencializa o seu risco de fechamento nos primeiros anos de atividade, de modo que isso deve ser compreendido também quando tratamos de conflitos trabalhistas, tendo em vista sua importância destas empresas para a economia e para os índices de emprego.

1.3. Prevenção de conflitos em microempresas

Como visto, existem algumas características no âmbito das microempresas que muitas vezes são empecilhos ao seu desenvolvimento, ao mesmo tempo em que podem ser fatores de geração de conflitos diversos, como financeiros, tributários, com clientes,

(6) PAULO, Iasmin Luz de; SILVA, Karoline Gomes da; SILVA, Humberto Cardoso da Silva. A gestão de conflitos em microempresas familiares: um estudo de múltiplos casos na cidade de Olinda. *Revista Brasileira de Administração Científica*, v. 12, n. 2, p. 379-390, 2021, p. 380. Disponível em: https://www.sustenere.co/index.php/rbadm/article/view/CBPC2179-684X.2021.002.0030. Acesso em: 26 set. 2022.

(7) SEBRAE. *Sobrevivência de empresas no Brasil.* Brasília, DF: SEBRAE, 2016. Disponível em: https://www.sebrae.com.br/Sebrae/Portal%20Sebrae/Anexos/sobrevivencia-das-empresas-no-brasil-102016.pdf. Acesso em: 06 set. 2022.

prestadores de serviço terceirizados e fornecedores, ou até mesmo dificuldades de cumprimento da legislação trabalhista, o que pode se dar inclusive em relação a assédio moral e assédio sexual, que podem ser muitas vezes evitados com uma gestão mais técnica e profissional.

Desta forma, passamos a identificar cada uma destas características das microempresas com potencial para ocasionar conflitos em seu âmbito para, posteriormente, no último capítulo deste livro, discutirmos as medidas preventivas relacionadas a cada uma.

Em primeiro lugar analisaremos a **comunicação** e suas peculiaridades nas microempresas. A comunicação nestas empresas pode ser facilitada, por um lado, por ser realizada entre menos pessoas, mas, por outro lado, pode ser um problema se não houver uma comunicação democrática e respeitosa, especialmente por parte dos empregadores.

Muitas vezes, portanto, a comunicação impositiva e centralizadora leva a conflitos, na medida em que torna os empregados menos seguros e tementes, por não saberem como será o tratamento, o que pode levar também a situações de assédio moral e sexual.

Madalena Felipe de Carvalho obteve as seguintes respostas quando analisou a percepção de empregados entrevistados sobre as causas de conflitos no ambiente de trabalho:

> A entrevistada "b" por sua vez acha que a má comunicação contribuiu para o surgimento do conflito. O entrevistado "c" acredita que a falta de interesse, descontentamento, falta de comunicação, insatisfação com o trabalho, falta de respeito entre os colegas algumas vezes e, não saber distinguir entre liderança e autoritarismo levam a conflitos.(8)

Uma segunda característica das microempresas diz respeito à **falta de profissionalização da gestão**. É difícil para estas empresas criarem um fluxo de trabalho, o que leva à divisão de trabalho inadequada, arbitrária, de forma que cada empregado acaba por trabalhar individualmente e sem saber a qual ordem respeitar, pois muitas vezes as ordens são contraditórias ou em algumas vezes sequer há regras preestabelecidas para aquela situação.

Essa falta de lógica na organização pode gerar a gestão por improvisos, onde o microempresário passa a criar as normas arbitrariamente na medida em que aparecem as demandas, o que pode gerar conflitos a partir do sentimento de injustiça que tais

(8) CARVALHO, Madalena Felipe de. *Gestão de conflitos:* um estudo de caso em uma empresa familiar do setor metalúrgico. 2014. 47 f. Monografia Especialização em gestão púbica. Universidade Tecnológica Federal do Paraná, p. 33. Disponível em: http://riut.utfpr.edu.br/jspui/bitstream/1/23003/4/PB_GP_IV_2014_10.pdf. Acesso em: 24 set. 2022.b.

decisões possam transparecer, já que são criadas sem muito tempo de amadurecimento ou diálogo.(9)

Igualmente, em terceiro lugar, podemos destacar a **fixação de metas exageradas e cobranças por produtividade exacerbadas ou agressivas**, que também podem gerar conflitos entre empregados, por ciúmes profissional, sentimento de ser preterido mesmo trabalhando e produzindo o mesmo que outros colegas, e desvalorização, quando não se visualiza a lógica do que se deve buscar alcançar.

Isso também pode levar a um certo individualismo e a falta de sentimento de equipe pode distanciar os empregados do empregador e também entre si, o que acaba potencializando o risco de conflitos e assédio.

Neste sentido, Madalena Felipe de Carvalho apresenta também as seguintes respostas de empregados entrevistados sobre o excesso de trabalho e cobranças injustas ou excessivas por produtividade:

> O entrevistado "a" mencionou que na maioria das vezes o conflito é motivado pelo estresse relacionado ao grande volume de trabalho e o número reduzido de pessoas para executá-lo, aliado a infraestrutura de maquinários e ou equipamentos insuficientes que acabam levando as pessoas aos seus limites. [...] O entrevistado "e" menciona que as situações de conflitos algumas vezes ocorrem de forma tendenciosa como o ciúmes de um colega que quer ter benefício de alguma coisa em detrimento do profissionalismo. O entrevistado "f" por sua vez menciona que o estresse motivado pela pressão na realização de um trabalho e a cobrança por resultados é fator gerador de conflitos.(10)

Outro problema com potencial para geração de conflitos oriundos de assédio é a **falta de critérios na realização de promoções de empregados, pagamento de prêmios e bonificações ou, inclusive, punições desproporcionais** ou desiguais por condutas semelhantes, tendo em vista que pode gerar concorrência desleal entre empregados que, por isso, podem deixar de lado o objetivo principal da empresa que é a produtividade.

E, por fim, verificamos que a **ausência de treinamentos** por empregados e pelo próprio empresário acabam retroalimentando essa atuação de improviso, o que traz

(9) RIGONI, Nancy. *Gestão de uma microempresa do setor gráfico:* o caso da gráfica modelo. 2011. 33 f. Monografia Especialização em gestão de negócios financeiros. Universidade Federal do Rio Grande do Sul. Disponível em: https://www.lume.ufrgs.br/handle/10183/96983. Acesso em: 26 set. 2022.

(10) CARVALHO, Madalena Felipe de. *Gestão de conflitos:* um estudo de caso em uma empresa familiar do setor metalúrgico. 2014. 47 f. Monografia Especialização em gestão púbica. Universidade Tecnológica Federal do Paraná, p. 33. Disponível em: http://riut.utfpr.edu.br/jspui/bitstream/1/23003/4/PB_GP_IV_2014_10.pdf. Acesso em: 24 set. 2022.

prejuízos quanto à técnica gerencial, comercial ou produtiva, mas também quanto ao relacionamento interpessoal, até em questões relacionadas a assédio moral e sexual.

Como já mencionamos, muitas vezes a gestão da microempresa acaba sendo feita intuitivamente, a partir das demandas que surgem, sem preparação prévia dos empregados e do próprio microempresário, que geralmente é um dos trabalhadores da empresa, na figura ambígua de trabalhador e proprietário, o que ressalta a importância de treinamentos constantes com profissionais externos para todos os integrantes da empresa.

Da mesma forma é **incomum em microempresas o apoio profissional** em relação ao apoio psicológico dos empregados, seja coletivamente por meio de palestras e consultorias sobre psicologia organizacional e do trabalho, seja individualmente, por consultas.

Em suma, a prevenção de conflitos em microempresas deve primeiramente identificar estas características e se antecipar em possíveis descumprimentos da legislação trabalhista, que importa para o presente trabalho, especialmente quanto à prevenção das formas de assédio laboral.

E assim, nos capítulos quatro e cinco deste livro nos aprofundaremos nestes temas, detalhadamente, para discutir sobre a prevenção de conflitos diante de cada característica e de cada dificuldade aqui estudadas.

1.4. *Compliance* trabalhista

Além destas dificuldades das microempresas, que devem ser aprimoradas para prevenção de conflitos, é também importante a compreensão do *compliance* trabalhista nestas empresas, que deve identificar suas características e possíveis riscos de conflitos nas relações de trabalho, para criar ferramentas de prevenção a partir deles.

Mas não somente isso, já que o *compliance* busca ser mais amplo do que a mera prevenção de conflitos ou processos judiciais, buscando especialmente criar uma cultura de ética e integridade no âmbito empresarial a serem observadas por todos que se relacionam com a empresa, interna ou externamente.(11)

Atualmente existem diversas exigências legais que dificilmente são acompanhadas por microempresas, por sua grande extensão e complexidade. Além dos direitos trabalhistas básicos, previstos na Constituição Federal, Leis, Decretos, Normas Regulamentadoras etc., existem leis específicas que trazem regras a serem seguidas por empresas, muitas com previsões de multas administrativas consideráveis.

---

(11) MARCONI, Aline Del Tedesco Nassif. Compliance *trabalhista:* como assegurar conformidade nas relações de trabalho. São Paulo: Saint Paul Editora, 2021.

Existe a Lei n. 9.029/1995, que proíbe práticas discriminatórias e prevê sanções criminais, civis-trabalhistas e administrativas em caso de discriminação de empregados na contratação, durante o contrato de trabalho ou no momento da dispensa.

Prevê expressamente o art. 1º da mencionada Lei:

> É proibida a adoção de qualquer prática discriminatória e limitativa para efeito de acesso à relação de trabalho, ou de sua manutenção, por motivo de sexo, origem, raça, cor, estado civil, situação familiar, deficiência, reabilitação profissional, idade, entre outros, ressalvadas, nesse caso, as hipóteses de proteção à criança e ao adolescente previstas no inciso XXXIII do art. 7º da Constituição Federal.

Há também o Decreto n. 8.373/2014, que instituiu o E-social, com regras e exigências sobre escrituração digital de informações fiscais, previdenciárias e trabalhistas, que simplificam o envio de informações, mas por outro lado fortalece a fiscalização do trabalho perante as empresas que eventualmente descumprirem suas obrigações.

Sobre o tema Selma Carloto explica que:

> As multas do programa do eSocial vieram para reforçar mais ainda a necessidade de todas as empresas, para subsistirem, possuírem um programa de *compliance* trabalhista.
>
> Diante do exposto, a empresa que atualmente não se adequar a legislação trabalhista será punida não apenas com altas condenações no Judiciário como multas decorrentes do não cumprimento das normas-regras, inclusive pelo eSocial, já que este veio para ampliar a fiscalização.(12)

E podemos citar também a Lei n. 13.709/2018, mais conhecida como Lei Geral de Proteção de Dados, que trouxe regras sobre as restritas hipóteses de colheita e uso de dados, o que se aplica inegavelmente nas relações de trabalho, com previsão de multas em diversas situações tipificadas, de até 2% do faturamento da empresa e que pode chegar até R$ 50.000.000,00, além de indenização civil por danos causados ao titular dos dados.

No âmbito trabalhista, destaca-se que a empresa deve estar preparada para coletar apenas dados estritamente essenciais à contratação e manutenção do contrato de trabalho, bem como não pode utilizar-se dos dados coletados dos empregados para fins de discriminação, ou qualquer violação, devendo, para tanto, oferecer treinamentos aos empregados para garantir que não haverá mau uso ou vazamento de dados.(13)

---

(12) CARLOTO, Selma. Compliance *trabalhista*. 2. ed. São Paulo: LTr, 2020. p. 28.

(13) MARCONI, Aline Del Tedesco Nassif. Compliance *trabalhista:* como assegurar conformidade nas relações de trabalho. São Paulo: Saint Paul Editora, 2021.

Mais recentemente foi promulgada a Lei n. 14.532/2023, que equipara a pena do crime de injúria racial à do crime de racismo, e prevê uma causa de aumento de pena em 1/3 se o crime for cometido em concurso de duas ou mais pessoas, entre outras novidades legislativas, o que se apresenta muito relevante no âmbito trabalhista, tendo em vista que muitas vezes o conflito oriundo de assédio moral e sexual no trabalho pode ser de cunho racial, inclusive cometido por mais de um agente perverso, podendo gerar consequências, portanto, no âmbito criminal.

Igualmente relevante é o Protocolo para Julgamento com Perspectiva de Gênero publicado pelo Conselho Nacional de Justiça, com informações e sugestões para serem utilizadas pelos magistrados de todo o Poder Judiciário, de todas as instâncias e todos os segmentos da Justiça, com a finalidade de "concretizar um papel de não repetição de estereótipos, de não perpetuação de diferenças, constituindo-se um espaço de rompimento com culturas de discriminação e de preconceitos".(14)

Em diversos casos tal protocolo vem contribuindo para interpretação judicial de conflitos que chegam ao Poder Judiciário na perspectiva da desigualdade de gênero que é evidenciada nas relações de trabalho e, por isso, deve fazer parte do *compliance* trabalhista a sua assimilação, para compreender também as peculiaridades desta perspectiva de gênero e se antecipar no sentido de que a própria realidade da empresa já incorpore estas peculiaridades da proteção dos empregados, já que eventual conflito trabalhista será apreciado pelo Poder Judiciário seguindo as orientações deste Protocolo, conforme a necessidade do caso concreto.

Desta forma, antes de adentrar ao estudo específico do *compliance* trabalhista em microempresas é necessário o estudo do *compliance*, seus conceitos, pilares e ferramentas que podem ter aplicação prática no âmbito trabalhista.

1.4.1. Conceito e pilares do compliance

A preocupação com corrupção e práticas corporativas ilegais é antiga, acompanhando a evolução empresarial dentro da própria sociedade contemporânea.

Fábio Lopes Soares *et al* explicam que a preocupação com a ética empresarial e o *compliance* surge formalmente nos Estados Unidos, onde foram criadas, a partir do início do século XX, normas em diversos âmbitos, visando fornecer segurança aos cidadãos e aos negócios, ou seja, todos os participantes da cadeia de consumo.(15)

---

(14) CONSELHO NACIONAL DE JUSTIÇA. *Protocolo para julgamento com perspectiva de gênero.* Brasília: Conselho Nacional de Justiça — CNJ; Escola Nacional de Formação e Aperfeiçoamento de Magistrados — Enfam, 2021. p. 7. Disponível em: https://www.cnj.jus.br/wp-content/uploads/2021/10/protocolo-18-10-2021-final.pdf. Acesso em: 21 ago. 2023.

(15) SOARES, Fábio Lopes *et al.* (Orgs.) *Compliance:* Fundamentos e reflexões para integridade nas empresas. Rio de Janeiro: Lumen Juris, 2021.

Do mesmo modo, Karlis Mirra Novickis ensina que:

> A origem dos Programas de *Compliance*, apesar de historicamente estar relacionada aos anos de 1889 e 1890, quando o Canadá e os EUA respectivamente editaram seus estatutos antitruste (os primeiros de que se tem conhecimento no mundo), pode ser mais bem tangibilizada no ano de 1913, quando o Banco Central norte-americano, objetivando um sistema financeiro mais coeso, exarou normativas aos agentes financeiros que, se não seguidas ou fracamente aplicadas, poderiam resultar em sua responsabilização.(16)

Apenas nas últimas décadas se ampliou a nível global efetivas regulamentações anticorrupção, como explica José Leonélio de Souza:

> A Lei americana contra a corrupção de funcionários e governos estrangeiros, o FCPA — Foreign Corrupt Practice Act, promulgada em 1977, demorou por volta de 30 anos para ganhar efetividade, mas é sem dúvida o grande paradigma das demais regulações anticorrupção no mundo, em sua grande maioria promulgados após 2010.(17)

A finalidade do *compliance* é o aperfeiçoamento da cultura e da ética empresarial, voltada prioritariamente à criação de um ambiente empresarial com menor risco de conflitos, não por medo de punições, mas pela incorporação de uma cultura de respeito aos direitos alheios, a iniciar pelas condutas da própria administração empresarial.

Nesse sentido, esclarece Antonio Carlos Hencsey que:

> Ora, controlar não é transformar. Sanções podem parecer momentaneamente efetivas, no entanto, não se prestam a evitar novas ocorrências, não mudam o indivíduo nem a cultura corporativa.
>
> Assim, o *Compliance* deve ser visto e percebido como uma forma de conscientizar os colaboradores e parceiros, por meio de reflexões, sentimentos reais e aprendizado. Ética, moral e comportamento adequado devem fazer mais parte do escopo da transformação de cultura, do que de práticas implementadas que visam a mero controle e/ou cumprimento de formalidades

---

(16) NOVICKIS, Karlis Mirra. Origem, importância e efetividade dos programas de *compliance*. In: LAMACHIA, Claudio; PETRARCA, Carolina (Orgs.); MELO, Izabela Frota; CODIGNOTO, Roberta (Coords.). *Compliance:* essência e efetividade. Brasília: OAB, Conselho Federal, 2018. p. 38.

(17) SOUZA, José Leonélio de. Métricas como medida de efetividade do compliance. In: LAMACHIA, Claudio; PETRARCA, Carolina (Orgs.); MELO, Izabela Frota; CODIGNOTO, Roberta (Coords.). *Compliance:* essência e efetividade. Brasília: OAB, Conselho Federal, 2018. p. 74.

legais. A efetividade dependerá também da adesão e da perpetuação do comportamento da alta direção, que deverá emanar o exemplo aos seus subordinados e nas suas relações com os parceiros externos.[18]

Para compreender a origem etimológica do termo "*compliance*" trazemos o conceito de Carlos Henrique Bezerra Leite:

> O termo *compliance* se origina do verbo em inglês *to comply*, isto é, agir de acordo com uma regra, uma instrução ou um comando. Nessa ordem, estar em "*compliance*" significa estar em sintonia com as normas legais e morais que compõem determinado ordenamento jurídico.[19]

E especificamente sobre o *compliance* trabalhista, assim explica o mesmo autor:

> Assim, o *Compliance* Trabalhista tem por objetivo a instituição de programas e políticas empresariais destinados a identificar e avaliar as reais condições em que se encontra a empresa no que concerne ao cumprimento efetivo da legislação e estabelecer valores, princípios e regras de integridade que estejam em harmonia com a boa interpretação e aplicação das normas constitucionais e infraconstitucionais relativas ao direito material e processual do trabalho, como as que dizem respeito a: meio ambiente do trabalho (saúde, higiene e segurança no trabalho), enfatizando aspectos da precaução e prevenção de riscos de doenças e acidentes do trabalho; contratação e dispensa de empregados; relação interpessoal no ambiente laboral; subcontratação e terceirização dos serviços; auditorias; análise do passivo trabalhista decorrente das ações judiciais etc.[20]

Também conceitua o *compliance* trabalhista Selma Carloto, que explica:

> O *compliance* trabalhista consiste na conformidade com as normas, tanto internas como externas, com o principal objetivo de trazer credibilidade, ética e transparência à empresa e de evitar passivos em ações individuais e coletivas, multas e sanções para a empresa, pela prática de atos ilícitos por seus representantes, funcionários e outros colaboradores.[21]

---

(18) HENCSEY, Antonio Carlos, *et al*. Disseminação da cultura de *compliance*: casos práticos de ferramentas e mecanismos. In: FRANCO, Isabel (Org.). *Guia prático de* compliance. Rio de Janeiro: Forense, 2020. p. 102.

(19) BEZERRA LEITE, Carlos Henrique. *Curso de direito do trabalho*. 14. ed. São Paulo: SaraivaJur, 2022. p. 138.

(20) *Ibidem*, p. 139-140.

(21) CARLOTO, Selma. Compliance *trabalhista*. 2. ed. São Paulo: LTr, 2020. p. 13.

Norteando os programas de *compliance*, é possível afirmar também que este se baseia em alguns pilares. Para Fábio Lopes Soares *et al*, os pilares de um programa de *compliance* são os seguintes:

> **prevenção** — é a coluna estratégica que tem a meta de buscar o alinhamento de todos os funcionários com as diretrizes que vêm da alta direção. Seu grande objetivo será o de transformar a visão estratégica em ações éticas e íntegras no dia a dia da empresa. Para encarar esse desafio, terá que, além de desenhar com precisão toda a documentação, como o código de conduta e suas políticas, ser bastante efetivo na aplicação de um plano de comunicação e treinamento, como já comentado no subtítulo anterior;
>
> **detecção** — esse pilar, na prática, é necessário, pois não há como garantir a eliminação de todos os riscos de *compliance*. Um mecanismo de detecção para encontrar os comportamentos que são incompatíveis com a prioridade pela ética, definida pela alta direção, é, portanto, fundamental para a efetividade do programa. As ferramentas mais utilizadas para essa tarefa são o canal de denúncias, as investigações que serão colocadas em ação por conta das manifestações oriundas do canal, auditorias e os controles do departamento de *compliance*;
>
> **resposta** — A melhoria contínua é o principal objetivo dessa coluna. Essa mensagem necessita ser clara para todos dentro da empresa. O *compliance* não deve ser criado com o objetivo de punir, mas para melhorar os processos que ainda insistem em não respeitar os princípios éticos da empresa. As medidas disciplinares que eventualmente venham a ser aplicadas, na realidade, são consequências para o cometimento de atos desalinhados com a visão da empresa e até, em alguns casos, contra as leis brasileiras. [...].[22]

Este mesmo autor também menciona uma publicação de um órgão estadunidense que lista os elementos que reputa necessários em um programa de *compliance*:

> Não menos importante, em 1991, a U.S. Sentencing Commission (em português, a Comissão de Sentença dos EUA) publicado o effective *compliance* and ethics program (em português, programa de *compliance* e ética efetivo), que elenca alguns elementos essenciais que devem compor um bom programa de integridade. São eles: cultura ética e engajamento da liderança; gestão de riscos; políticas e procedimentos; comunicação e educação constante; canais

(22) SOARES, Fábio Lopes *et al.* (Orgs.). *Compliance:* Fundamentos e reflexões para integridade nas empresas. Rio de Janeiro: Lumen Juris, 2021. p. 68, grifo no original.

de denúncias; monitoramento e auditoria; gestão de terceiros, dentre outros parâmetros.(23)

Para outro autor, o programa de *compliance* precisa ter a seguinte estrutura:

> [...] quanto à estrutura mínima que um bom programa de cumprimento demanda, trazemos a necessidade de: (a) código de ética, (b) ouvidoria ou sistema de denúncias e investigações, (c) sistema de sanções e (d) a disseminação de cultura, treinamentos e incentivos.(24)

Ou seja, o programa de *compliance* necessita de alguns pilares para sua implementação, assim como é necessário um aprimoramento contínuo, identificando riscos, prevenindo conflitos ou solucionando os que surgirem, de forma a se aperfeiçoar e melhorar as relações pessoais no âmbito empresarial.

No âmbito laboral, aliás, além do respeito aos direitos fundamentais dos trabalhadores, que é, ou deveria ser, a prioridade de toda a sociedade, o *compliance* tem a finalidade também de criar uma cultura de ética entre as pessoas que frequentam o ambiente de trabalho, trazendo regras claras e eventuais sanções, para que haja previsibilidade de condutas e prevenção de conflitos.

1.4.2. Etapas do programa de *compliance*

A partir dos conceitos e pilares anteriormente estudados, a doutrina descreve algumas ferramentas, que devem ser observadas, em etapas, na implantação e acompanhamento do programa de *compliance*.

Segundo Fábio Lopes Soares *et al*, existem quatro etapas da mudança proveniente de um programa de *compliance*:

> [...] pode-se elencar, resumidamente, quatro macroetapas da mudança, sendo a primeira a de descobrir em que posição a empresa se encontra e quais os seus gaps; a segunda, descrever quais são as novas condutas para mitigar ou mesmo eliminar as lacunas encontradas; a terceira, como fazer com que essa nova forma de atuação seja do conhecimento e entendimento da maioria expressiva do grupo (idealmente 100%) e, por fim, que todos entendam as

(23) SOARES, Fábio Lopes *et al.* (Orgs.) .*Compliance:* Fundamentos e reflexões para integridade nas empresas. Rio de Janeiro: Lumen Juris, 2021, p. 14-15.

(24) ALENCAR, Matheus de. *Mecanismos de proteção do empregado nos programas de criminal* compliance. São Paulo: LiberArs, 2017. p. 51.

> consequências individuais e para a empresa da implantação do programa de *compliance*.[25]

Por sua vez, Fernanda Nunes Coelho Lana e Souza defende que os principais itens de um programa de *compliance* são o comprometimento da alta administração, gestão de riscos, políticas e procedimentos, comunicação e treinamento, e monitoramento contínuo.[26]

Outra doutrina que trata do tema elenca as seguintes ferramentas da implantação de um programa de *compliance* trabalhista efetivo:

> O *compliance* trabalhista tem escopo de prevenção de incidentes no ambiente de trabalho, por meio da busca da efetiva aplicação de um Programa de Integridade trabalhista, tendo como **principais ferramentas: os programas de treinamento e palestras, consultivo, regulamentos empresariais trabalhistas, os códigos de ética e de conduta, política de advertências, os canais de denúncia, registros do cumprimento da lei, os relatórios e as avaliações de desempenho**.[27]

Em síntese, as etapas identificadas e mencionadas nesta obra são: uma primeira etapa de identificação de riscos, lacunas e problemas; uma segunda etapa para criação ou aprimoramento do código de ética empresarial, inclusive com previsão de política de advertências; outra etapa para criação ou aprimoramento de uma ouvidoria ou canal de denúncias, com a respectiva forma de apuração e sanções, caso necessário; e, por fim, uma etapa de treinamento e comunicação, que serão melhor estudadas a seguir.

Primeiramente mostra-se necessária uma **avaliação inicial de riscos** para identificar práticas empresariais e regras atualmente seguidas e que podem gerar conflitos ou até mesmo infrações à legislação no âmbito daquela empresa.

Fernanda Nunes Coelho Lana e Souza explica que,

> O risco é inerente a toda atividade empresarial e atinge diretamente os resultados da empresa, portanto, é fundamental a sua identificação, classificação, matriciamento e monitoramento. Logo a adequada avaliação e gestão dos riscos aos quais a Organização está sujeita são essenciais para o sucesso de

---

(25) SOARES, Fábio Lopes *et al.* (Org.) *Compliance:* Fundamentos e reflexões para integridade nas empresas. Rio de Janeiro: Lumen Juris, 2021. p. 63.

(26) SOUZA, Fernanda Nunes Coelho Lana e. Implementação de um programa de *compliance*. LAMACHIA, Claudio; PETRARCA, Carolina (Orgs.); MELO, Izabela Frota; CODIGNOTO, Roberta (Coords.). *Compliance:* essência e efetividade. Brasília: OAB, Conselho Federal, 2018.

(27) CARLOTO, Selma. Compliance *trabalhista*. 2. ed. São Paulo: LTr, 2020. p. 32, grifo no original.

> um Programa de *Compliance*, devendo, outrossim, sempre ser tratada de forma integrada pela Alta Administração, áreas de *Compliance*, controles internos, levando também em consideração todos os seus impactos para a sua perenidade.(28)

Nesta etapa de análise de riscos, é possível utilizar-se de entrevista com empregados, estudo da organização dos processos internos atualmente utilizados, relacionamentos internos e externos, tudo para buscar compreender se existem riscos de conflitos interpessoais ou infrações à legislação e o que pode ser feito para reduzi-los ou eliminá-los, para prevenir prejuízos à empresa.

Segundo Fábio Lopes Soares *et al*,

> Na prática, a análise deve passar pelos aspectos relativos às leis aplicáveis no mercado da empresa, riscos dos processos, relacionamentos externos e internos e particularidades relativas a fatores humanos (pessoas e posições que ocupam).
>
> Os principais pontos dessa macroetapa (ver figura 6) passam pelo detalhamento dos riscos de cada um desses aspectos nos diversos departamentos e funções chaves da empresa; qual a probabilidade; severidade e definição de medidas de mitigação. Ao término dessa fase, a maioria das organizações enfrenta um momento difícil que é o de reconhecer seus problemas e ameaças organizacionais, muitas delas mantidas escondidas por muito tempo, e a dúvida se há recursos (pessoas, financeiros e desejo da liderança), para promover a transformação necessária de mudança.(29)

Mais além, para Antonio Carlos Hencsey *et al* este diagnóstico inicial não tem a finalidade apenas de identificar riscos e desrespeito à legislação, mas também de compreender a realidade daquela empresa, inclusive a sua cultura atual, seus princípios éticos e o grau de sua maturidade em relação a organização e suas relações pessoais para, a partir desta análise, poder propor mecanismos que permitam alcançar a cultura e ética pretendidas com aquele programa de *compliance* que será implementado.(30)

---

(28) SOUZA, Fernanda Nunes Coelho Lana e. Implementação de um programa de *compliance*. In: LAMACHIA, Claudio; PETRARCA, Carolina (Orgs.); MELO, Izabela Frota; CODIGNOTO, Roberta (Coords.). *Compliance:* essência e efetividade. Brasília: OAB, Conselho Federal, 2018. p. 211.

(29) SOARES, Fábio Lopes *et al.* (Org.) *Compliance:* Fundamentos e reflexões para integridade nas empresas. Rio de Janeiro: Lumen Juris, 2021. p. 64.

(30) HENCSEY, Antonio Carlos *et al.* Disseminação da cultura de *compliance*: casos práticos de ferramentas e mecanismos. In: FRANCO, Isabel (Org.). *Guia prático de* compliance. Rio de Janeiro: Forense, 2020.

Também é necessário saber que a análise de riscos é contínua, já que, mesmo após a implementação do programa de *compliance*, será necessária a constante fiscalização dos resultados do programa de *compliance*, o que pode também ocorrer por meio de denúncias nos canais específicos, para um constante aprimoramento do programa.

Após esse diagnóstico, a próxima etapa é a criação de um código de ética e conduta, com a delimitação de novas regras para definir o rumo das práticas desejáveis com a implantação do programa de *compliance*.

O código de ética e de conduta, segundo a doutrina de Fernanda Nunes Coelho Lana e Souza,

> É um importante instrumento da instituição capaz de consolidar, sedimentar e tornar públicos os valores e as condutas eleitas pela empresa, refletindo o seu posicionamento firme e inequívoco de integridade de em suas ações e prevendo penalidades aos seus destinatários para os casos de eventuais desvios.(31)

A doutrina de Carla Valente Vieira complementa sua definição desta maneira:

> Os Código (*sic*) de ética e conduta podem ser definidos como um documento com diversas diretrizes que orientam as pessoas quanto às suas atitudes desejáveis, moralmente aceitas ou ainda, toleradas pela sociedade, direcionando os participantes à condutas politicamente corretas. Observamos essa normatização nas convenções de condomínio, associações de bairro, estatutos das igrejas, entre outros.
>
> [...]
>
> As diretrizes previstas nos códigos de ética podem estar vinculadas às normas legais — como a discriminação, ato punível pelo Código Penal — como também vincular os processos de trabalho da instituição, seus fatos determinantes e demais situações que ensejem o comportamento uniforme entre todos os integrantes de uma empresa, sua elaboração para dar publicidade aos preceitos éticos das organizações, bem como o propósito dos negócios (conhecidos como missão e visão) tem se mostrado um importante instrumento de conscientização e aculturamento organizacional.(32)

(31) SOUZA, Fernanda Nunes Coelho Lana e. Implementação de um programa de *compliance*. LAMACHIA, Claudio; PETRARCA, Carolina (Orgs.); MELO, Izabela Frota; CODIGNOTO, Roberta (Coords.). *Compliance:* essência e efetividade. Brasília: OAB, Conselho Federal, 2018. p. 212.

(32) VIEIRA, Carla Valente. O (des)compasso entre a cultura corporativa e os códigos de conduta. In: LAMACHIA, Claudio; PETRARCA, Carolina (Orgs.); MELO, Izabela Frota; CODIGNOTO, Roberta (Coords.). *Compliance*: essência e efetividade. Brasília: OAB, Conselho Federal, 2018. p. 204.

Deve estar bem claro aos profissionais e empresários que a elaboração de um código de ética e de conduta não deve seguir modelos predefinidos, ainda que seja oriundo de uma empresa semelhante, pois este documento deve ser personalizado de acordo com a realidade daquela empresa, com os riscos identificados na análise realizada inicialmente, além de considerar que em cada grupo de pessoas tem diferentes formas de comunicação, variando-se as gerações, a localidade daquela empresa, e também o público externo com quem haverá relacionamento.(33)

Se a empresa trabalha com dados de clientes e fornecedores, por exemplo, deve ter regras claras sobre proteção de dados, para evitar incidentes de segurança que possam permitir a disseminação destes dados indevidamente, não somente por meio de ataques externos, mas também por negligência de seus empregados ou até mesmo atuação dolosa, devendo por isso, consequentemente, haver sanções disciplinares por desatendimento a restas regras.(34)

Ao mesmo tempo, a partir da identificação de riscos e da criação do código de ética e conduta, é necessária também a criação de um plano de ação, relacionado a este documento, mas com a finalidade de delinear as condutas concretas que deverão ser tomadas para melhorias na empresa e prevenção de conflitos cujo risco fora verificado.

Alguns doutrinadores indicam a necessidade de se incluir no código de ética também uma política de advertências, como Selma Carloto, que assim explica:

> Assim, a política de advertências é ferramenta do *compliance* trabalhista e faz parte do poder empregatício, e mesmo da função social da empresa, ao demandar graus e proporcionalidade antes da dispensa, para falta mais leves, por que o empregador consegue provar, por meio desta, que está adequado à norma legal prevista no art. 482 da CLT; ao regulamento interno e aos princípios constitucionais da função social da empresa ao tentar corrigir o comportamento do trabalhador; ao direito à vida, quando penaliza o empregado com uma advertência ou mesmo uma suspensão para evitar um acidente de trabalho por não utilização de um equipamento de proteção individual [...].(35)

E complementa:

> Ainda, devemos evitar sanções ou penas que ofendam a dignidade do trabalhador e os valores sociais do trabalho, fundamentos da Constituição Federal de 1988 ou que atentem contra direito individual fundamental,

(33) VIEIRA, Carla Valente. O (des)compasso entre a cultura corporativa e os códigos de conduta. In: LAMACHIA, Claudio; PETRARCA, Carolina (Orgs.); MELO, Izabela Frota; CODIGNOTO, Roberta (Coords.). *Compliance:* essência e efetividade. Brasília: OAB, Conselho Federal. 2018.

(34) CARLOTO, Selma. Compliance *trabalhista*. 2. ed. São Paulo: LTr, 2020.

(35) *Ibidem*, p. 88.

> como rebaixamento ou transferência punitiva, redução salarial, multa, sendo que esta última afronta os princípios da intangibilidade e irredutibilidade salarial.(36)

Ou seja, tal ferramenta, devidamente prevista no código de ética, de conhecimento de todos, pode ser útil para demonstrar as regras pré-estabelecidas de penalidades naquela empresa, já que a legislação não é clara sobre o que se enquadra como advertência, suspensão ou dispensa por justa causa, o que não se sobrepõe à lei e à interpretação dos tribunais, mas demonstra a boa-fé e a coerência da empresa na aplicação de penalidades respeitando a isonomia entre os seus empregados.

Assim explana Marie-France Hirigoyen sobre a implantação de uma política de prevenção de assédio no âmbito empresarial:

> Se estão dispostos a colocar em funcionamento uma política de prevenção, os administradores das empresas devem fazer escolhas claras. Devem deixar claro nos regulamentos internos que o assédio moral não será admitido e que receberá punição. Posteriormente, devem responsabilizar as hierarquias, a fim de que a política seja seguida pela pirâmide. Mais adiante terão de doutrinar os empregados para que a prevenção do assédio, sob todas as formas, não seja do domínio exclusivo de alguns especialistas ou não se resuma a umas poucas vozes bem-intencionadas, mas que seja da responsabilidade de cada um. Tudo isso deve constar explicitamente de um regulamento interno.(37)

Para exemplificar, analisaremos trechos do código de ética e conduta da empresa Romi, que conforme consta em seu site institucional, foi criada em 1930 em Santa Bárbara do Oeste/SP, como uma pequena oficina de automóveis e atualmente fornece produtos e serviços a diversos países, em setores da indústria como aeronáutica, defesa, fabricantes e fornecedoras da cadeia automobilística, bens de consumo em geral, máquinas e implementos agrícolas e máquinas e equipamentos industriais.(38)

No código de ética e conduta desta empresa há previsão expressa de que não serão toleradas condutas discriminatórias e de assédio, bem como punições por violação destas regras:

> 3.1.1. São práticas não toleradas, por parte de qualquer Colaborador da Romi:

---

(36) CARLOTO, Selma. Compliance *trabalhista*. 2. ed. São Paulo: LTr, 2020. p. 102.

(37) HIRIGOYEN, Marie-France. Trad. Rejane Janowitzer. *O mal-estar no trabalho:* redefinindo o assédio moral. 3. ed. Rio de Janeiro: Bertrand Brasil, 2006. p. 319.

(38) ROMI S/A. *Institucional*. 2023. Disponível em: https://www.romi.com/institucional/. Acesso em: 20 abr. 2023.

a) Qualquer conduta que possa ser caracterizada como discriminatória em função de raça, nacionalidade, cor, gênero, orientação sexual, idioma, necessidades especiais, crença religiosa ou convicção política, origem social ou qualquer outra condição;

b) Qualquer conduta que possa ser caracterizada como assédio moral ou sexual, ofensa, hostilidade, exposição ao ridículo, intimidação ou humilhação;

[...]

5.1. Compete aos Colaboradores a aplicação e cumprimento das normas constantes deste Código de Ética e Conduta Empresarial, devendo zelar pela sua observância.

5.2. Violações a este Código e às demais políticas e normas da Romi sujeitam os infratores a consequências, que incluem advertência verbal ou escrita, suspensão, demissão sem justa causa ou com justa causa, notificação e até rescisão contratual para pessoas jurídicas.(39)

Do mesmo modo, importante destacar a necessidade de um **canal de denúncias como mais uma etapa de implantação do programa de *compliance***, que é também previsto no código de ética e conduta.

Deve haver um monitoramento contínuo da aplicação destas etapas, para aprimoramento do programa de *compliance*, até porque novos problemas e riscos podem surgir ao longo do tempo. Fazem parte desse monitoramento contínuo os canais de denúncia, garantindo-se a confidencialidade e ausência de retaliação, que serão apuradas em um processo de investigação e, se for o caso, gerar as punições, conforme preestabelecido no código de ética e de conduta.(40)

Rodrigo de Pinho Bertoccelli explica que os canais de denúncia são importantes para apontar violações ao código de conduta da empresa ou à legislação, e devem ser completas e de preferência não anônimas, embora garantindo-se o sigilo das denúncias para evitar inibições e perseguições.(41)

---

(39) ROMI S/A. *Código de ética e conduta empresarial.* 2022. Disponível em: https://www.romi.com/investidores/governanca-corporativa/compliance/codigo-de-conduta/. Acesso em: 05 abr. 2022.

(40) SOUZA, Fernanda Nunes Coelho Lana e. Implementação de um programa de *compliance*. In: LAMACHIA, Claudio; PETRARCA, Carolina (Orgs.); MELO, Izabela Frota; CODIGNOTO, Roberta (Coords.). *Compliance:* essência e efetividade. Brasília: OAB, Conselho Federal, 2018.

(41) BERTOCCELI, Rodrigo de Pinho. Canais de denúncia e a sua eficácia. In: LAMACHIA, Claudio; PETRARCA, Carolina (Orgs.); MELO, Izabela Frota; CODIGNOTO, Roberta (Coords.). *Compliance:* essência e efetividade. Brasília: OAB, Conselho Federal, 2018.

No âmbito trabalhista os canais de denúncias são importantes pela temática delicada com que lidam, de modo que Selma Carloto explica que:

> A principal finalidade que se destaca no preventivo por meio dos canais de denúncia, no *compliance* trabalhista, é o combate ao assédio moral, ao assédio sexual, à discriminação e às agressões e brigas entre colegas. Estatísticas comprovam o alto índice de denúncias de assédio moral quando existem os canais de denúncia.
>
> Esses canais nasceram inicialmente com finalidade de combate à corrupção e fraude, mas logo cresceram as denúncias de assédio moral, sexual, discriminação e outras formas de agressão dentro das empresas.[42]

O código de ética e conduta da empresa Romi S/A, anteriormente mencionada, prevê que:

> O Canal de Denúncia da Romi possibilita a comunicação transparente e anônima, bem como assegura o tratamento imparcial e sigiloso. As denúncias realizadas no canal serão analisadas pela Auditoria Interna e pelo Comitê Executivo de Ética, que darão o tratamento adequado a cada caso, garantindo o sigilo e a preservação da identidade do denunciante, não se admitindo retaliação de qualquer natureza.[43]

Assim, os canais de denúncia se mostram relevantes para o aprimoramento do programa de *compliance*, pois é a partir deles que se obtém informações para solução de conflitos e também para novas análises de riscos, que trarão frutos não só naquele conflito específico, mas principalmente na melhoria do código de ética e conduta, nos treinamentos e na comunicação.

E, por fim, a partir da criação do código de ética e conduta e da ouvidoria ou canal de denúncia, passa a ser necessária uma fase de implementação da nova cultura empresarial pretendida neste código, bem como a disseminação das regras e orientações ali previstas, o que deve se dar gradativamente por meio de **comunicação e treinamentos**.

O código de ética e conduta deve ser criado, afinal, observando-se a realidade, porém voltando-se ao futuro, destinado à mudança da cultura empresarial a partir de sua comunicação a todos os empregados e até mesmo pessoas externas relevantes ao negócio. Este documento deve ser claro e objetivo, para que seja compreendido pelos

---

(42) CARLOTO, Selma. Compliance *trabalhista*. 2. ed. São Paulo: LTr, 2020. p. 60.

(43) ROMI S/A. *Código de ética e conduta empresarial*. 2022. Disponível em: https://www.romi.com/investidores/governanca-corporativa/compliance/codigo-de-conduta/. Acesso em: 05 abr. 2022.

empregados em treinamentos e comunicação periódica, e consiga delimitar os preceitos éticos da empresa, bem como as novas condutas e processos exigidos para evitar os riscos identificados inicialmente.(44)

Ademais, ressaltam Fábio Lopes Soares *et al* que "A preparação cuidadosa de um plano de comunicação e de treinamento será fundamental para vencer a natural resistência que ocorre, na maioria das vezes por parte dos empregados, para a adoção de novas condutas e procedimentos".(45)

Ou seja, a publicidade que é dada ao código de ética e de conduta é o que dá vida ao seu conteúdo, já que este não é mais um documento a ser arquivado, mas sim normas que devem alcançar a todos os empregados e serem assimiladas de modo a fazer parte do seu cotidiano, com naturalidade.

Sobre a importância da clareza do código de ética e conduta para uma efetiva comunicação, assim explica Carla Valente Vieira:

> O mesmo se aplica para estratégia de comunicação que será adotada para disseminação a todos colaboradores do documento existente, pois nessa esfera há de se observar esta linguagem apropriada, a cultura do público-alvo para absorver determinadas informações, a unicidade de comportamento e como esses indivíduos podem ser engajados ao conhecimento e mais ainda, ao cumprimento dos preceitos apresentados nos Códigos de Conduta.(46)

E este treinamento e comunicação, para assimilação das regras norteadores do código de ética e de conduta, deve se voltar a todos, desde os empregados até o próprio administrador, pois este também deve naturalizar os princípios éticos da empresa em suas atividades cotidianas, em reuniões, diálogos com empregados e clientes, de forma a ser exemplo e ter credibilidade a exigir esta conduta dos demais.(47)

Nesse sentido, Selma Carloto menciona que quando os próprios gestores não estão alinhados às normas internas e não passam pelos treinamentos necessários, acabam

---

(44) SOUZA, Fernanda Nunes Coelho Lana e. Implementação de um programa de *compliance*. In: LAMACHIA, Claudio; PETRARCA, Carolina (Orgs.); MELO, Izabela Frota; CODIGNOTO, Roberta (Coords.). *Compliance:* essência e efetividade. Brasília: OAB, Conselho Federal, 2018.

(45) SOARES, Fábio Lopes (Org.) *et al. Compliance:* Fundamentos e reflexões para integridade nas empresas. Rio de Janeiro: Lumen Juris, 2021. p. 65.

(46) VIEIRA, Carla Valente. O (des)compasso entre a cultura corporativa e os códigos de conduta. In: LAMACHIA, Claudio; PETRARCA, Carolina (Orgs.); MELO, Izabela Frota; CODIGNOTO, Roberta (Coords.). *Compliance:* essência e efetividade. Brasília: OAB, Conselho Federal, 2018, p. 205.

(47) SOUZA, Fernanda Nunes Coelho Lana e. Implementação de um programa de *compliance*. In: LAMACHIA, Claudio; PETRARCA, Carolina (Orgs.); MELO, Izabela Frota; CODIGNOTO, Roberta (Coords.). *Compliance:* essência e efetividade. Brasília: OAB, Conselho Federal, 2018.

gerando conflitos que podem levar, consequentemente, a indenizações e outros passivos para a empresa, inclusive em relação a conflitos trabalhistas.[48]

O empresário ou administrador deve ter cuidado, por exemplo, com normas de ergonomia no teletrabalho, tema que ganhou destaque após a pandemia de Covid-19, além de comunicação fora do horário de expediente, por e-mail ou aplicativos de comunicação instantânea, podendo gerar direito a horas extras ou sobreaviso, o que é um risco que talvez sequer estava previsto pela empresa.[49]

Como o programa de *compliance* deve ser visto como um todo, com monitoramento contínuo, após o cumprimento do treinamento preestabelecido é necessário retornar à etapa inicial para recomeçar a análise de riscos na perspectiva dos resultados desta implantação do programa, e a partir desta identificação, se for o caso, realizar ajustes e passar novamente por todas as etapas para aprimoramento contínuo do programa.

1.4.3. **Compliance** *aplicado às microempresas*

A definição de regras no âmbito das microempresas é importante porque, geralmente, a microempresa não tem regras preestabelecidas, ficando o poder decisório conforme a conveniência do empresário, o que pode gerar insegurança nos empregados a partir de uma gestão de improvisos e arbitrariedades.

Do mesmo modo, o *compliance* parece distante da realidade das microempresas, que atualmente tem como principal objetivo a sobrevivência, já que as estatísticas demonstram, como visto, que cerca de metade delas são extintas dentro dos dois primeiros anos de atividade.

Segundo dados obtidos pelo SEBRAE em entrevista com micro e pequenas empresas, o percentual de microempresas que possuem um programa de integridade corresponde a cerca de 14%, contra 18% do grupo de empresa de pequeno porte. [50]

O levantamento mostra também que existe um potencial de aumento do número de microempresas com programas de integridade, uma vez que entre as microempresas pesquisadas cerca de 31% possuem código de ética formal, relacionando valores, condutas e comportamentos esperados, cerca de 44% das microempresas afirmaram realizar treinamentos sobre valores, condutas e comportamentos esperados, além de 67% que afirmaram que possuem controles internos formais, para que as instruções da direção sejam cumpridas satisfatoriamente pelos empregados.[51]

---

(48) CARLOTO, Selma. Compliance *trabalhista*. 2. ed. São Paulo: LTr, 2020.

(49) *Idem.*

(50) SEBRAE. *Integridade nas MPE*. Brasília, DF: SEBRAE, 2018. Disponível em: https://datasebrae.com.br/wp-content/uploads/2018/12/Integridade-nas-MPE-2018.pdf. Acesso em: 26 set. 2022.

(51) *Idem.*

Ou seja, em muitas microempresas que ainda não implantaram programa de *compliance* em seu âmbito existe ao menos a preocupação com questões relacionadas a prevenção de conflitos, sendo certo que, mesmo sem a implantação de um programa de integridade, mostra-se possível a utilização de outras práticas de prevenção de conflitos.

O *compliance* para microempresas se mostra importante em diversos aspectos e, no âmbito laboral, igualmente é relevante para evitar conflitos que possam desrespeitar direitos dos trabalhadores, consequentemente criando um passivo para a empresa.

Sobre o tema Fábio Lopes Soares *et al* explica que:

> Claramente, em comparação com grandes corporações, PMEs enfrentam uma série de desafios no estabelecimento e na manutenção de um programa de ética e conformidade: os recursos disponíveis e a disponibilidade de tempo são parcos e a gestão da empresa, muitas vezes, tem o seu olhar voltado à parte comercial e financeira da empresa.[52]

Sobre os benefícios de um programa de *compliance* à microempresa os mesmos autores defendem que:

> Ademais, programas estruturados de *compliance* não apenas criam um ganho reputacional, mas também trazem diversas vantagens financeiras: ampliam a possibilidade de abertura de novos negócios; aumentam a confiança do mercado; atuam de forma preventiva, mapeando e prevendo riscos e fraudes; otimizam processos e controles internos, além de serem um diferencial importante de mercado; afinal, conhecer os riscos inerentes ao seu negócio e prevenir litígios é bem menos custoso do que se aventurar na imprevisibilidade da via judicial ou ficar à mercê dos processos administrativos.[53]

É difícil falar de algumas ferramentas que exigem custos e mão de obra para além da realidade da microempresa, tais como contratação de empresa externa para auditorias e canal de denúncias, ou treinamentos extensos e caros.

Porém, por outro lado, o *compliance* pode sim ser utilizado por microempresas, naquilo que lhes for compatível, como explicam Fábio Lopes Soares *et al*, que indica sete vetores como sugestão para um programa de *compliance* em pequenas e médias empresas,

---

(52) SOARES, Fábio Lopes (Org.) *et al. Compliance:* Fundamentos e reflexões para integridade nas empresas. Rio de Janeiro: Lumen Juris, 2021. p. 105.

(53) *Idem.*

em síntese: definição de papéis e responsabilidades; análise de controles e legislação aplicável; desenvolvimento de um mapeamento de riscos; preparação de materiais como código de conduta e programa de treinamentos; implementar treinamentos e comunicação; planejar monitoramentos e teses de controle; e, por fim, demonstração de resultados para os tomadores de decisão.(54)

Fábio Lopes Soares *et al* também explicam que devem ser realizadas revisões periódicas nestes materiais e avaliação contínua de riscos, bem como certificar-se que todas as consequências do programa de ética e conformidade estão sendo claras, punições em caso de violações e reforço positivo para comportamentos adequados.(55)

Ao mesmo tempo, é necessário mencionar a Portaria Conjunta n. 2.279/2015 da Controladoria Geral da União (CGU) e Secretaria da Micro e Pequena Empresa (SMPE), cuja íntegra segue anexa ao final desta obra, que "Dispõe sobre a avaliação de programas de integridade de microempresa e de empresa de pequeno porte".

No art. 1º, § 2º, da mencionada Portaria, é previsto que:

> A implementação, por microempresa ou empresa de pequeno porte, dos parâmetros de que trata o § 3º e o *caput* do art. 42 do Decreto n. 8.420, de 2015, poderá ser efetivada por meio de medidas de integridade mais simples, com menor rigor formal, que demonstrem o comprometimento com a ética e a integridade na condução de suas atividades.

Ou seja, esta Portaria visa simplificar as exigências às micro e pequenas empresas quanto às medidas de integridade previstas no Decreto n. 11.129/2022 que, por sua vez, revogou o Decreto n. 8.420/2015, passando a dispor sobre a responsabilidade administrativa de pessoas jurídicas pela prática de atos contra a Administração Pública, trazendo também regras para implantação e manutenção de um programa de integridade, para prevenir irregularidades e ilícitos.

Esta norma, embora não seja de natureza trabalhista, é uma importante referência no *compliance* voltado aos conflitos laborais, com previsões e recomendações sobre medidas a serem implementadas em um programa de integridade que se adequam também à prevenção de conflitos trabalhistas.

No anexo único da referida Portaria, menciona-se sobre a aplicação das medidas de integridade às micro e pequenas empresas, com esclarecimentos e exemplos sobre cada uma delas.

---

(54) SOARES, Fábio Lopes (Org.) *et al. Compliance:* Fundamentos e reflexões para integridade nas empresas. Rio de Janeiro: Lumen Juris, 2021.

(55) *Idem.*

Em primeiro lugar, sobre o inciso I, que trata do comprometimento da alta direção da pessoa jurídica, esclarece o anexo único que:

> A alta direção de uma MPE é representada por seus administradores, sejam eles seus sócios, proprietários, donos, chefes ou gerentes.
>
> O comprometimento da alta direção será verificado mediante a atuação e a postura da direção da empresa em relação aos seus funcionários.
>
> A direção deve disseminar a cultura de integridade, atuar na execução das medidas estabelecidas e tornar público o seu compromisso com o tema.

E como exemplos de empenho da administração menciona:

> Disponibilizar cursos, palestras, debates e exposições sobre a ética e integridade, bem como fomentar a participação de funcionários em tais atividades; Difundir a cultura de integridade por meio de e-mails, redes sociais, cartazes, entre outros, informando os funcionários sobre a importância e necessidade das medidas de integridade;
>
> Implementar as condutas definidas no código de ética e incentivar que seus funcionários façam o mesmo;
>
> Difundir posturas éticas e íntegras de funcionários;
>
> Promover e incentivar debates sobre comportamentos éticos e íntegros, inclusive por meio de estudos de casos.

Outra medida indicada pela Portaria n. 2.279/2015 da CGU para micro e pequenas empresas diz respeito aos documentos, como o código de ética, políticas e procedimentos de integridade, aplicáveis a todos os empregados e administradores que, conforme o disposto no anexo único da Portaria citada: "deve contribuir para a construção da cultura de trabalho e negócios dentro da empresa e deve ser fonte de consulta para empregados e para a direção na tomada de decisão que envolva questões relativas à integridade da empresa".

E para exemplificar, indica como conteúdo deste código de ética e conduta:

> Elaborar código de ética com valores, comportamentos e princípios de condutas aplicáveis a todos os funcionários e à direção, incluindo regras de relacionamento com o setor público; Divulgar o código de ética, por meio da afixação de cartazes, placas, sinais, mensagens sobre os padrões de conduta e os procedimentos que devem ser observados; Atualizar o código

> de ética; e Atualizar os procedimentos que devem ser adotados de acordo com os novos negócios celebrados.

Tal norma também faz menção aos treinamentos relacionados ao programa de integridade, destacando que:

> O treinamento é um dos pontos mais importantes para o funcionamento efetivo das medidas de integridade. A direção e os funcionários devem participar de treinamentos sobre assuntos relacionados às medidas de integridade, principalmente sobre o conteúdo do código de ética, os valores que orientam a cultura ética e os principais riscos relativos àsatividades da MPE.

E, por fim, recomenda a previsão de medidas disciplinares para casos de violação do programa de integridade, explicando que:

> Estabelecer medidas disciplinares significa prever as penalidades e os procedimentos para a punição de funcionários que violarem as regras da MPE, independente da posição ou cargo ocupado.
>
> As penalidades devem ser definidas de forma proporcional à irregularidade cometida, de forma a garantir que as medidas de integridade sejam respeitadas e que violações não sejam toleradas. São exemplos de penalidades que podem ser adotadas: advertência, suspensão e demissão.

Por isso, a partir de todas estas medidas e ferramentas estudadas, observa-se que as principais etapas a serem observadas por microempresas na implantação de um programa de *compliance* trabalhista são as seguintes: análise de riscos, que deve observar as características da microempresa analisadas no item 1.3, entre outros riscos específicos de conflitos em seu âmbito; criação de um código de condutas, que independentemente de seu formato, deve se preocupar com a previsibilidade das regras no âmbito daquela empresa, considerando sua realidade, inclusive com canais de denúncia; e, por fim, a comunicação aos empregados por meio de treinamentos, onde se buscará a criação de uma nova cultura e a assimilação das regras inseridas no código de conduta, para que futuramente se possa reiniciar o ciclo com uma análise do que foi melhorado e do que ainda é risco, em um movimento contínuo de melhorias, cuja forma de aplicação será tratada no quarto capítulo desta obra.

Capítulo 2

Assédio Moral e Sexual nas Relações de Trabalho

No presente capítulo será aprofundado o estudo sobre os conflitos oriundos de assédio moral e sexual no ambiente de trabalho, para se debruçar no problema principal, que se refere à possibilidade de se prevenir ou reduzir esta espécie de conflito em microempresas e, consequentemente, como fazê-lo.

Ambos são problemas semelhantes, mas certamente é necessário o estudo de suas particularidades, mostrando-se necessária a abordagem dos mesmos individualmente, antes de se colocar o problema central da prevenção e solução dos conflitos trabalhistas destas duas formas de assédio, visualizando-se a possibilidade de medidas e ferramentas que possam ser úteis à prevenção de ambos.

2.1. Assédio moral: definições e requisitos

Para compreensão da problemática do assédio moral é necessário o estudo de seus conceitos, segundo a doutrina sobre o tema, além de compreender a sua caracterização a partir de requisitos fixados pela doutrina e pela jurisprudência, assim como se mostra relevante o estudo da legislação que atualmente trata do tema, especificamente ou não.

São diversos os conceitos de assédio moral, pela existência de inúmeras formas de se praticá-lo, de modo que o estudo deste tema deve passar por conceitos tratados na doutrina brasileira e francesa, para que se possa identificar os requisitos para sua configuração.

Segundo Sebastião Geraldo de Oliveira:

> Considera-se, portanto, assédio moral o comportamento do empregador, seus prepostos ou colegas de trabalho, que exponha o empregado a reiteradas situações constrangedoras, humilhantes ou abusivas, fora dos limites normais

do poder diretivo, causando degradação do ambiente laboral, aviltamento à dignidade da pessoa humana ou adoecimento de natureza ocupacional.(56)

Outro conceito doutrinário, formulado por Gustavo Filipe Barbosa Garcia, é no seguinte sentido:

> [...] uma conduta reiterada, de violência psicológica, desestabilizando e prejudicando o equilíbrio psíquico e emocional do empregado (como atitudes de perseguição, indiferença ou discriminação, normalmente de forma velada), deteriorando o meio ambiente de trabalho, podendo resultar em doenças graves como a depressão.(57)

Oriundo da doutrina francesa podemos mencionar o conceito formulado pela autora Marie-France Hirigoyen:

> O assédio moral no trabalho é definido como qualquer conduta abusiva (gesto, palavra, comportamento, atitude...) que atente, por sua repetição ou sistematização, contra a dignidade ou integridade psíquica ou física de uma pessoa, ameaçando seu emprego ou degradando o clima de trabalho.(58)

Em complemento, Hirigoyen explica diversos fatores que chama de "inconfessáveis", que compõem o assédio moral, como a não aceitação de diferenças, o medo, a inveja ou o ciúme, às vezes em relação a alguém melhor qualificado, ou que supostamente tem alguma posição vantajosa, na interpretação do ofensor, e a rivalidade, que muitas vezes é criada ou estimulada pela própria empresa.(59)

Ao mesmo tempo é importante refletir também sobre o que não é assédio moral, pois mesmo uma violência psicológica pontual, ou então más condições de trabalho, como insalubridade, excesso de horas extras, entre outros, não se enquadram no conceito de assédio moral. Tais irregularidades podem ocasionar diversas consequências, sejam multas administrativas, interdição do estabelecimento, ou até mesmo judicialmente

(56) OLIVEIRA, Sebastião Geraldo de. *Proteção jurídica à saúde do trabalhador*. 6. ed., rev. e atual. São Paulo: LTr, 2011. p. 235.

(57) GARCIA, Gustavo Filipe Barbosa. *Meio ambiente do trabalho:* direito, segurança e saúde no trabalho. 8. ed., rev., atual. e ampl. Salvador: JusPodivm, 2021. p. 126.

(58) HIRIGOYEN, Marie-France. Trad. Rejane Janowitzer. *O mal-estar no trabalho:* redefinindo o assédio moral. 3. ed. Rio de Janeiro: Bertrand Brasil, 2006, p. 17.

(59) HIRIGOYEN, Marie-France. Trad. Rejane Janowitzer. *O mal-estar no trabalho:* redefinindo o assédio moral. 3. ed. Rio de Janeiro: Bertrand Brasil, 2006.

condenação ao pagamento de adicional de insalubridade, indenizações por acidentes ou doenças ocupacionais, ou indenização por dano moral no sentido amplo.[60]

Também não é possível enquadrar como assédio moral conflitos entre empregados ocorridos fora do trabalho e sem qualquer vinculação com o empregador e a atividade laboral, sendo interessante mencionar um caso julgado pela 8ª Turma do TST, que não enquadrou como assédio moral condutas praticadas em grupo de *Whatsapp* não institucional e sem atuação direta do empregador, ou ao menos sem possibilidade de ingerência no grupo, o que, por outro lado, poderia violar o direito à privacidade dos empregados, como demonstra a ementa a seguir:

> INDENIZAÇÃO POR ASSÉDIO MORAL, PRATICADO EM GRUPO DE WHATSAPP NÃO CORPORATIVO. [...] [...] A princípio, cumpre ressaltar que, conforme enfatizado no v. acórdão recorrido, "a pretensão recursal do reclamante, de ser indenizado moralmente por sua empregadora, não se baseia nessa relação de causalidade da doença com o trabalho e sim no fato de ter sido vítima de assédio e não ter essa empregadora tomado as providências que, aos olhos do reclamante, deveria adotar." Ora, a Corte Regional concluiu pelo direito do autor ao pagamento de indenização por danos decorrentes de assédio moral, no valor expressivo de R$ 500.000,00 (quinhentos mil reais). Do quadro fático constante do v. acórdão recorrido, verifica-se que o autor foi vítima de assédio moral, praticado por um grupo de colegas de trabalho, via whatsapp não corporativo, ou seja, em ambiente extralaboral, tendo experimentado de modo insofismável desgaste emocional, com repercussão nefasta na órbita dos direitos da personalidade. Contudo, a ocorrência do fato descrito não induz de per si a conclusão pela obrigação empresarial de indenizar. **Não se identifica no v. acórdão recorrido conduta culposa ou dolosa por parte da empresa, tampouco participação ainda que mínima nos eventos alegados pelo empregado (fato lesivo, subjetivamente caracterizado por uma ação ou omissão culposa ou dolosa, suscetível de violar direito e causar dano à esfera jurídica do autor — arts. 186 e 187 do Código Civil), tampouco sua inércia na tomada de decisão, quando os efeitos deletérios dos fatos ocorridos fora do ambiente laboral nele repercutiram. A Corte Regional consignou expressamente que o assédio moral se deu via Whatsapp, em um grupo, contudo, organizado e mantido pelos próprios empregados, em que pese a ser participante e administrador o supervisor da tomadora dos serviços e por meio dele serem veiculadas, além de frivolidades (conteúdo próprio desse tipo de grupo), vários assuntos de trabalho, inclusive orientações de caráter geral**. Comezinho que em um grupo formado por colegas de trabalho sejam veiculados, ainda que informalmente assuntos relacionados ao trabalho; que um colega repasse ao outro, de maneira meramente altruísta, orientações ou recomendações por óbvio de caráter geral e extraoficial. Não consta do v. acórdão recorrido nenhuma premissa fático-jurídica que convença esse juízo de que a empresa tinha ciência da formação do grupo ou/e da ocorrência da prática de assédio moral até o momento da noticiada pelo Tribunal Regional "denúncia de forma oficial". Posto expressamente no v. acórdão recorrido que " uma das testemunhas ouvidas foi clara ao dizer que, depois do episódio com o reclamante, veio a determinação de acabar com o grupo do *WhatsApp*", do que se concluiu que o empregador, em que pese à ocorrência de fatos

---

(60) OLIVEIRA, Sebastião Geraldo de. *Proteção jurídica à saúde do trabalhador*. 6. ed., rev. e atual. São Paulo: LTr, 2011.

> alheios ao ambiente de trabalho propriamente dito, ao ter ciência da repercussão dos efeitos negativos gerados no âmbito da empresa, tomou as medidas cabíveis para, se não eliminá-los, ao menos minimizá-los. Assim, a conclusão da Corte Regional, em face do quadro fático descrito, de que o empregador quedou-se inerte, diante dos efeitos negativos gerados por fato lesivo não relacionado diretamente ao exercício da atividade econômica que desempenha, não se sustenta, máxime diante da contraditória resposta, ao proceder ao seguinte questionamento: "Dessa maneira, se assim tudo aconteceu, o que fez a empregadora do reclamante, ou até mesmo a tomadora do serviço, para coibir esse tipo de conduta?", ou seja, "Absolutamente nada, ainda que tenha recebido a denúncia de forma oficial". Em se tratando de um grupo de whatsapp não corporativo, que outra medida poderia tomar a empresa, se não de, no mínimo, "determinar" a dissolução do grupo, correndo o risco inclusive de violar direito à intimidade de seus empregados. Logo, é desejável e impositivo julgar improcedente o pedido de indenização por assédio moral, como a mais lídima justiça. Evidenciada, portanto, a má-aplicação do art. 186 do Código Civil. Evidenciada, portanto, a má-aplicação do art. 186 do Código Civil. Recurso de revista conhecido por violação do art. 186 do Código Civil e provido [...].(61)

Em suma, podemos conceituar o assédio moral como a conduta violenta e reiterada, mediante constrangimento, isolamento, xingamentos, humilhação ou qualquer forma de perseguição, de forma pública ou reservada, com potencial para desestabilizar emocionalmente a vítima para enfraquecê-la, inferiorizá-la ou excluí-la do ambiente de trabalho, independentemente de ser esta a vontade do assediador.

Em relação aos requisitos para configuração do assédio moral, podemos obter de seu próprio conceito um norte, como explica Anaruez Mathies:

> O assédio moral pode ser definido como uma conduta abusiva, de natureza psicológica, praticada, em regra, de forma reiterada e prolongada, pelo próprio empregador ou seu preposto, ou ainda pelos colegas de trabalho, visando isolar o empregado no ambiente de trabalho, atingindo diretamente sua dignidade e os direitos de personalidade.(62)

E assim, sintetizando os elementos caracterizadores do assédio moral, assim explica Nordson Gonçalves de Carvalho: "Assim, são elementos que caracterizam o assédio moral: sujeito ativo (perverso), sujeito passivo (vítima); a conduta; a reiteração e sistematização; consciência do agente (sujeito ativo)".(63)

---

(61) BRASIL. TRIBUNAL SUPERIOR DO TRABALHO. *Acórdão em RRAg-1282-34.2017.5.08.0130*. Órgão Julgador: 8ª Turma. Relator Ministro Alexandre de Souza Agra Belmonte. Brasília, DF, julgado em 20 set. 2022, publicado no *DEJT* em 03 out. 2022 (grifo nosso). Disponível em: https://jurisprudencia-backend2.tst.jus.br/rest/documentos/7beb7d07398d54be86c04579bf604e53. Acesso em: 1º jul. 2023.

(62) MATHIES, Anaruez. *Assédio moral e* compliance *na relação de emprego:* dos danos e dos custos e instrumentos de prevenção. Curitiba: Juruá, 2018. p. 40.

(63) CARVALHO, Nordson Gonçalves de. *Assédio moral na relação de trabalho*. São Paulo: Rideel, 2009. p. 69.

Aline Del Tedesco Nassif Marconi também sintetiza os requisitos para caracterizar o assédio moral da seguinte forma:

> Para que haja caracterização do assédio, devem estar presentes quatro elementos. Primeiro, deve haver um ato abusivo; segundo, a prática desse ato deve ser retirada, visto que o assédio só é caracterizado com práticas abusivas reiteradas; terceiro, que esse ato produza violência; por fim, que haja intenção de destruir a vítima.(64)

Desta forma, não é unânime a doutrina sobre um número exato de requisitos para a configuração de uma situação de assédio moral, porém, podemos identificar alguns requisitos mais relevantes nos conceitos acima analisados: (1) conduta perversa e violenta praticada por um sujeito ativo; (2) a reiteração e sistematização desta conduta; (3) consciência do agente.

Primeiramente, a conduta violenta que caracteriza o assédio moral deve ser grave, e não meramente conflitos ou desentendimentos que não se tornem reiterados e que não tenham potencial de ofender a vítima no sentido psicológico.

Nesse sentido, Nordson Gonçalves de Carvalho explica que:

> Para se admitir uma conduta com agressão moral esta deve ser capaz de degradar o ambiente de trabalho de forma a provocar prejuízos à saúde psíquica da vítima.
>
> A conduta perversa deve ser capaz de danificar o meio ambiente de trabalho, contaminando a qualidade de vida no trabalho e a satisfação do empregado.
>
> Deve ser uma conduta contrária à ética, aos bons costumes e à boa-fé que deve imperar em quaisquer relações sociais e jurídicas.(65)

O segundo requisito, a reiteração e sistematização de condutas, é o mais relevante para configurar o assédio moral, uma vez que em algumas situações, quando se analisa uma conduta individualmente, pode se até concluir pela inexistência de ofensa, mas ao se aprofundar no estudo do conjunto de condutas reiteradas, percebe-se o sentido e a proporção que aquela violência psicológica tomou.

Nesse sentido, Marie-France Hirigoyen destaca a relevância do requisito da reiteração de condutas para a configuração do assédio moral: "O assédio moral se caracteriza

---

(64) MARCONI, Aline Del Tedesco Nassif. Compliance *trabalhista:* como assegurar conformidade nas relações de trabalho. São Paulo: Saint Paul Editora, 2021. p. 99.

(65) CARVALHO, Nordson Gonçalves de. *Assédio moral na relação de trabalho*. São Paulo: Rideel, 2009. p. 78.

antes de tudo pela repetição. São atitudes, palavras, comportamentos, que, tomados separadamente, podem parecer inofensivos, mas cuja repetição e sistematização os tornam destruidores".(66)

E continua: "Uma agressão pontual pode ser apenas uma expressão de reatividade e impulsividade. Neste caso, segundo os juristas, não existe 'premeditação'. O assédio, ao contrário, sobretudo se é um ato de um indivíduo perverso narcisista, é uma agressão 'perpétua'".(67)

Sebastião Geraldo de Oliveira também explica que condutas isoladas não podem ser enquadradas como assédio moral, por ser necessária a reiteração de condutas:

> Também não caracterizam assédio moral as agressões isoladas, as más condições de trabalho ou a prestação dos serviços em condições estressantes. São ocorrências que, sem dúvida, afetam o bem-estar ou a saúde do trabalhador, podem causar danos diversos e ensejar indenização, mas não a título de assédio moral.
>
> [...]
>
> Para caracterizar o assédio moral exige-se a comprovação de uma conduta abusiva que se prolonga no tempo, com o propósito de isolar ou afastar a vítima do convívio, o que não ocorre com um ato isolado de violência psíquica. Não se admite a figura do assédio moral eventual [...]. (68)

Por isso, ainda que não haja um número específico de atos violentos para se enquadrar como assédio moral, fato é que a sistematização destas condutas, ainda que individualmente não muito graves, para obtenção de uma finalidade destruidora, é o ponto central do requisito da reiteração.

E o último requisito mencionado por parte da doutrina para se configurar o assédio moral é a consciência do assediador da violência de suas condutas, que para alguns doutrinadores significa intenção de destruir a autoestima e o bem-estar psicológico da vítima (dolo), enquanto para outros apenas a conduta ilícita, dolosa ou culposa.

Defendemos que não é necessário ficar demonstrado em instrução processual que o assediador tenha consciência, no sentido de intenção, do resultado danoso, bastando

---

(66) HIRIGOYEN, Marie-France. Trad. Rejane Janowitzer. *O mal-estar no trabalho:* redefinindo o assédio moral. 3. ed. Rio de Janeiro: Bertrand Brasil, 2006. p. 30.

(67) *Ibidem*, p. 31

(68) OLIVEIRA, Sebastião Geraldo de. *Proteção jurídica à saúde do trabalhador.* 6. ed., rev. e atual. São Paulo: LTr, 2011. p. 237-238.

que as condutas praticadas por ele demonstrem a assunção de riscos de o dano ocorrer, como defende parte da doutrina:

> Para que se configure o assédio moral, a conduta declaradamente deve ser consciente. Significa dizer que seus efeitos prejudiciais sobre a integridade psíquica e física da vítima e do meio ambiente de trabalho devem ser intencionais ou, ao menos, previsíveis.
>
> [...]
>
> Mesmo na hipótese em que o perverso pratica a agressão moral sem a consciência de seus efeitos ou sem a intenção de atingir a vítima em seu aspecto pessoal (integridade e intimidade), deve-se considerar a previsibilidade dos resultados prejudiciais.
>
> [...]
>
> Portanto, para se considerar uma conduta antijurídica pouco importa se o agente agiu não intencionalmente.
>
> Em verdade, basta que a conduta (ação ou omissão) seja contrária ao dever preexistente.(69)

No sentido oposto, alguns doutrinadores entendem que apenas a conduta dolosa é passível de ser considerada como assédio, em ambas as formas, como explica José Affonso Dallegrave Neto: "Tanto o assédio sexual como o moral são admitidos apenas na forma dolosa, vez que o assediante, adrede, molesta a vítima com o objetivo de se satisfazer sexualmente ou destruí-la emocionalmente, respectivamente"(70).

Discordamos desta corrente doutrinária na medida em que entendemos desnecessária a demonstração da intenção do agente, bastando apenas a prática das condutas ilícitas com potencial de causar danos à vítima, podendo ocorrer, aliás, situações onde as condutas reiteradas ocasionaram destruição emocional e exclusão do empregado, mesmo sem ser essa a intenção inicial do agressor, que mesmo assim descumpriu o seu dever básico de não causar dano a outrem ao praticar condutas violentas e reiteradas contra a vítima.

Um exemplo possível é aquela situação em que o empregador fixa metas e realiza sua cobrança, sem alterar o tom de voz, sem xingamentos, sem ameaças diretas de demissões, pois pensa que apenas isso seria ilícito, mas de alguma forma acaba sendo incisivo e tornando o ambiente de trabalho insuportável pela forma reiterada de falar das metas,

---

(69) CARVALHO, Nordson Gonçalves de. *Assédio moral na relação de trabalho*. São Paulo: Rideel, 2009. p. 81-83.

(70) DALLEGRAVE NETO, José Affonso. *Responsabilidade civil no direito do trabalho*. 6. ed. São Paulo: LTr, 2017. p. 336.

que tem que ser alcançadas a todo custo, pelo risco de a empresa não conseguir honrar seus compromissos e até mesmo encerrar suas atividades.

Pode ser que, de fato, esse empregador não tenha intenção de ofender, de perseguir, humilhar, ameaçar ou causar danos psicológicos nos empregados, mas pela repetição destas cobranças, pela forma de fazê-las e pela mensagem transmitida aos empregados, termine por prejudicar o equilíbrio do ambiente de trabalho ofendendo os funcionários, tendo suas condutas enquadradas como de assédio moral em um processo judicial.

Claro que este empregador hipotético deveria saber minimamente que tais condutas estariam passando dos limites e ofendendo seus empregados, mas, na prática, o desconhecimento destes limites acaba propiciando situações assim, onde não existe um dolo específico, um desejo de humilhar, ofender etc., embora devesse ter consciência de seu potencial danoso.

Em outra perspectiva, podemos concluir também que não é necessária a prova da ocorrência de um dano à saúde e à vida pessoal do empregado, pois neste caso o dano é aferido *in re ipsa*, presumido a partir da conduta praticada pelo assediador, comparada com os parâmetros do ser humano médio. Nesta linha, afirma Sebastião Geraldo de Oliveira:

> Importa mencionar que não é necessário o dano explícito ou adoecimento caracterizado para configurar o assédio moral. O que se pune é o comportamento, a conduta abusiva, como ocorre no Direito Penal nos crimes denominados de mera conduta. O bem jurídico tutelado é o direito ao meio ambiente do trabalho saudável, ou seja, deve ser garantido ao trabalhador que a prestação de serviços ocorra com o devido respeito a sua dignidade e seu bem-estar físico, mental e social. Assim, para caracterizar o assédio moral basta demonstrar o desvio ou abuso de comportamento do assediador, independentemente de ter gerado ou não consequências à saúde do trabalhador.[71]

Após a compreensão do conceito e dos requisitos para configuração do assédio moral, é necessário também compreender as formas em que ele pode ocorrer em relação à hierarquia dos sujeitos envolvidos.

2.1.1. Formas de assédio moral quanto à hierarquia

Quanto à posição hierárquica dos participantes do conflito, é possível afirmar que o assédio moral pode ocorrer de diversos modos, mas geralmente se dá de forma ver-

(71) OLIVEIRA, Sebastião Geraldo de. *Proteção jurídica à saúde do trabalhador*. 6. ed., rev. e atual. São Paulo: LTr, 2011. p. 235.

ticalizada na hierarquia, embora isso não seja uma regra, pois o assédio moral também pode ocorrer no âmbito horizontal e também mais raramente pode até se dar de forma ascendente na hierarquia.(72)(73)

O assédio moral ocorre normalmente de forma vertical descendente, ou seja, do superior hierárquico contra um ou mais subordinados, por conta da própria estrutura da relação de trabalho, onde o empregado vende sua força de trabalho, mediante remuneração e diversos direitos trabalhistas, e como contrapartida o empregador tem o direito ao poder empregatício, que lhe confere total liberdade de dirigir, organizar, regulamentar, fiscalizar e disciplinar a prestação de serviços.

Tal poder empregatício é garantido por lei, sendo necessário para o bom desenvolvimento da atividade econômica do empregador, mas é limitado e não pode ser utilizado para violar direitos de seus empregados.

Neste contexto, podem ocorrer abusos deste direito pelo empregador, caso deixe de apenas organizar as atividades laborais exercendo seu poder empregatício e passe a desrespeitar os direitos básicos dos empregados, especialmente sua dignidade e o direito ao ambiente de trabalho adequado, passando a se arvorar no controle da pessoa do empregado, a realizar cobranças excessivas, ofensas, punições exacerbadas, proibições humilhantes, exclusão do empregado do convívio com os demais colegas, entre outras situações que representam, conforme a casuística, situações de assédio moral ou sexual no trabalho.

Do mesmo modo, devemos nos lembrar que os conflitos sociais são diversos e, por isso, podem ocorrer conflitos entre empregados de mesma hierarquia, muitas vezes com a ciência do empregador, não reprimidas adequadamente, ou até mesmo de forma velada, às escondidas, mas sempre debaixo de seus olhos, pois é seu dever acompanhar todas as relações interpessoais na sua atividade econômica e zelar pela qualidade do meio ambiente do trabalho.

E nesta infinidade de formas de conflitos podemos constatar até mesmo situações menos comuns, embora igualmente graves, quando o assédio moral é praticado por alguém inferior hierárquico (ou um grupo), contra seu superior, pois de algum modo se consegue arquitetar tais ofensas reiteradas, seja por chantagem (como muitas vezes também ocorre no assédio sexual), seja pela postura pessoal e respeito interpessoal, que nem sempre acompanha a hierarquia formal existente na empresa.

Um exemplo desta forma incomum de assédio, mas infelizmente possível, seria uma situação de um gerente novato e com pouca idade designado a liderar uma equipe

(72) DELGADO, Mauricio Godinho. *Curso de direito do trabalho*. 18. ed. São Paulo: LTr, 2019.

(73) OLIVEIRA, Sebastião Geraldo de. *Proteção jurídica à saúde do trabalhador*. 6. ed., rev. e atual. São Paulo: LTr, 2011.

com trabalhadores experientes, já unida, onde um ou mais subordinados podem acabar não aceitando ordens de alguém que julgam menos experiente ou com menos conhecimento, e por isso buscam formas de ofender, atingir negativamente e mesmo excluir o superior hierárquico desta função.

Ou seja, conforme ilustração a seguir, podemos dizer que o assédio moral se dá de forma **horizontal**, quando é praticado por trabalhadores de mesma hierarquia, **vertical descendente**, praticado por um superior hierárquico, e também de forma **vertical ascendente**, quando praticado por um subordinado contra um superior hierárquico, embora seja mais raro.

ASSÉDIO MORAL VERTICAL DESCENDENTE	ASSÉDIO MORAL VERTICAL ASCENDENTE	ASSÉDIO MORAL HORIZONTAL
Superior hierárquico ↓ Subordinado	Superior hierárquico ↑ Subordinado	Colega → Colega (mesma hierarquia)

Sobre estas formas de assédio moral e suas consequências, Marie-France Hirigoyen explica que: "A experiência mostra que o assédio moral vindo de um superior hierárquico tem consequências muito mais grave sobre a saúde do que o assédio horizontal, pois a vítima se sente ainda mais isolada e tem mais dificuldade para achar a solução do problema".(74)

Claro que toda espécie de assédio moral se constrói e se desenvolve de um modo a impedir a vítima — ou dificultar — de se defender ou de denunciar, sendo graves todas as formas de assédio moral no ambiente laboral, isso quando não é a própria estrutura organizacional da empresa que autoriza e orquestra o assédio moral, como veremos a seguir na figura do assédio moral organizacional.

2.1.2. Assédio moral organizacional

Há também o assédio moral organizacional, ou institucional, que é uma violência psicológica reiterada e com objetivo de humilhar, constranger ou castigar, voltada a um grupo de empregados da empresa ou de um setor, diferenciando-se neste último ponto do assédio moral individual por abranger um número maior de empregados e especialmente por ser uma violência que está presente na própria estrutura organizacional da empresa, e não um conflito isolado entre um empregado e outro.

(74) HIRIGOYEN, Marie-France. Trad. Rejane Janowitzer. *O mal-estar no trabalho:* redefinindo o assédio moral. 3. ed. Rio de Janeiro: Bertrand Brasil, 2006. p. 112.

Segundo Adriana Calvo, os requisitos para a configuração do assédio moral organizacional, que inclusive demonstram sua peculiaridade em face do assédio individual, são os seguintes:

> 1. ofensa ao direito fundamental à saúde no ambiente de trabalho — não é necessária a prova do dano psíquico coletivo, mas este pode ser facilmente identificado por psicólogos e psiquiatras como síndrome loco-neurótica (SLN) ou síndrome do assédio moral institucional;
>
> 2. atos inseridos dentro da política institucional da empresa — os atos de ofensa à dignidade humana dos trabalhadores são inseridos na política institucional da empresa por meio de diversos modelos de gestão: administração por estresse, administração por injúria, bossing, straining, dentre outros;
>
> 3. presença do caráter despersonalizado do assédio — os atos não serão dirigidos a pessoas ou grupo específicos, mas sim à coletividade dos trabalhadores de um setor da empresa ou de toda a empresa. Portanto, não há presença de alvos específicos, embora determináveis e;
>
> 4. o agressor é a empresa — o agressor é a própria pessoa jurídica (acionistas) que por meio de seus administradores (conselheiros e diretores), utiliza-se de uma política de gestão desumana para atingir objetivos, em geral de fins econômicos, não sendo necessária a prova da intenção dolosa na prática do ato, uma vez que faz parte de uma estratégia de administração da empresa.(75)

A doutrina de José Affonso Dallegrave Neto assim conceitua o assédio moral organizacional:

> Impende registrar a existência de uma nova espécie de abuso patronal, qual seja, o assédio moral organizacional (também denominado assédio moral institucional ou assédio moral empresarial). [...] Como se vê, enquanto o mobbing clássico tem como objetivo a exclusão individual da vítima do mundo do trabalho, discriminando-a e estigmatizando-a perante o grupo, no assédio moral organizacional o que se visa é a sujeição forçada de um grupo de trabalhadores às agressivas políticas de resultado da empresa. O que ambas têm em comum é a ofensa aos direitos fundamentais do cidadão e a caracterização de dano moral decorrente de insistentes métodos espúrios do empregador.(76)

---

(75) CALVO, Adriana. *O direito fundamental à saúde mental no ambiente de trabalho: o combate ao assédio moral institucional: visão dos tribunais trabalhistas.* São Paulo: LTr, 2014. p. 78-79.

(76) DALLEGRAVE NETO, José Affonso. *Responsabilidade civil no direito do trabalho*. 6. ed. São Paulo: LTr, 2017. p. 339-340.

E exemplifica:

> Um dos exemplos mais comuns de assédio moral organizacional ocorre com a prática abusiva de cobrança de metas aos empregados. Observa-se que a empresa não está impedida de fomentar melhores resultados ou maior produtividade por meio de metas. A ilicitude reside na forma abusiva de cobrar metas de trabalho e resultados aos trabalhadores, a exemplo daquelas feitas sob ameaça de perda do emprego, divulgações de rankings constrangedores ou aplicação de castigos por descumprimento.(77)

O assédio moral organizacional pode ser praticado a partir de várias formas, sempre advindas da estrutura de trabalho da empresa, e não de condutas pontuais, como, por exemplo, cobrança de produtividade com constantes ameaças de punições e/ou demissões; estímulo excessivo de competição; criação de apelidos, adjetivos ou marcações que destaquem os empregados que foram menos produtivos; realização de danças e cantos motivacionais obrigatórios; controle do tempo de uso de sanitários e hidratação, ou proibição/restrição, ou ainda desconto salarial por esses períodos de necessidades fisiológicas; desqualificação pública ou ofensas a um setor ou equipe específicos, mesmo sem citar nomes.

Claro que tais condutas são apenas exemplificativas e cada caso deve ser analisado de acordo com suas peculiaridades, sendo o mais relevante a análise detalhada das regras e estrutura de trabalho fixadas pela empresa e o quanto isso tem o potencial de ofender moralmente os trabalhadores daquela empresa ou setor.

Existem diversos casos de assédio moral institucional que chegaram aos tribunais, onde ficaram comprovadas condutas por parte das empresas que puderam configurar esse tipo de prática, valendo mencionar um exemplo a partir de uma ementa de julgamento do Tribunal Superior do Trabalho, que manteve condenação do Tribunal Regional do Trabalho da 4ª Região, que fixou a indenização no valor de R$ 100.000,00, por conta de exigência de preenchimento de formulários com identificação do empregado, cujas perguntas se referiam às condições de trabalho, com a finalidade de criar provas documentais favoráveis à empresa para processos judiciais do próprio empregado questionado ou de outros empregados:

> DANO MORAL. EXCESSOS COMETIDOS PELO EMPREGADOR. EXTRAPOLAÇÃO DO PODER DIRETIVO. CARACTERIZAÇÃO. SÚMULA N. 126/TST. O Tribunal Regional, após análise das provas dos autos, registrou que restou comprovado que os empregados eram submetidos a questionamentos pelo Reclamado, mediante o preenchimento de formulário, acerca de questões relativas às principais demandas judiciais movidas contra o banco. Destacou que os questionamentos formulados buscavam a coleta de informações que poderiam beneficiar o Reclamado em demandas judiciais trabalhistas. Consignou que "o conteúdo

(77) DALLEGRAVE NETO, José Affonso. *Responsabilidade civil no direito do trabalho*. 6. ed. São Paulo: LTr, 2017. p. 341.

proposto no formulário envolve questões pessoais do trabalhador, e aqui é importante repetir que não é apenas um formulário específico com um número específico, e sim o objetivo proposto, em que funcionários são identificados e tem que falar sobre questões que envolvem a relação pessoal relativa à conduta patronal, produzindo prova pré-constituída para processos judiciais de colegas ou ex-colegas de trabalho, respaldada por declaração de veracidade das informações, em que pese estejam sobre o manto do ' temor reverencial' que impõe ao empregado a necessidade de ' agradar' ao empregador, para manter seu emprego. As informações podem, inclusive, se voltar contra o próprio declarante na busca pelos direitos em possível reclamatória trabalhista". Concluiu que o procedimento adotado pelo Réu configura efetivo abuso do poder diretivo. Logo, somente com o revolvimento de provas seria possível conclusão diversa — no sentido de que o formulário preenchido pelos empregados, além de não ser obrigatório, possuía caráter genérico e visava a melhoria das condições de trabalho —, o que não se admite nesta instância extraordinária, ante o óbice da Súmula n. 126/TST, inviabilizando a análise da apontada violação de dispositivos da Constituição Federal e de lei. [...].[78]

Em um caso julgado pela 5ª Câmara do TRT da 15ª Região, sob relatoria do Desembargador Lorival Ferreira dos Santos, o ex-empregador foi condenado a pagar ao ex-empregado indenização por assédio moral organizacional no valor de R$ 10.000,00, diante da chamada "gestão por estresse", por todos as condutas que detalha em sua fundamentação, sintetizada na seguinte ementa:

INDENIZAÇÃO POR DANOS MORAIS. ASSÉDIO MORAL ORGANIZACIONAL. *"STRAINNING".* Na medida em que evidenciada a técnica organizacional de gestão por estresse, por meio da qual os empregados são levados ao limite de sua produtividade, em virtude de ameaças, que vão desde o comportamento desrespeitoso, opressivo e humilhante por parte do empregador, até a ameaça constante de demissão, tem-se por caracterizado o assédio moral organizacional, também denominado *"strainning"*. As consequências negativas dessa forma de gestão empresarial na esfera pessoal das vítimas e na estrutura psíquica dos trabalhadores por ela atingidos — vale dizer, o efetivo dano — são presumíveis, pelo que a condenação ao pagamento de indenização por danos morais é medida que se impõe.[79]

Outra lide, decidida pela 4ª Câmara do TRT da 15ª Região, sob relatoria do Desembargador Jorge Luiz Souto Maior, teve como desfecho a condenação ao pagamento de indenização por assédio moral organizacional no valor de R$ 10.000,00, além de R$ 20.000,00 de indenização pela conta da doença ocupacional decorrente do assédio, uma vez que foi constatado pelo juiz de primeiro grau, em inspeção judicial, que

---

(78) BRASIL. TRIBUNAL SUPERIOR DO TRABALHO. *Acórdão em Ag-AIRR-20284-76.2013.5.04.0021.* Órgão Julgador: 5ª Turma. Relator Ministro Douglas Alencar Rodrigues. Brasília, DF, julgado em 26 maio 2021, publicado no *DEJT* em 28 maio 2021. Disponível em: https://jurisprudencia-backend.tst.jus.br/rest/documentos/7effb1a3e6a95e0992a92cc656d25f49. Acesso em: 19 set. 2022.

(79) BRASIL. TRIBUNAL REGIONAL DO TRABALHO da 15ª Região. *Acórdão em RO-0010293-06.2017.5.15.0094.* Órgão Julgador: 5ª Câmara. Relator Des. Lorival Ferreira dos Santos. Campinas, SP, julgado em 03 set. 2019, publicado no *DEJT* em 17 set. 2019. Disponível em: https://jurisprudencia.trt15.jus.br/documento/44252248/XHLPKLXI%5D68S?highlight=ass%C3%A9dio,moral,organizacional. Acesso em: 03 jan. 2024.

a empresa ameaçava e praticava punições excessivas em público, deixando os empregados penalizados sem acesso ao sistema e isolados dos demais em uma sala, ociosos, entre outras condutas, assim descrevendo em sua fundamentação:

> [...]
>
> Não há necessidade de produção de prova oral para chegar à conclusão inafastável que a reclamante efetivamente sofria assédio no ambiente laboral. A inspeção judicial utilizada pelo juízo de origem como fundamento para negar à reclamante os direitos relativos à doença ocupacional, inclusive de forma contrária ao laudo pericial, comprova que a reclamada efetivamente agia de forma abusiva com relação aos(às) trabalhadores(as), caracterizando-se, no mínimo, um assédio moral organizacional.
>
> Como já mencionado, constata-se do auto de inspeção que a reclamada, em determinadas circunstâncias, bloqueava as senhas dos(as) trabalhadores(as) e os(as) deixava em uma sala sem exercer qualquer atividade durante toda a jornada de trabalho, sendo que todos os que passavam poderiam ver quem estava no interior (item "7" – fl. 529).
>
> Verificou-se que uma das situações que ocasionavam o isolamento dos(as) trabalhadores(as) na referida sala, tinha a ver com a produtividade, como constou expressamente dos itens "e" e "f". Empregados com baixa produtividade ou que não alcançavam números ideais durante o treinamento, ficavam na referida sala.
>
> Uma empregada entrevistada alegou que estava na referida sala há 14 (quatorze) dias e outros disseram que chegaram a ficar mais de uma semana com a senha bloqueada, também na sala. Um último entrevistado alegou que o bloqueio de senha somente ocorria se o empregado fosse "muito ruim" e não melhorasse após várias tentativas do supervisor (cf. itens "g", "h" e "i") – fl. 529.
>
> Quanto à utilização dos banheiros fora das duas pausas de 10 (dez) minutos concedidas durante a jornada, deveria haver autorização prévia do supervisor, o que, por si só, já configura um constrangimento ilegal. Alguns(mas) trabalhadores(as) disseram que evitam muitas pausas para idas ao banheiro para não prejudicarem sua produtividade. Tal postura, evidentemente, se deve pela exigência de metas por parte dos próprios supervisores, que chamavam em seus postos de trabalho os que não alcançavam metas e ainda enviavam tabelas com identificação do número da matrícula de cada trabalhador(a) e indicadores negativos apontados em vermelho (cf. itens "4" e "5" – fls. 527/528).
>
> A questão, portanto, foge do aspecto do tratamento pessoal, inserindo-se no contexto do assédio organizacional, já que os abusos de davam de forma estrutural, gerando a natural redução da autoestima dos(as) trabalhadores(as) e a desconsideração da sua condição humana [...][80]

Em outra perspectiva, cabe lembrar que a evolução tecnológica, com o consequente aumento das possibilidades de trabalho remoto, também traz novas possibilidades de

---

(80) BRASIL. TRIBUNAL REGIONAL DO TRABALHO da 15ª Região. *Acórdão em RO-0011807-82.2019.5.15.0042.* Órgão Julgador: 4ª Câmara. Relator Des. Jorge Luiz Souto Maior. Campinas, SP, julgado em 02 ago. 2022, publicado no *DEJT* em 08 ago. 2022. Disponível em: https://jurisprudencia.trt15.jus.br/documento/75270096/XHLPKLXI%5D68S?highlight=ass%C3%A9dio,moral,organizacional. Acesso em: 03 jan. 2024.

assédio moral organizacional, pela estrutura de controle virtual constante, muitas vezes por meio de algoritmos, e que pode violar também o direito à desconexão do empregado.

Muitas vezes a cobrança excessiva de metas é velada, invisível, pela exigência de produtividade para se manter um padrão salarial, onde muitas vezes sequer é possível se respeitar os limites constitucionais de jornada, isso tudo com amparo na lei, já que o art. 62, III, da CLT, inserido pela Lei n. 14.442/2022, exclui a obrigatoriedade do controle de jornada dos "os empregados em regime de teletrabalho que prestam serviço por produção ou tarefa", embora sejam esses os mais afetados por eventuais cobranças abusivas de metas e produtividade.

E também pode ser abusiva e configurar assédio moral organizacional a obrigatoriedade de empregados em teletrabalho realizarem suas atividades laborais diante de câmeras (à exceção de reuniões e conversas pontuais, cujas expressões faciais e corporais fazem parte da comunicação), ou então compartilhamento de tela em tempo real com outro empregado ou superior hierárquico, por violação dos direitos à privacidade, intimidade e dignidade destes empregados. E ainda mais grave seria a exigência de câmeras ligadas continuamente, ou o compartilhamento de tela, em momentos de descanso.

Importante ressaltar, por fim, que é ampliada a gravidade do assédio moral organizacional em relação ao assédio individual, pois é uma conduta que atinge a todos, ou muitos, trabalhadores da empresa e também porque está inserida na própria estrutura da empresa, impossibilitando alternativas aos empregados assediados de denunciar, de reclamar ou solucionar devidamente o problema.

Assim, ainda que esta prática seja mais verificada em grandes empresas, claro que uma empresa menor pode igualmente cometê-la, pois pelo conceito anteriormente estudado esta espécie de assédio ocorre nas condutas de perseguição e agressão moral de um conjunto de trabalhadores, sendo estas condutas provenientes de normas institucionais enraizadas na estrutura da empresa.

2.2. Assédio sexual: definições e requisitos

Também para a compreensão do assédio sexual é necessária a análise de seus conceitos e requisitos, além de estudar a visão doutrinária sobre o tema, bem como a legislação protetiva do empregado em face desta prática.

O assédio sexual é outra prática ofensiva realizada no âmbito do trabalho e assim como o assédio moral pode trazer diversas consequências danosas aos empregados, embora geralmente ocorra de forma discreta, muitas vezes de difícil comprovação.

A legislação brasileira conceitua o assédio sexual apenas para fins de tipificação penal, no art. 216-A do Código Penal, que assim dispõe:

> Constranger alguém com o intuito de obter vantagem ou favorecimento sexual, prevalecendo-se o agente da sua condição de superior hierárquico ou ascendência inerentes ao exercício de emprego, cargo ou função.

> Pena – detenção, de 1 (um) a 2 (dois) anos.
>
> Parágrafo único. *(VETADO)*
>
> § 2º A pena é aumentada em até um terço se a vítima é menor de 18 (dezoito) anos.

Sebastião Geraldo de Oliveira acrescenta ainda que em casos mais graves a conduta do assediador pode configurar alguns crimes de maior gravidade:

> Se o assediador avançar para condutas que envolvam violência física ou grave ameaça, o seu comportamento será enquadrado em delitos de maior gravidade, no capítulo dos crimes contra a liberdade sexual, como o estupro, o atentado violento ao pudor, a posse sexual mediante fraude ou o atentado ao pudor mediante fraude, conforme previsto nos arts. 213 a 216 do Código Penal.(81)

O Código do Trabalho de Portugal também conceitua o assédio sexual, em seu art. 29, item II, que prevê: "Constitui assédio sexual o comportamento indesejado de carácter sexual, sob forma verbal, não verbal ou física, com o objectivo ou o efeito referido no número anterior".(82)

Ademais, Gustavo Filipe Barbosa Garcia apresenta o seguinte conceito de assédio sexual:

> O assédio sexual normalmente se configura pela repetição de condutas praticadas pelo assediador, nem sempre explícitas, como gestos e falas que indiquem a manifestação da intenção sexual, sem receptividade por parte do assediado.
>
> Dessa forma, pode-se entender o assédio sexual como uma conduta de natureza sexual, não desejada pela pessoa ofendida, em regra reiterada, violando a sua liberdade sexual.(83)

Por outro lado, explica Sebastião Geraldo de Oliveira que nem todas as condutas se configuram como assédio sexual, argumentando que o "simples flerte, o galanteio ou a tentativa civilizada de relacionamento amoroso. [...] O que não se tolera é a insistência

---

(81) OLIVEIRA, Sebastião Geraldo de. *Proteção jurídica à saúde do trabalhador.* 6. ed., rev. e atual. São Paulo: LTr, 2011. p. 244.

(82) PORTUGAL. *Lei n. 7/2009.* Institui o Código do Trabalho de Portugal. Diário da República n. 30/2009, Série I de 2009.02.12. Disponível em: https://dre.pt/dre/legislacao-consolidada/lei/2009-34546475. Acesso em: 17 jun. 2023.

(83) GARCIA, Gustavo Filipe Barbosa. *Meio ambiente do trabalho:* direito, segurança e saúde no trabalho. 8. ed., rev., atual. e ampl. Salvador: JusPodivm, 2021. p. 130.

abusiva, de mau gosto, inoportuna e que avança para o território da violência psíquica intimidativa".[84]

Em complemento, o mesmo autor divide o assédio sexual em duas espécies, assim explicando:

> Primeiramente, pode ocorrer o assédio sexual por chantagem, ou seja, a vítima deve ceder às exigências do seu superior hierárquico para obter algum benefício no contrato de trabalho, ascensão funcional ou mesmo para não perder o emprego. Eventualmente também poderá ocorrer o assédio sexual por chantagem por parte de colega de trabalho ou mesmo de algum subordinado podendo ser citado, como exemplo, aquele que exige os favores sexuais sob ameaças de revelar uma informação confidencial ou comprometedora. Em segundo lugar, também pode acontecer o assédio sexual por intimidação com incitações sexuais importunas ou humilhações reiteradas da vítima, tornando o ambiente de trabalho ofensivo, hostil e prejudicial.[85]

Ou seja, segundo o autor, também o assédio sexual pode se dar de forma horizontal, entre colegas de mesmo nível hierárquico, ou até mesmo de um subordinado contra um superior hierárquico, pois há diversas situações de chantagem ou intimidação que permitem essas situações.

Tratando dos elementos caracterizadores do assédio sexual, assim explicam Francisco Ferreira Jorge Neto e Jouberto de Quadros Pessoa Cavalcante:

> Os seus elementos são: (a) sujeitos — o assediador, quem pratica a atitude de constrangimento; o assediado, a vítima, que recebe a conduta; (b) conduta de natureza sexual reprovável, ou seja, todo e qualquer ato em que não se visualiza nenhuma possibilidade de negativa por parte da vítima. Normalmente, essa conduta se concretiza em uma ameaça, seja de retaliação, de perseguição ou de eventual violência; (c) que a conduta seja rejeitada pela vítima.
>
> A reiteração da conduta não pode ser vista como elemento essencial na caracterização do assédio sexual, já que podem ocorrer situações concretas em que o constrangimento esteja patente em um só ato, como é o caso da

---

(84) OLIVEIRA, Sebastião Geraldo de. *Proteção jurídica à saúde do trabalhador*. 6. ed., rev. e atual. São Paulo: LTr, 2011. p. 244.

(85) *Ibidem*, p. 242.

> ameaça da dispensa por justa causa pelo superior hierárquico se a funcionária não "aceitar" o convite para a ida até o motel.(86)

Fazemos também uma reflexão relevante sobre a exigência de que a vítima rejeite as condutas pelo assediador, uma vez que a própria natureza do assédio sexual pressupõe uma situação de vulnerabilidade, já que ocorre por chantagem ou intimidação e, consequentemente, perfaz uma armadilha emocional onde muitas vezes é impossível para a vítima enxergar saída para não ceder aos desejos do assediador.

Por isso, não nos parece possível afastar a indenização apenas porque a vítima não rejeitou totalmente as propostas assediantes, mas apenas no caso de ficar comprovada a aceitação plena e isenta de qualquer vício de consentimento por parte da pessoa alvo das condutas.

Em suma, diferentemente do conceito da tipificação criminal, no âmbito laboral o assédio sexual diz respeito a condutas reprováveis e ofensivas, não necessariamente reiteradas, que visam favorecimento sexual pelo agressor, ainda que este não seja superior hierárquico da vítima, mas que se utilize de alguma posição privilegiada para chantageá-la ou intimidá-la.

2.3. Diferenças e semelhanças entre assédio moral e assédio sexual

Embora tratados de forma individualizada, na presente obra verificamos que o assédio moral e o assédio sexual apresentam diversas semelhanças, especialmente quanto às suas origens e consequências, o que se mostra relevante para discutir formas de prevenção de conflitos trabalhistas oriundos destas formas de assédio.

E assim, inicialmente, a partir das definições anteriormente estudadas, verificamos como principal diferença a intenção da chantagem realizada no assédio sexual, visando satisfazer desejo pessoal de ordem sexual, o que não ocorre no assédio moral, onde o que se pratica é a ofensa e humilhação da vítima, conforme explica Sebastião Geraldo de Oliveira:

> O mecanismo de ação no assédio sexual é semelhante ao utilizado no assédio moral; todavia, a intenção é diversa. No assédio moral o objetivo velado é destruir ou, de alguma forma, afastar a vítima do convívio, enquanto, no assédio sexual, a pretensão é no sentido de atrair a vítima e subjugá-la para obter favores sexuais.(87)

(86) JORGE NETO, Francisco Ferreira; CAVALCANTE, Jouberto de Quadros Pessoa. *Direito do Trabalho*. 9. ed. São Paulo: Atlas, 2019. p. 974.

(87) OLIVEIRA, Sebastião Geraldo de. *Proteção jurídica à saúde do trabalhador*. 6. ed. rev. e atual. São Paulo: LTr, 2011. p. 243.

Outra diferença diz respeito às consequências jurídicas destas formas de assédio, uma vez que no assédio sexual, além das indenizações civis, existem também sanções criminais ao assediador, enquanto que não há um tipo penal de assédio moral, muito embora também possa ocorrer crime a depender das condutas praticadas, tais como as práticas discriminatórias previstas na Lei n. 9.029/95, ou crimes contra a liberdade individual, contra a honra, ou até lesão corporal, entre outros.(88)

Podemos dizer também que o assédio sexual tem como peculiaridade ser normalmente praticado por alguém hierarquicamente superior, enquanto que o assédio moral mais frequentemente ocorre de forma horizontal ou até vertical ascendente. Claro que, mesmo excepcionalmente, pode ocorrer assédio sexual praticado entre colegas de mesmo grau hierárquico ou contra superior, por exemplo em casos de ameaça de revelar segredos ou informações comprometedoras.(89)

Por fim, o assédio sexual não necessariamente é fruto de reiteração de condutas, diferentemente do assédio moral que exige tal requisito para sua configuração, sob o risco desta ofensa única e pontual ser considerada apenas dano moral, no conceito geral.(90)

Por sua vez, as semelhanças entre ambos ficam evidentes, em diversos aspectos, como a perversidade do agressor que, a partir de uma conduta, seja ela intencional, buscando o resultado danoso, ou ao menos consciente dele, tem possibilidade de causar danos psicológicos à vítima por meio de chantagem, humilhações, ofensas ou outras formas de violência.

Outro ponto em que estas espécies de assédio são semelhantes é que ambos ocorrem de forma velada, geralmente escondida, se aproveitando de uma vítima fragilizada e sem voz, até para dificultar a produção de provas por parte da vítima.

São temas tão correlatos que Sebastião Geraldo de Oliveira destaca que o assédio sexual pode até originar um futuro assédio moral, por vingança: "O assédio sexual, diante da resistência da vítima, pode transformar-se em assédio moral. O assediador, frustrado por não alcançar seus objetivos, passa a perseguir veladamente a vítima, como forma de vingança pessoal".(91)

De qualquer modo, para os fins deste livro, que busca apresentar formas de prevenção de conflitos decorrentes de assédio, tanto o assédio moral como o assédio sexual

---

(88) DALLEGRAVE NETO, José Affonso. *Responsabilidade civil no direito do trabalho*. 6. ed. São Paulo: LTr, 2017.

(89) OLIVEIRA, Sebastião Geraldo de. *Proteção jurídica à saúde do trabalhador*. 6. ed., rev. e atual. São Paulo: LTr, 2011.

(90) JORGE NETO, Francisco Ferreira; CAVALCANTE, Jouberto de Quadros Pessoa. *Direito do Trabalho*. 9. ed. São Paulo: Atlas, 2019.

(91) OLIVEIRA, Sebastião Geraldo de. *Proteção jurídica à saúde do trabalhador*. 6. ed., rev. e atual. São Paulo: LTr, 2011. p. 244.

devem ser vistos como problemas semelhantes com origem e consequências comuns, que podem ser prevenidas a partir das mesmas práticas e iniciativas.

2.4. Decisões judiciais sobre assédio moral e sexual

Diante de temas tão complexos, na realidade podem ocorrer diversas situações que chegam ao Poder Judiciário para solução, embora seja difícil a produção de provas e demonstração dos fatos, mas que formam uma ampla jurisprudência sobre assédio moral e sexual, das mais diversas formas.

Como visto, nem sempre o assédio é praticado diretamente pelo empresário, e sim entre empregados, seja por conta do cargo de gestão que traz uma posição que facilita situações de assédio, ou até mesmo entre empregados de mesma hierarquia funcional, que entram em conflito e acabam criando situações de assédio.

Nesta infinidade de situações, mencionamos a seguir algumas decisões judiciais sobre assédio moral e sexual, com a finalidade de estudar estas diversas possibilidades de assédio e auxiliar na compreensão do tema.

Em um processo onde ficou comprovada a prática de injúria racial e homofobia por uma superior hierárquica contra a empregada, a 3ª Turma do TST, sob relatoria do Ministro Alberto Bastos Balazeiro majorou a indenização pelo assédio moral para R$ 50.000,00, diante da gravidade das condutas registradas no Acórdão, que envolviam frases como "Mas só come banana macaca?", entre outras ofensas, sendo importante citar a ementa:

> [...] DANO MORAL. ASSÉDIO MORAL. DESRESPEITO À HONRA SUBJETIVA. OFENSAS DECORRENTES DE INJÚRIA RACIAL. *QUANTUM* INDENIZATÓRIO. TRANSCENDÊNCIA POLÍTICA RECONHECIDA. 1. A questão dos autos gira em torno do valor a ser arbitrado para a indenização por danos morais decorrentes de desrespeito à honra subjetiva, diante das ofensas por injúria racial perpetradas pelo preposto da reclamada. 2. A jurisprudência desta Corte Superior, no tocante ao quantum indenizatório fixado pelas instâncias ordinárias, vem consolidando orientação no sentido de que a revisão do valor da indenização por danos extrapatrimoniais, patrimoniais e estéticos somente é possível quando exorbitante ou insignificante a importância arbitrada a título de reparação de dano moral, em flagrante violação dos princípios da razoabilidade e da proporcionalidade. Precedentes. 3. O Tribunal Regional concluiu pela existência, no ambiente de trabalho, de injúria racial e notícias de discriminação por condição sexual (homofobia), descortinando a existência de um ambiente de opressão, gerando inclusive insurgência dos empregados da filial de Curitiba que reportaram os fatos à matriz, em São Paulo, razão pela qual, reformando a sentença, majorou o valor da condenação ao pagamento da indenização por danos morais de R$ 1.500,00 (mil e quinhentos reais) para 10.000,00 (dez mil reais). 4. Ocorre que o valor da indenização atribuído pelo Tribunal Regional decorrente das ofensas deferidas pelo preposto da reclamada, admite sua revisão, porque excessivamente módico ante a violação do bem jurídico tutelado — honra subjetiva. 5. Nestes termos, à luz dos princípios da razoabilidade e da proporcionalidade e, levando em consideração a extensão do dano, a culpa e o aporte financeiro da reclamada — pessoa jurídica (capital social de

5 milhões de reais) —, bem como à necessidade de que o valor fixado a título de indenização por danos morais atenda à sua função social e preventiva, capaz de convencer o ofensor a não reiterar sua conduta ilícita, uma vez que "não há notícia nos autos de que tenham sido tomadas providências para fazer cessar o assédio moral" perpetrado, verifica-se que o valor atribuído à indenização é excessivamente módico, razão pela qual resta majorado o quantum indenizatório pelo dano decorrente do assédio moral para R$ 50.000,00 (cinquenta mil reais), nos termos do art. 5º, V e X, da Constituição da República. Recurso de revista de que se conhece e a que se dá provimento.[92]

Em outro julgamento no âmbito do TST, sobre racismo praticado contra empregado, chamado de "negão", a 6ª turma, sob relatoria da Ministra Katia Magalhães Arruda, reformou decisão do TRT que apenas entendia que o uso desta expressão foi infeliz, mas que não possuiria potencial ofensivo apto a gerar direito à indenização por assédio moral, com diversos fundamentos didáticos sobre a problemática do racismo nas relações de trabalho e sua incorreta normalização, nos cabendo citar trechos relevantes do acórdão a seguir:

[...] 9 – No caso concreto, o TRT entendeu que a prática do superior hierárquico do reclamante de chama-lo de "negão" *"não passou disso: uma infeliz colocação, dado que, [...] a expressão poderia ter sido substituída por outra que não abrigasse a ambiguidade em comento. De toda forma, tem-se que, de fato, a expressão negão, no contexto examinado, não possui o potencial ofensivo que lhe pretende imprimir a parte autora, dado que opera como mero vocativo na frase e poderia ser substituída sem alterar em absolutamente nada o sentido do discurso"*.

10 – Não se pode dizer que "a prática infeliz" de utilizar vocativos raciais para se referir a um trabalhador não seja discriminação racial. O racismo, muitas vezes — como no caso do racismo recreativo — se camufla de humor, de vocativo, e acaba sendo relativizado pela sociedade.

11 – O autor Adilson Moreira alerta, acerca do racismo recreativo, que: " *[...]* ***práticas discriminatórias contra minorias raciais que operam na forma de humor muitas vezes não são consideradas como crimes porque instituições públicas, como o Judiciário****, ou instituições privadas, como empresas, são em grande parte controladas por pessoas brancas. Esses indivíduos* ***partem do pressuposto de*** *que a raça não tem relevância social, de que* ***o humor racista não expressa ofensa****, de que os brasileiros são pessoas cordiais por natureza,* ***premissas que ignoram*** **(sic)** ***a dimensão aversiva do racismo e também o fato que manifestações racistas reforçam valores culturais que motivam atos discriminatórios diretos e indiretos*** «.

12 – A utilização de vocativos, relacionados à cor da pele é, em regra, discriminação racial e, geralmente, está associado à cor de pele preta. Não é usual na sociedade brasileira a utilização de vocativos relacionados à pele branca, de modo que não há como falar que limitar um trabalhador, no seu ambiente profissional, à cor da sua pele – retirando-lhe

(92) BRASIL. TRIBUNAL SUPERIOR DO TRABALHO. *Acórdão em RR-11813-85.2016.5.09.0002*. Órgão Julgador: 3ª Turma. Relator Ministro Alberto Bastos Balazeiro. Brasília, DF, julgado em 16 nov. 2022, publicado no *DEJT* em 18 nov. 2022. Disponível em: https://jurisprudencia-backend2.tst.jus.br/rest/documentos/24e57a292a4b8ec1ca3aedc674369b94. Acesso em: 03 jan. 2024.

> sua identidade como indivíduo único – não configura discriminação racial. Não é porque se trata de prática comum que é uma atitude correta e despida de preconceitos. Este trabalhador tem um nome e, a menos que se comprove que o próprio empregado se apresentava por esta alcunha ou assim se identificava, a utilização da expressão "negão" como vocativo é discriminação racial.
>
> 13 – Acrescenta-se, ainda, que a sentença — utilizada como razão de decidir pelo TRT e por ele transcrita — registrou a fala do superior hierárquico do reclamante em reunião de trabalho, na qual afirma que se tivesse que se referir ao trabalhador, dizendo *"ô* ***negão, tu tá mal, tá assim, assim, eu chamo, falo e faço****, se tiver que transferir eu transfiro, se tiver que punir eu puno, faço minhas porcarias'; [...] eu não tenho mágoa, agora o seguinte, se tiver que fazer também eu vou fazer,* ***não tem problema nenhum, se tiver que esfolar a gente pega e esfola****"'. Conforme se observa, a palavra «negão» não foi empregada em um contexto no qual o próprio trabalhador com ela se identificava, mas de modo grosseiro.*
>
> [...]
>
> 16 – A discriminação racial — independentemente do dolo do agente ou de sua consciência acerca da configuração da ação como discriminatória — é agressão grave, que fere direitos de personalidade e causa dano in re ipsa.
>
> 17 – Recurso de revista a que se dá provimento.(93)

Também sobre essa deplorável prática de discriminação racial, assim julgou a 2ª Turma do TST, sob relatoria da Ministra Delaíde Miranda Arantes:

> [...] RECURSO DE REVISTA INTERPOSTO NA VIGÊNCIA DA LEI N. 13.467/2017. ASSÉDIO MORAL. DISCRIMINAÇÃO. INDENIZAÇÃO POR DANO MORAL. No caso, infere-se do acórdão do Tribunal Regional, que a reclamante, no curso do seu contrato de trabalho, foi vítima de assédio moral por parte de seu superior hierárquico, por possuir cabelo *"black power"* acima dos ombros, razão pela qual faz jus ao pagamento de indenização por danos morais, no importe de R$ 10.000,00 (dez mil reais). Recurso de revista conhecido e provido.(94)

Verifica-se nestas e em outras diversas decisões judiciais que a prevenção de assédio moral e sexual está intimamente relacionada ao combate à discriminação racial, o que deve ser combatido dentro da própria empresa, que deve deixar claro que não tolera qualquer forma de discriminação e violência psicológica ou física, como estudamos oportunamente nesta obra.

---

(93) BRASIL. TRIBUNAL SUPERIOR DO TRABALHO. *Acórdão em RR-20658-94.2019.5.04.0017*. Órgão Julgador: 6ª Turma. Relatora Ministra Kátia Magalhães Arruda. Brasília, DF, julgado em 25 out. 2023, publicado no *DEJT* em 27 out. 2023. Disponível em: https://jurisprudencia-backend2.tst.jus.br/rest/documentos/3d4510b2b874447ea27524dcda3335ba. Acesso em: 03 jan. 2024.

(94) BRASIL. TRIBUNAL SUPERIOR DO TRABALHO. *Acórdão em RR-1000390-03.2018.5.02.0046*. Órgão Julgador: 2ª Turma. Relatora Ministra Delaíde Miranda Arantes. Brasília, DF, julgado em 11 nov. 2020, publicado no *DEJT* em 04 dez. 2020. Disponível em: https://jurisprudencia-backend2.tst.jus.br/rest/documentos/89477dd436428560f398155e9333cf7c. Acesso em: 13 jan. 2024.

Também já chegaram ao TST diversos casos em que os empregados são obrigados a participar de danças e cantos motivacionais, sendo importante citar neste livro uma ementa de julgamento de um processo pela 6ª Turma do TST, sob relatoria do Ministro Augusto César Leite de Carvalho, no qual foi dado provimento ao Recurso de Revista para fixar indenização por dano moral diante de danças e cânticos motivacionais, que eram obrigatórios e com rebolado, o que colocava o empregado em situação vexatória, sendo assim a respectiva ementa:

> RECURSO DE REVISTA INTERPOSTO SOB A ÉGIDE DA LEI N. 13.015/2014. INDENIZAÇÃO POR DANOS MORAIS. *"CHEERS"*. CÂNTICO MOTIVACIONAL E DANÇA. A jurisprudência desta Corte Superior trilha no sentido de que a imposição de danças e cânticos motivacionais expõe o empregado ao ridículo, configurando o dano moral, mormente quando se verifica que tais danças eram obrigatórias e envolviam a prática de rebolado. Ademais, essa conduta não se amolda às funções dos empregados de um supermercado, configurando abuso do poder diretivo do empregador. Recurso de revista conhecido e provido.(95)

Em outro processo, julgado pela 1ª Turma do TST, sob relatoria do Ministro Amaury Rodrigues Pinto Júnior, a empresa foi condenada a pagar indenização por assédio moral de R$ 15.000,00, pois ficaram demonstradas diversas ofensas e situações vexatórias, como cobrança abusiva de metas, com ameaças de demissões em público por não atingi-las, imposição de mentir aos clientes, e proibição de uso de sanitários fora dos horários pré-determinados, e que uma vez a vítima foi impedida de ir ao banheiro mesmo estando menstruada e por isso teve a roupa manchada com sangue, tudo sintetizado na ementa que citamos abaixo:

> AGRAVO DE INSTRUMENTO. RECURSO DE REVISTA. VIGÊNCIA DA LEI N. 13.467/2017. INDENIZAÇÃO POR DANOS EXTRAPATRIMONIAIS. ASSÉDIO MORAL. COBRANÇAS EXCESSIVAS QUANTO AO CUMPRIMENTO DE METAS E RESTRIÇÃO DO USO DE SANITÁRIOS. TRANSCENDÊNCIA NÃO RECONHECIDA. 1. O quadro fático assentado no acórdão regional é claro no sentido de que o ambiente de trabalho era repleto de práticas reiteradas que expunham a autora a situações de cobrança excessiva (sob ameaças) quanto ao cumprimento de metas, imposição da prática de mentir aos usuários do serviço sob aspectos relacionados aos serviços de Internet, e humilhações (inclusive em episódio decorrente da proibição de ir ao banheiro fora dos horários previamente estipulados), o que é suficiente à caracterização dos danos extrapatrimoniais que ensejaram a indenização. 2. A aferição das teses recursais antagônicas, especialmente no sentido de que "não há comprovação de qualquer ato ilícito," demandaria imprescindível reexame de fatos e provas, o que não se admite nesta fase recursal extraordinária, ante os termos da Súmula n. 126 do TST. Agravo de instrumento a que se nega provimento. [...](96)

---

(95) BRASIL. TRIBUNAL SUPERIOR DO TRABALHO. *Acórdão em RR-437-78.2014.5.04.0304*. Órgão Julgador: 6ª Turma. Relator Ministro Augusto César Leite de Carvalho. Brasília, DF, julgado em 31 mar. 2021, publicado no *DEJT* em 09 abr. 2021. Disponível em: https://jurisprudencia-backend2.tst.jus.br/rest/documentos/53632c5a4956c1fe061333168ce1861d. Acesso em: 03 jan. 2024.

(96) BRASIL. TRIBUNAL SUPERIOR DO TRABALHO. *Acórdão em RRAg-10859-36.2017.5.15.0067*. Órgão Julgador: 1ª Turma. Relator Ministro Amaury Rodrigues Pinto Júnior. Brasília, DF, julgado em 13 dez. 2023, publicado

Também sobre metas, outro caso mostra os absurdos que ocorrem em algumas empresas no momento de sua cobrança, abusando de seu poder diretivo e assediando moralmente seus empregados. O caso mencionado foi julgado pela 2ª Turma do TST, sob relatoria da Ministra Maria Helena Mallmann, do qual trazemos a seguinte ementa:

> AGRAVO DE INSTRUMENTO . RECURSO DE REVISTA INTERPOSTO NA ÉGIDE DA LEI N. 13.015/2014. DANO MORAL. COBRANÇA ABUSIVA POR METAS. ASSÉDIO MORAL CARACTERIZADO. O Tribunal Regional manteve a condenação por danos morais sob o fundamento de que a cobrança de metas de forma ríspida e mediante palavras associadas a imagens de animais e com ameaças de desligamento do emprego enseja o pagamento da indenização. Registou que a ilação foi deduzida do conteúdo de e-mails carreados ao processo, com ameaças e comparações pejorativas. A delimitação do acórdão regional revela a existência de abuso do poder diretivo praticado pelo empregador e danos morais gerados pelo quadro de assédio moral sofrido pela reclamante devido aos excessos praticados pelo empregador na cobrança por metas, em descompasso com a dignidade da pessoa humana, passível de indenização, nos termos do art. 5º, V e X, da CF/1988. Agravo de instrumento a que se nega provimento.[...][97]

Nota-se nestes e em outros acórdãos que as metas, em muitas ocasiões geram problemas, principalmente pela forma em que são exigidas e cobradas. Ao invés de se buscar motivação dos empregados, alguns empregadores tentam exigi-las pelo temor, pelo medo, o que obviamente não contribui com a melhora de produtividade, ao contrário, traz consequências danosas ao trabalhador, a toda a sociedade e à própria empresa, como estudamos melhor no item 2.7 deste livro.

Em outras situações, vale destacar também, que os TRTs e o TST vêm observando e aplicando o Protocolo para Julgamento com Perspectiva de Gênero, publicado pelo CNJ com a seguinte finalidade explicada em seu prefácio:

> Este instrumento traz considerações teóricas sobre a questão da igualdade e também um guia para que os julgamentos que ocorrem nos diversos âmbitos da Justiça possam ser aqueles que realizem o direito à igualdade e à não discriminação de todas as pessoas, de modo que o exercício da função jurisdicional se dê de forma a concretizar um papel de não repetição de estereótipos, de não perpetuação de diferenças, constituindo-se um espaço de rompimento com culturas de discriminação e de preconceitos.[98]

---

no *DEJT* em 15 dez. 2023. Disponível em: https://jurisprudencia-backend2.tst.jus.br/rest/documentos/ba5f55d06ad381544748b17f2443cccc. Acesso em: 13 jan. 2024.

(97) BRASIL. TRIBUNAL SUPERIOR DO TRABALHO. *Acórdão em RRAg-474-15.2015.5.07.0037*. Órgão Julgador: 2ª Turma. Relatora Ministra Maria Helena Mallmann. Brasília, DF, julgado em 14 fev. 2023, publicado no *DEJT* em 17 fev. 2023. Disponível em: https://jurisprudencia-backend2.tst.jus.br/rest/documentos/2a93dd86dfd71c-4c0472404b959f8b8f. Acesso em: 13 jan. 2024.

(98) CONSELHO NACIONAL DE JUSTIÇA. *Protocolo para julgamento com perspectiva de gênero*. Brasília: Conselho Nacional de Justiça — CNJ; Escola Nacional de Formação e Aperfeiçoamento de Magistrados — Enfam, 2021. p. 7. Disponível em: https://www.cnj.jus.br/wp-content/uploads/2021/10/protocolo-18-10-2021-final.pdf. Acesso em: 21 ago. 2023.

Com fundamento no protocolo mencionado, em julgamento de relatoria da Ministra Katia Magalhães Arruda, a 6ª Turma do TST deu provimento a um Recurso de Revista para majorar uma indenização por danos morais para R$ 10.000,00, diante de discriminação de gênero sofrida por uma mulher no ambiente de trabalho, conforme detalha a ementa do julgamento a seguir:

> [...] RECURSO DE REVISTA. RECLAMANTE. SUMARÍSSIMO. LEI N. 13.467/2017. INDENIZAÇÃO POR DANOS MORAIS. DISCRIMINAÇÃO DE GÊNERO. VALOR ARBITRADO. 1 – O TRT deu parcial provimento ao recurso ordinário da reclamante para condenar a reclamada ao pagamento de indenização por danos morais, em R$ 3.000,00 (com fundamento no art. 223-G, § 1º, da CLT), decorrentes de discriminação de gênero sofrida no ambiente de trabalho. [...] 5 – No caso dos autos, a condenação da reclamada ao pagamento de indenização por danos morais decorreu de discriminação de gênero observada no curso contrato de trabalho, assim descritos pelo TRT "a partir da sua mudança para a função de açougueira, em 26.5.2018 (fl. 58), sofreu com atitudes machistas de outros colegas de trabalho, inclusive o encarregado do setor, que não lhe consideravam apta ao exercício da função somente por ser mulher, em evidente discriminação de gênero". Além da gravidade dos fatos narrados, importa ponderar a culpa da reclamada que, de acordo com a decisão do Regional, tinha ciência dos fatos e foi omissa na busca de uma solução. 6 – Acerca do tema, cumpre observar que a Organização Internacional do Trabalho, na Declaração de Filadélfia, previu que "todos os seres humanos de qualquer raça, crença ou sexo, têm o direito de assegurar o bem-estar material e o desenvolvimento espiritual dentro da liberdade e da dignidade, da tranquilidade econômica e com as mesmas possibilidades". A importância de se buscar a igualdade de gênero foi destacada pela ONU, que traz a matéria como Objetivo de Desenvolvimento Sustentável – 5 da Agenda 2030 da ONU. 7 – Ademais, entre as core obligations da OIT está a Convenção n. 111 (ratificada pelo Brasil), que combate a discriminação em matéria de emprego e profissão, conceituando em seu art. 1º discriminação como "Toda distinção, exclusão ou preferência fundada na raça, cor, sexo, religião, opinião política, ascendência nacional ou origem social, que tenha por efeito destruir ou alterar a igualdade de oportunidades ou de tratamento em matéria de emprego ou profissão". 8 – A violência e assédio em razão de gênero é também combatida pela OIT na Convenção n. 190 (pendente de ratificação pelo Brasil), que assim a conceitua: "o termo" violência e assédio com base no gênero "significa violência e assédio dirigido às pessoas em virtude do seu sexo ou gênero, ou afetam de forma desproporcionada as pessoas de um determinado sexo ou gênero, e inclui o assédio sexual." 9 – No ordenamento pátrio, a discriminação em razão de gênero fere o princípio da igualdade e o art. 5º, I, da Constituição Federal: "homens e mulheres são iguais em direitos e obrigações, nos termos desta Constituição", bem como o art. 1º da Lei n. 9.029/95: "É proibida a adoção de qualquer prática discriminatória e limitativa para efeito de acesso à relação de trabalho, ou de sua manutenção, por motivo de sexo, origem, raça, cor, estado civil, situação familiar, deficiência, reabilitação profissional, idade, entre outros, ressalvadas, nesse caso, as hipóteses de proteção à criança e ao adolescente [...]". 10 – O Protocolo para Julgamento com Perspectiva de Gênero do CNJ — criado com o objetivo primordial de alcançar a superação dos entraves que impossibilitam a equivalência de dignidade entre mulheres e homens, em todos os cenários – destaca como o ambiente de trabalho pode ser hostil às mulheres, muitas vezes de forma velada. 11 – A situação em análise reveste-se de maior gravidade. A violência de gênero se dava de forma transparente no ambiente laboral, sem qualquer pudor e sem repreensão por

> parte da reclamada. 11 – Constata-se, portanto, que o valor arbitrado em R$ 3.000,00 a título de indenização por danos morais não observou o princípio da proporcionalidade, considerando-se os fatos narrados, a natureza e a extensão do dano e o grau de culpa da reclamada. 13 – Recurso de revista a que se dá provimento.[99]

Também na perspectiva de gênero, em um acórdão do TRT da 10ª Região, mantido integralmente pela 6ª Turma do TST, sob relatoria do Desembargador Convocado Fábio Tulio Correia Ribeiro, houve a condenação de um banco por assédio moral contra uma empregada no valor de R$ 112.916,00, diante dos agravantes de que este assédio gerou doença psiquiátrica, como síndrome do pânico e síndrome de *burnout*, e por ter ficado provado que o gerente geral bancário era conhecido como "Hitler" e agredia psicologicamente as mulheres de sua agência, não tendo sido punido pelo empregador, mesmo com diversas denúncias internas e ações indenizatórias de outras empregadas, que também sofreram assédio e adoeceram psicologicamente.[100]

Sobre assédio sexual, vemos que algumas situações se tornam ainda mais graves, superando os limites da ofensa verbal, incluindo também toques físicos indesejados pela vítima, como no caso que citamos abaixo, julgado pela 1ª Turma do TST, sob relatoria do Ministro Amaury Rodrigues Pinto Júnior, onde foi majorado o valor da indenização para R$ 30.000,00 por conta desta situação de gravidade maior que o assédio apenas verbal:

> [...] RECURSO DE REVISTA. VIGÊNCIA DA LEI N. 13.467/2017. ASSÉDIO SEXUAL. INDENIZAÇÃO POR DANOS EXTRAPATRIMONIAIS. VALOR ARBITRADO. 1. A Subseção I Especializada em Dissídios Individuais deste Tribunal Superior consolidou orientação no sentido de que a revisão do valor da compensação fixado pelas instâncias ordinárias somente é possível quando exorbitante ou insignificante a importância arbitrada a título de reparação, em flagrante violação dos princípios da razoabilidade e da proporcionalidade. É o que se verifica no caso. 2. Extrai-se do quadro fático delineado no acórdão regional, sem a necessidade de reexaminar fatos e provas, que o assédio praticado pelo preposto da ré era de cunho sexual, o que evidencia a gravidade da conduta perpetrada, a qual se enquadra, em tese, no tipo penal previsto no art. 216-A do Código Penal. 3. Considerando os critérios legais, dentre os quais o porte econômico dos réus, bem como a natureza gravíssima das ofensas perpetradas contra os direitos da personalidade da autora, na medida em que foi reportado que o superior hierárquico, além das investidas verbais, inclusive tocava no corpo da autora, bem como que o contrato de trabalho se estendeu por um ano e quatro meses, entendo que o valor da indenização, originalmente arbitrado

---

(99) BRASIL. TRIBUNAL SUPERIOR DO TRABALHO. *Acórdão em RR-444-14.2021.5.09.0651*. Órgão Julgador: 6ª Turma. Relatora Ministra Kátia Magalhães Arruda. Brasília, DF, julgado em 25 out. 2023, publicado no *DEJT* em 27 out. 2023. Disponível em: https://jurisprudencia-backend2.tst.jus.br/rest/documentos/7b240ab31b04b3d-9149d45398bc593cc. Acesso em: 03 jan. 2024.

(100) BRASIL. TRIBUNAL SUPERIOR DO TRABALHO. *Acórdão em Ag-AIRR-885-47.2018.5.10.0012*. Órgão Julgador: 6ª Turma. Relator Desembargador Convocado Fábio Tulio Correia Ribeiro. Brasília, DF, julgado em 1º nov. 2023, publicado no *DEJT* em 11 nov. 2023. Disponível em: https://jurisprudencia-backend2.tst.jus.br/rest/documentos/c60f48fe3ae633a022cafc47a76a4408. Acesso em: 03 jan. 2024.

> em R$ 10.000,00 (dez mil reais), em observância aos princípios da razoabilidade e da proporcionalidade, deve ser majorado para R$ 30.000,00 (trinta mil reais). Recurso de revista conhecido e provido. [...][(101)]

No mesmo tema, assédio sexual, é relevante citar outro caso julgado pela 2ª Turma do TST, de relatoria da Ministra Maria Helena Mallmann, onde se majorou a indenização por assédio sexual para o valor de R$ 111.400,00, diante da prática reiterada de tentar obter vantagens sexuais por parte do chefe que, por serem rejeitadas pela vítima, passou a persegui-la durante o trabalho, o que também desencadeou doença ocupacional psiquiátrica (transtorno de estresse pós-traumático), como demonstra a ementa a seguir:

> [...] RECURSO DE REVISTA DA RECLAMANTE. INTERPOSTO ANTES DA LEI N.13.015/2014. ASSÉDIO SEXUAL. *QUANTUM* INDENIZATÓRIO. O fim precípuo da indenização por dano moral não é o de apenas compensar o sofrimento da vítima, mas, também, de punir de forma pedagógica o infrator (*punitive damages*), desestimulando a reiteração de práticas consideradas abusivas. Restou incontroverso que a reclamante recebeu como presente de "amigo oculto" em festa de confraternização uma lingerie dada por seu chefe, que também a chamou para viajar para passar um final de semana em sua casa de praia, convite que não foi aceito pela autora. Também ficou demonstrado nos autos que a reclamante, empregada terceirizada, era técnica em edificações e que o seu superior hierárquico, empregado da empresa tomadora de serviços, atuava como fiscal de seu trabalho, o qual passou a implicar com o desenvolvimento do seu trabalho e desqualifica-la profissionalmente, ao ponto de a reclamante desencadear patologia denominada de estado ou transtorno de estresse pós-traumático (CID 10: F43.1) e afastar-se do trabalho em virtude de gozo de benefício previdenciário por auxílio-doença acidentário. São notórias as dificuldades enfrentadas pelas mulheres no mercado de trabalho e o assédio sexual sofrido no ambiente de trabalho fragiliza ainda mais a sua manutenção no emprego e a ocupação de melhores cargos. Por essa razão, a OIT aprovou a Convenção n. 190, ratificada pelo Brasil em junho de 2019, que é contra a violência e assédio no mundo do trabalho e reconhece que a violência e o assédio alcançam tanto as trabalhadoras, como os trabalhadores e outras pessoas pertencentes a um ou vários grupos vulneráveis ou em situação de vulnerabilidade que sejam afetados de maneira desproporcional pela violência ou assédio no ambiente de trabalho (arts. 6 e 7). In casu, a vulnerabilidade da trabalhadora é ainda maior por se tratar de empregada terceirizada vítima de assédio sexual por parte de superior hierárquico que é empregado de empresa pública. Além disso, as investidas não eram veladas, mas perante os diversos colegas, como ocorreu na entrega de presente íntimo durante festa de confraternização. Dentro desse contexto, é de se concluir que o valor arbitrado pelo TRT não atende ao critério pedagógico, uma vez que não foi considerado o porte econômico da reclamada e o referido valor não inibe outras situações similares, notadamente o assédio sexual de empregados da empresa tomadora de serviços a empregados terceirizados. Assim,

---

(101) BRASIL. TRIBUNAL SUPERIOR DO TRABALHO. *Acórdão em RR-615-87.2017.5.09.0011*. Órgão Julgador: 1ª Turma. Relator Ministro Amaury Rodrigues Pinto Júnior. Brasília, DF, julgado em 06 dez. 2023, publicado no *DEJT* em 11 dez. 2023. Disponível em: https://jurisprudencia-backend2.tst.jus.br/rest/documentos/e4cf73fc382a7cbdcb02b63c430f6891. Acesso em: 13 jan. 2024.

> deve ser restabelecida a sentença que fixou à condenação a título de pagamento de indenização por dano moral, o valor de R$ 111.400,00 (cento e onze mil e quatrocentos reais). Recurso de revista conhecido e provido.[(102)]

Por fim, um caso bastante peculiar foi julgado pela 7ª Turma do TST, sob relatoria do Ministro Alexandre Agra Belmonte (processo em segredo de justiça), onde ficou comprovado que um supervisor assediava sexualmente uma funcionária, e um dia, após o expediente, forçou a entrar em seu carro, levou-a a um motel, e a forçou a ter relações sexuais não consentidas. Neste caso, embora a violência tenha ocorrido fora da empresa e da jornada de trabalho, a situação de assédio sexual teve início no âmbito da empresa, que não comprovou nos autos nenhuma medida de prevenção de violência laboral, além de ter orientado a vítima a não registrar boletim de ocorrência. Um dos fundamentos da decisão foi o Protocolo para Julgamento com Perspectiva de Gênero, publicado pelo CNJ, tendo sido fixada a indenização em R$ 132.000,00, o que também considerou os danos psicológicos constatados por perícia médica, como estresse pós-traumático e transtorno depressivo que tiveram origem "a partir de um trauma importante, uma ameaça à vida"[(103)].

2.5. Estatísticas sobre assédio moral e sexual

Para complementar o estudo do assédio moral e do assédio sexual é preciso também analisar estatísticas processuais, que podem demonstrar a quantidade de conflitos dessa espécie que são judicializados, além de compará-los a quantidade de processos que tratam de outros direitos também discutidos judicialmente.

No caso do presente livro, foi realizado um levantamento no âmbito do TRT-15 comparando números de processos que tratam de assédio moral, assédio sexual, dano moral em sentido amplo.

O TRT-15 *é o segundo maior tribunal trabalhista do Brasil, e sua jurisdição abrange 599* cidades do interior e do litoral sul do estado de São Paulo, com aproximadamente 22 milhões de jurisdicionados[(104)], e a partir deste tribunal apresentamos os dados estatísticos nas tabelas a seguir:

---

(102) BRASIL. TRIBUNAL SUPERIOR DO TRABALHO. *Acórdão em ARR-924-74.2013.5.08.0012*. Órgão Julgador: 2ª Turma. Relatora Ministra Maria Helena Mallmann. Brasília, DF, julgado em 07 ago. 2019, publicado no *DEJT* em 06 set. 2019. Disponível em: https://jurisprudencia-backend2.tst.jus.br/rest/documentos/b9bdc3b64540afd550064b2a7f00cb8f. Acesso em: 03 jan. 2024.

(103) BRASIL. TRIBUNAL SUPERIOR DO TRABALHO. *Frigorífico é condenado a indenizar trabalhadora vítima de estupro cometido por supervisor* (Número do processo omitido da notícia em razão do segredo de justiça). Órgão Julgador: 7a Turma. Relator Ministro Alexandre Agra Belmonte. Brasília, DF, notícia publicada em 14 dez. 2023, data de julgamento e publicação não informadas. Disponível em: https://www.tst.jus.br/-/frigor%C3%ADfico-%C3%A9-condenado-a-indenizar-trabalhadora-v%C3%ADtima-de-estupro-cometido-por-supervisor. Acesso em: 13 jan. 2024.

(104) BRASIL. TRIBUNAL REGIONAL DO TRABALHO da 15ª Região. *Quem somos*. 2022. Disponível em: https://trt15.jus.br/institucional/estrutura-do-tribunal/quem-somos. Acesso em: 05 abr. 2022.

Tabela 2 — Número de pedidos de Assédio moral, assédio sexual e dano moral em ações trabalhistas distribuídas no TRT-15, por ano[105]:

	2016	2017	2018	2019	2020	2021
Assédio moral	26.459	24.164	8.608	10.158	8.993	10.491
Assédio sexual	767	797	337	429	410	474
Ind. p/ dano moral	73.327	64.650	25.568	26.201	21.337	21.029

Tabela 3 — Percentual de pedidos de Assédio moral, assédio sexual e dano moral em relação ao total de ações trabalhistas distribuídas no TRT-15, por ano[106]:

	2016	2017	2018	2019	2020	2021
Assédio moral	0,81	0,82	0,53	0,62	0,67	0,80
Assédio sexual	0,02	0,03	0,02	0,03	0,03	0,03
Ind. p/ dano moral	2,25	2,19	1,57	1,59	1,58	1,60

As tabelas apresentadas tratam do número de pedidos de assédio moral e assédio sexual em ações trabalhistas distribuídas no TRT-15, separadas por ano civil (Tabela 2), e do percentual que cada um destes pedidos representa quanto ao total dos pedidos formulados nos processos distribuídos na sua jurisdição (Tabela 3).

Também são apresentados dados relativos a pedidos de indenização por dano moral, de um modo geral, sem considerar as hipóteses de assédio, com a finalidade de comparar e verificar a proporção de assédio para outras formas de danos extrapatrimoniais, tendo em vista a distinção os conceitos de assédio moral e sexual e do dano moral.

Os números absolutos quanto ao assédio moral e assédio sexual, da tabela 2, aparentam uma quantia baixa, inclusive se considerarmos a população abrangida pelo TRT-15, cerca de 22 milhões de pessoas.[107]

Porém na tabela 3 os dados ficam mais claros, uma vez que na análise percentual verifica-se que, na somatória de pedidos de assédio moral e assédio sexual se obtém uma média entre 0,5% e 1%, de acordo com o ano civil.

E também proporcionalmente à população de trabalhadores empregados a quantidade é considerável. Afinal, são milhares de famílias, milhares de pessoas traumatizadas, com potencial adoecimento. Levando-se isso para além do Poder Judiciário mantendo-se

(105) BRASIL. TRIBUNAL REGIONAL DO TRABALHO da 15ª Região. *Assuntos processuais*. 2022. Disponível em: https://trt15.jus.br/transparencia/estatisticas-processuais/assuntos-processuais. Acesso em: 05 abr. 2022.

(106) *Idem*.

(107) BRASIL. TRIBUNAL REGIONAL DO TRABALHO da 15ª Região. *Quem somos*. 2022. Disponível em: https://trt15.jus.br/institucional/estrutura-do-tribunal/quem-somos. Acesso em: 05 abr. 2022.

esse percentual entre 0,5% e 1%, seria possível deduzir que sofre assédio 1 a cada 100 ou 200 empregados, o que nesta perspectiva mostra ser uma quantia considerável.

A redução de processos e pedidos relacionadas ao tema, a partir de 2018, ano posterior à Lei n. 13.467/2017, denominada "reforma trabalhista" foi comemorada sob o argumento de redução de pedidos "aventureiros", contudo, cientificamente é difícil afirmar se realmente os pedidos feitos antes desta Lei, eram desprovidos de embasamento ou se os obstáculos foram outros.

Precisamos lembrar que o ônus de provar o assédio moral e sexual é, via de regra, do autor da ação, nos termos do art. 818 da CLT[108] e, por isso, ambas as formas de assédio são difíceis de serem comprovadas em uma instrução processual, pois geralmente realizado fora do alcance de testemunhas, o que desincentiva as denúncias e a discussão judicial destes temas.

Ainda mais com a previsão da reforma trabalhista de pagamento de honorários advocatícios sucumbenciais mesmo na hipótese da concessão da justiça gratuita, o que pode ter impedido diversos processos em que na realidade haveria o direito à indenização, mas que, por medo do ex-empregado de não conseguir provar o assédio, não chegaram à Justiça do Trabalho. Tal regra, prevista no art. 791-A, § 4º, da CLT[109] foi declarada inconstitucional pelo Supremo Tribunal Federal no julgamento da Ação Direta de Inconstitucionalidade n. 5.766[110], em 20.10.2021, e a partir de então o beneficiário da justiça gratuita não tem obrigação de pagar honorários advocatícios de sucumbência.

Além disso, os conflitos por assédio moral e sexual são dolorosos para quem sofre e, por isso, a discussão judicial desta violência acaba sendo uma forma de reviver os fatos

---

(108) Art. 818. O ônus da prova incumbe:

I – ao reclamante, quanto ao fato constitutivo de seu direito;

II – ao reclamado, quanto à existência de fato impeditivo, modificativo ou extintivo do direito do reclamante.

(109) Art. 791-A. Ao advogado, ainda que atue em causa própria, serão devidos honorários de sucumbência, fixados entre o mínimo de 5% (cinco por cento) e o máximo de 15% (quinze por cento) sobre o valor que resultar da liquidação da sentença, do proveito econômico obtido ou, não sendo possível mensurá-lo, sobre o valor atualizado da causa.

[...]

§ 4º Vencido o beneficiário da justiça gratuita, desde que não tenha obtido em juízo, ainda que em outro processo, créditos capazes de suportar a despesa, as obrigações decorrentes de sua sucumbência ficarão sob condição suspensiva de exigibilidade e somente poderão ser executadas se, nos dois anos subsequentes ao trânsito em julgado da decisão que as certificou, o credor demonstrar que deixou de existir a situação de insuficiência de recursos que justificou a concessão de gratuidade, extinguindo-se, passado esse prazo, tais obrigações do beneficiário.

(110) BRASIL. SUPREMO TRIBUNAL FEDERAL. *Ação Direta de Inconstitucionalidade n. 5.766*. Órgão Julgador: plenário. Relator Ministro Alexandre de Moraes. Brasília, DF, julgado em 20 out. 2021, publicado no *DJE* em 03 maio 2022. Disponível em: https://portal.stf.jus.br/processos/detalhe.asp?incidente=5250582. Acesso em: 02 out. 2022.

e reabrir feridas emocionais(111), além da sensação de exposição que pode constranger a vítima.

Por esses e outros motivos também há uma possibilidade de que muitas pessoas deixem de discutir o assunto na Justiça do Trabalho, de forma que provavelmente os números acima demonstrados sejam reduzidos em relação à realidade.

Claro que, por outro lado, é possível levantar também a hipótese de que em alguns dos processos propostos há pedidos que não correspondam aos fatos, o que também é possível de ocorrer, de forma que na impossibilidade de comprovação destas hipóteses, as estatísticas processuais anteriormente estudadas são ao menos um parâmetro para compreensão da extensão do problema no âmbito do TRT-15.

De qualquer forma, o que se extrai destes dados levantados no tribunal mencionado é que tanto o assédio sexual como o assédio moral, este último ainda mais, são temas bastante discutidos judicialmente.

Embora não sejam listados no topo do ranking de assuntos mais tratados pela Justiça do Trabalho, ainda assim acabam representando um percentual relativamente grande, diante da gravidade do tema e das consequências danosas para o trabalhador, a sociedade e até mesmo as empresas que cometem ou ao menos permitem a ocorrência destas duas formas de violência psicológica.

2.6. Possíveis causas de assédio moral e sexual nas microempresas

Sem a pretensão de esgotar a lista de causas de assédio moral e sexual, o que envolveria praticamente todas as áreas do conhecimento, o presente subcapítulo se destina a levantar algumas das possíveis causas de assédio nas relações de trabalho, pois apenas com a compreensão destas é que se poderá discorrer sobre formas de prevenção desta espécie de conflito laboral.

Analisaremos também as causas de assédio moral e sexual especificamente em microempresas, que geralmente estão relacionadas às características destas empresas anteriormente tratadas no item 1.3 desta obra, que dizem respeito às dificuldades no âmbito de sua gestão.

De um modo geral, podemos dizer que os assédios moral e sexual surgem tanto por aspectos psicológicos do agressor, talvez insegurança, medo da própria incompetência, personalidade obsessiva, personalidade narcisista e mais raramente distúrbios psiquiátricos transitórios, quanto pela forma de organização da empresa, por intenso nível de

(111) HIRIGOYEN, Marie-France. Trad. Rejane Janowitzer. *O mal-estar no trabalho:* redefinindo o assédio moral. 3. ed. Rio de Janeiro: Bertrand Brasil, 2006.

estresse, má organização, regras pouco claras ou perversas, que ao invés de impedirem práticas de assédio acabam autorizando-as.(112)

Em relação às microempresas, é possível verificar algumas características, anteriormente estudadas nos subitens 1.2 e 1.3, que propiciam o surgimento de conflitos trabalhistas, entre eles a prática de assédio moral e sexual.

A comunicação é dificultada, mesmo havendo poucos empregados, e muitas vezes centralizada, não democrática, o que pode dar margem a situações de assédio que sequer podem ser denunciadas internamente, pois a vítima sente-se sem voz para se manifestar, isso quando não é o próprio empregador quem comete o assédio.

Outro fator que pode se apresentar como gerador de assédio moral e assédio sexual no ambiente de trabalho é a ausência ou ineficiência na gestão de pessoas e do fluxo de trabalho. Muitas vezes um microempresário não consegue delegar devidamente trabalho e também cobrar eficiência dos empregados, o que pode originar conflitos.

Eventuais metas inalcançáveis, fixadas de forma arbitrária e sem respeitar as características dos empregados, às vezes com ordens contraditórias, ou então cobranças excessivas, ou até mesmo distribuição desigual de trabalho, onde os empregados percebem uma injustiça por parte do empregador, tudo isso causa estresse desnecessário e consequentemente conflitos que se agravam se não for corrigido o problema original.(113)

Do mesmo modo, uma empresa com clima organizacional instável, onde não está claro que se repudia condutas de assédio entre seus empregados, pode ser um ambiente fértil para ocorrência de assédio moral e sexual, como explicam Thiago Soares Nunes e Suzana da Rosa Tolfo:

> Por exemplo, se uma organização promove um empregado que manipulou e assediou um colega, isto serve de "incentivo" para que outros possam fazer o mesmo. O sistema de recompensas pode encorajar supervisores a "se livrarem" de empregados com alto ou baixo desempenho, de modo que este empregado pode ser visto como rival e ameaça devido ao seu talento/desempenho. Caso o desempenho do supervisor seja baseado nos seus subordinados, empregados com baixo desempenho são obstáculos para uma boa avaliação.(114)

Mesmo que a empresa não seja a causadora direta do assédio, ainda assim contribui para sua ocorrência quando se omite ou quando gere mal as pessoas e o fluxo de trabalho, o que é ainda mais problemático no âmbito das microempresas, cujos administradores

(112) HIRIGOYEN, Marie-France. Trad. Rejane Janowitzer. *O mal-estar no trabalho:* redefinindo o assédio moral. 3. ed. Rio de Janeiro: Bertrand Brasil, 2006.

(113) *Idem.*

(114) NUNES, Thiago Soares; TOLFO, Suzana da Rosa. A dinâmica e os fatores organizacionais propiciadores à ocorrência do assédio moral no trabalho. 2013. *Revista de Gestão e Secretariado*, v. 4, n. 2, p. 90–113, 2013. Disponível em: https://www.revistagesec.org.br/secretariado/article/view/161. Acesso em: 20 jul. 2022, p. 109.

muitas vezes encontram dificuldades de lidar com tantos fatores, como produção, vendas, gestão financeira, investimentos, clientes, dentre tantos detalhes que exigem atenção de uma empresa.

Portanto, considerando também a característica de muitas microempresas em relação à ausência de gestão especializada, verificamos que a ausência de uma assessoria profissional externa, com treinamentos, palestras e apoio profissional pode ser determinante para tais riscos de conflitos decorrentes de assédio moral e assédio sexual no trabalho, como será melhor abordado no último capítulo.

2.7. Consequências do assédio moral e sexual

Além do estudo das causas de assédio moral e sexual no trabalho, mostra-se necessário entender também as consequências dos conflitos oriundos destas práticas hostis, uma vez que a relevância da prevenção se dá justamente pelas consequências maléficas do assédio a toda sociedade.

Estudamos no item 2.5 desta obra as estatísticas processuais sobre ambas as formas de assédio, que demonstram uma grande judicialização, onde o conflito já ocorreu e, mesmo com indenizações para ressarcir o dano e também punir o ofensor, podemos afirmar que as demais consequências estão concretizadas, sendo por isso necessário estudá-las justamente como um fundamento da importância da prevenção destes conflitos, não apenas a solução judicial representada por uma indenização que nem sempre é alcançada ou devidamente reparatória.

PARA O EMPREGADO

- Viola seus direitos fundamentais, da sua dignidade, sua personalidade, seu direito à não discriminação
- Danos à sua saúde, física e psíquica
- Custos com tratamentos médicos e medicamentos
- Afeta suas demais relações sociais

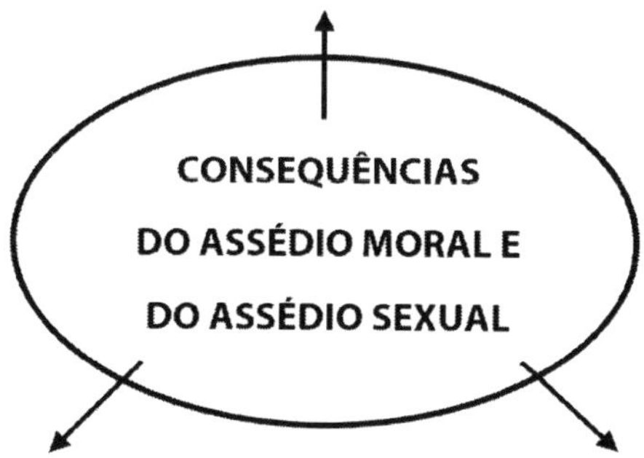

PARA A SOCIEDADE

- Aumento de conflitos sociais oriundos do assédio no trabalho
- Custos do Poder Judiciário
- Custos do INSS e do SUS
- Prejuízo ao PIB e desigualdade social
- Poluição do meio ambiente do trabalho

PARA A EMPRESA

- Indenizações, Ações de Regresso do INSS, penalidades administrativas e processos criminais
- Diminuição da credibilidade
- Queda de produtividade
- Alta rotatividade de empregados

2.7.1. Consequências para o empregado

Em primeiro lugar, podemos afirmar que tanto o assédio moral como o assédio sexual causam prejuízos e danos aos empregados, os principais prejudicados por estas condutas em um ambiente de trabalho hostil. Mesmo aqueles que não sofrem diretamente o assédio convivem em um clima de medo, tensão e acabam sendo afetados, muitas vezes, igualmente à vítima direta do assédio no trabalho.

E as consequências danosas são diversas, primeiramente porque isso é um desrespeito aos seus direitos fundamentais, da sua dignidade, sua personalidade, seu direito à não discriminação e causa-lhe danos passíveis de reparação pela legislação pertinente à responsabilidade civil.

Para além de ofensa aos direitos em si, o empregado tem também consequências à sua saúde, pois, como explica Gustavo Filipe Barbosa Garcia,

> Efetivamente, o chamado "terror psicológico no trabalho" ou *mobbing* pode acarretar danos emocionais e doenças de ordem física e psíquica, como alterações do sono, distúrbios alimentares, diminuição da libido, aumento da pressão arterial, desânimo, insegurança, pânico, depressão e, até mesmo, o suicídio.[115]

Em sua saúde psíquica a vítima poderá apresentar depressão, ansiedade, baixa autoestima, estresse, irritabilidade, desmotivação, medo, perturbação, transtorno de humor, síndrome de *burnout*, esgotamento emocional, deterioração do senso de identidade, perda do significado do trabalho; síndrome do pânico, entre outras possibilidades.[116]

Quanto à saúde psíquica, também explica Marie-France Hirigoyen que:

> [...] o assédio moral é um processo singular, no qual a pessoa se transforma naquilo de que é acusada. Dizem-lhe: "você é uma nulidade" e ela perde a capacidade e se sente uma nulidade. É vista como paranoica e, depois de algum tempo, levada a se sentir desconfiada, rígida, maníaca. É o resultado do poder das palavras, as quais, por imposição, transformam o outro.[117]

E ao mesmo tempo a vítima poderá apresentar psicossomatização, que é a consequência física de uma doença psíquica, tendo sintomas como distúrbios digestivos,

(115) GARCIA, Gustavo Filipe Barbosa. *Meio ambiente do trabalho:* direito, segurança e saúde no trabalho. 8. ed., rev. atual. e ampl. Salvador: JusPodivm, 2021. p. 126-127.

(116) NASCIMENTO, Daniella Teixeira. Saúde mental de trabalhadores vítimas de assédio moral. *Revista Psicologia.pt*, Centro Universitário Jorge Amado, 2018. Disponível em: https://www.psicologia.pt/artigos/textos/A1197.pdf. Acesso em: 12 set. 2022.

(117) HIRIGOYEN, Marie-France. Trad. Rejane Janowitzer. *O mal-estar no trabalho:* redefinindo o assédio moral. 3. ed. Rio de Janeiro: Bertrand Brasil, 2006. p. 182.

cansaço extremo, insônia, úlcera nervosa, febre emocional, hipertensão arterial, dores musculares, dores de cabeça, aumento de peso, perda de apetite e vômitos, entre outros sintomas físicos que decorrem da violência psíquica.(118)

Acrescenta Marie-France Hirigoyen a perspectiva de como surgem estes distúrbios psicossomáticas, explicando que:

> Após um certo tempo de evolução dos procedimentos de assédio, os distúrbios psicossomáticos passam quase sempre ao primeiro plano. O corpo registra a agressão antes do cérebro, que se recusa a enxergar que não entendeu. Mais tarde, o corpo acusará o traumatismo, e os sintomas correm o risco de prosseguir sobre a forma de estresse pós-traumático. O desenvolvimento dos distúrbios psicossomáticos é impressionante e grave, e de crescimento muito rápido. Acontece sob a forma de emagrecimentos intensos ou então rápidos aumentos de peso (quinze a vinte quilos em alguns meses), distúrbios digestivos (gastrites, colites, úlceras de estômago), distúrbios endocrinológicos (problemas de tireoide, menstruais), crises de hipertensão arterial incontroláveis, mesmo sob tratamento, indisposições, vertigens, doenças de pele etc.(119)

A partir destes distúrbios causados pelo assédio, pode ser fixado pela vítima também o estresse pós-traumático, onde a pessoa não consegue superar o trauma, mesmo após deixar o emprego e se distanciar do assediador, como se aquilo tivesse ficado gravado em sua memória, que retoma o trauma em pesadelos, lembranças em determinadas situações, medo de passar por certos lugares, entre outras dificuldades nesta superação.(120)

Sobre o tema, acrescenta Gustavo Filipe Barbosa Garcia:

> Mesmo depois de um possível desligamento do ambiente agressivo, a pessoa muitas vezes carrega traumas emocionais gravíssimos, que a acompanham por vários anos, em alguns casos por toda a vida, incapacitando-a para outras atividades, em especial para o exercício do labor, em razão do medo de sofrer, novamente, experiências semelhantes, acarretando fobias, transtornos e incapacidade e até mesmo para tarefas do dia a dia.

---

(118) NASCIMENTO, Daniella Teixeira. Saúde mental de trabalhadores vítimas de assédio moral. *Revista Psicologia.pt*, Centro Universitário Jorge Amado, 2018. Disponível em: https://www.psicologia.pt/artigos/textos/A1197.pdf. Acesso em: 12 set. 2022.

(119) HIRIGOYEN, Marie-France. Trad. Rejane Janowitzer. *O mal-estar no trabalho:* redefinindo o assédio moral. 3. ed. Rio de Janeiro: Bertrand Brasil, 2006. p. 161.

(120) *Ibidem.*

> A vítima de assédio moral perde autoestima, esperança, força, confiança, capacidade de seguir em frente, e somente um acompanhamento cuidadoso pode ajudar na recuperação.(121)

E tais consequências à saúde da vítima de assédio desencadeiam outros problemas em sua vida, como geração de custos com medicamentos, tratamentos etc., também por privar a vítima adoecida de usufruir de seus momentos de lazer, com sua família, seus amigos e até nos momentos individuais, já que mesmo não estando no trabalho existe o pavor de retornar ao ambiente desequilibrado onde sofre o assédio.

Do mesmo modo, o adoecimento deste trabalhador assediado pode levá-lo a outros conflitos, por não estar em plenas capacidades de comunicação e relacionamento social, lhe prejudicando perante sua família, amigos e até terceiros.

Ou seja, por vários ângulos o empregado acaba sendo prejudicado profundamente pelas práticas de assédio moral e assédio sexual, especialmente pelas consequências em sua saúde física e mental, que consequentemente lhe atingem em outros setores de sua vida.

2.7.2. Consequências para o empregador

Uma empresa que tem um ambiente de trabalho hostil, onde ocorre discriminação, assédio moral e sexual e outras ofensas, sofre prejuízos, não apenas de forma direta, com pagamento de indenizações e outras despesas, mas também, indiretamente, por sua baixa credibilidade perante os próprios empregados e a sociedade, sendo por isso muito relevante a preocupação com o bem-estar de seus empregados e do ambiente em que exercem seu trabalho, conforme discorre Marie-France Hirigoyen:

> Ao contrário do que tentam fazer acreditar certos empresários cínicos, as firmas que se preocupam com o bem-estar de seu pessoal conseguem melhores resultados do que aquelas que controlam seus empregados por meio de estresse e medo. O *turn-over* delas é mais baixo, seus assalariados se sentem mais motivados e a produtividade aumenta. O bom funcionamento de uma empresa não pode ser visto unicamente pelos resultados econômicos, mas também por seu ambiente de trabalho. Se as empresas apenas consideram o lucro que podem extrair dos empregados, elas não devem se espantar ao encontrar dificuldades e ver desaparecer a lealdade e o talento. Inversamente, as companhias que tratam seus empregados corretamente recebem enormes dividendos: nível alto de produtividade e baixo *turn-over*.(122)

(121) GARCIA, Gustavo Filipe Barbosa. *Meio ambiente do trabalho:* direito, segurança e saúde no trabalho. 8. ed., rev., atual. e ampl. Salvador: JusPodivm, 2021. p. 132.

(122) HIRIGOYEN, Marie-France. Trad. Rejane Janowitzer. *O mal-estar no trabalho:* redefinindo o assédio moral. 3. ed. Rio de Janeiro: Bertrand Brasil, 2006. p. 316.

Ou seja, as consequências de assédio moral e sexual são extremamente danosas às próprias empresas, que estão criando riscos e prejuízos com uma menor produtividade de seus empregados, maior *turn-over*, que é a rotatividade de empregados, maior risco trabalhista (indenizações trabalhistas ou ações de regresso da Previdência Social), especialmente para microempresas, que podem até falir diante de uma condenação considerável, risco de investigação e condenações criminais. Deste modo, serão tais consequências melhor explicadas a seguir.

Em relação à produtividade, é inegável que um ambiente de trabalho digno propicia maior motivação aos trabalhadores, o que gera maior produtividade e menor risco de práticas de assédio moral ou sexual, pois todos trabalham em cooperação, por um mesmo objetivo traçado pela empresa.

Por outro lado, um ambiente de trabalho hostil, com empregados desmotivados e improdutivos, também acaba gerando um descrédito perante terceiros, consumidores e fornecedores, pois geralmente são os empregados que se relacionam com eles e transparecem naturalmente seu estado psicológico e de humor.

E esta perda de motivação, de sentido no trabalho, pelos empregados, leva também ao aumento do chamado "Turn-over", que é a taxa de rotatividade de empregados em uma empresa, já que não veem sentido em permanecer em um trabalho penoso e desgastante emocionalmente, e por isso buscam novos ares para se salvar daquela situação.

Nesse sentido, sustenta Rafaela Alexandra Souza Viegas que:

> Para além da existência de um clima desagradável, a prática do assédio moral gera sentimentos negativos como o medo, desmotivação e, consequentemente, baixa produtividade. Assim, as organizações deparam-se com problemas como o aumento dos níveis de absentismo e rotatividade, gerando um impacto negativo na produtividade e na vantagem competitiva da empresa.[(123)]

Sobre o impacto financeiro da rotatividade de empregados em microempresas, destaca Dercia Antunes de Souza que:

> Num cálculo simples, poderíamos dizer que a admissão de um colaborador, em empresa organizada que busca processos racionais de seleção, tem um custo que varia de um a dois salários do admitido. Some-se a isso o tempo de treinamento inicial no trabalho, no qual o novo colaborador será pouco

(123) VIEGAS, Rafaela Alexandra Souza. *O impacto do assédio moral no local de trabalho no bem estar dos indivíduos e na sua intenção de turnover.* 2021. 62 f. Dissertação (Mestrado). Lisbon School of Economics & Management. Universidade de Lisboa. Lisboa, Portugal, p. 11. Disponível em: ttps://www.repository.utl.pt/bitstream/10400.5/23871/1/DM-RASV-2021.pdf. Acesso em: 25 set. 2022.

> produtivo. E os custos trabalhistas da demissão têm de ser incluídos: 40% sobre o fundo de garantia, aviso prévio – e outros. Por fim, somem-se os gastos que o período da demissão acarreta, com a ruptura das funções.(124)

Esta alta rotatividade de empregados acaba sendo notada também pelos clientes e fornecedores, que a cada momento lidam com empregados diferentes, sem poder criar laços mais próximos e saudáveis, o que é algo natural, além de ser perceptível a falta de empenho do empregado que está sofrendo com este cenário.

Outra consequência destes conflitos oriundos de assédio moral e sexual é o risco de a empresa sofrer sanções judiciais, tanto no âmbito criminal, civil ou administrativo, como verificamos nos itens 3.4, 3.5 e 3.6 deste livro.

Nesta linha, a Lei n. 11.948/2009, em seu art. 4º prevê que:

> Art. 4º Fica vedada a concessão ou renovação de quaisquer empréstimos ou financiamentos pelo BNDES a empresas da iniciativa privada cujos dirigentes sejam condenados por assédio moral ou sexual, racismo, trabalho infantil, trabalho escravo ou crime contra o meio ambiente.

E sobre tal previsão legal, assim explica Valdir Florindo:

> Vejam só o impacto de uma condenação por assédio moral a um dirigente de empresa de iniciativa privada. A empresa poderá precisar de investimentos de uma condenação nessas condições poderá comprometer inteiramente seu futuro. Seguramente não é isso que se quer, absolutamente! Contudo, este foi o alerta do legislador, de maneira a indicar a necessária existência de um meio ambiente de trabalho onde as pessoas e seus direitos sejam respeitados.(125)

Claro que os conflitos oriundos de assédio não devem ser preocupação meramente pelo risco de pagar indenizações ou perda de investimentos públicos, pois em primeiro lugar a empresa deve respeitar a dignidade e os direitos fundamentais de seus empregados. Todavia, é uma realidade relevante o risco de condenações na Justiça do Trabalho, pois, principalmente para as microempresas, as indenizações geralmente aparentam ser mais pesadas e, não raramente, acabam sendo fator de encerramento de suas atividades por ausência de caixa disponível para honrar com esta condenação.

---

(124) SOUZA, Dercia Antunes de; PINHEIRO, Ana Paula. Causas e efeitos da rotatividade de pessoal/turnover: Estudo de caso de uma microempresa do setor de educação. In: *Simpósio de excelência em gestão e tecnologia*, 10., 2013, Rio de Janeiro, Anais..., publicação *online*, 2013, p. 5. Disponível em: https://www.aedb.br/seget/arquivos/artigos13/58618723.pdf. Acesso em: 16 set. 2022.

(125) FLORINDO, Valdir. Ambiente de trabalho + prevenção = – assédio moral. *Revista LTr*, São Paulo, v. 77, n. 10, p. 1.180-1.186, out. 2013, p. 1.182.

Do mesmo modo, não somente o empregador direto pode sofrer consequências com estes conflitos oriundos de assédio moral e sexual, mas também tomadoras de serviço em caso de terceirização, denominadas por lei como "contratante", que são responsáveis subsidiárias pelos créditos oriundos do contrato de trabalho entre a empresa terceirizada, denominada por lei como "contratada", e seus empregados que prestam serviços na contratante.

Inclusive, as indenizações por assédio moral e sexual, entre outras reparações por responsabilidade civil, também são abrangidas pela responsabilidade subsidiária no caso da terceirização, como é o entendimento pacífico no âmbito do TST, demonstrado no item VI da Súmula n. 331, que dispõe: "VI – A responsabilidade subsidiária do tomador de serviços abrange todas as verbas decorrentes da condenação referentes ao período da prestação laboral".

Em outra perspectiva, Anaruez Mathies também explica que existe a possibilidade de ações de regresso por parte da Previdência Social, caso fique demonstrado que o benefício se originou de doença causada em decorrência do trabalho:

> Outro ponto importante nos efeitos econômicos do assédio moral diz respeito às ações regressivas ajuizadas pela Previdência Social. No acidente de trabalho provocado por negligência do empregador no cumprimento das normas relacionadas à saúde e segurança do trabalhador, o empregador pode ser demandado judicialmente para efetuar o ressarcimento aos cofres públicos dos gastos com os benefícios previdenciários pagos ao segurado ou beneficiários.(126)

Por fim, importante também mencionar a possibilidade de responsabilidade criminal daquele que pratica o assédio sexual ou moral, pois, como detalhado anteriormente, o art. 216-A do CP prevê o crime de assédio sexual, com pena entre um a dois anos de detenção, e além disso existem leis esparsas que podem ser aplicáveis ao assediador e ao empregador de acordo com o ato praticado.

2.7.3. Consequências para o Estado e a sociedade

Para toda a sociedade advém consequências das práticas de assédio moral e sexual no trabalho, e de um modo específico também ao Estado, pelas despesas que estes conflitos podem originar.

Aliás, é possível estender os efeitos destes conflitos à criação de outros conflitos, pois a partir destes distúrbios psicológicos anteriormente mencionados, os empregados

---

(126) MATHIES, Anaruez. *Assédio moral e* compliance *na relação de emprego:* dos danos e dos custos e instrumentos de prevenção. Curitiba: Juruá, 2018. p. 75.

assediados e adoecidos acabam lidando pior com outros problemas do cotidiano e administrando mal suas relações pessoais e profissionais, levando adiante esse desequilíbrio ambiental que primeiramente surgiu no trabalho.

Neste sentido, afirmam Aline Fernanda Martins Lopes e Dayla Rocha Duarte:

> A respeito das interações sociais com família e amigos, o assediado buscará depositar nesses grupos suas frustrações e raiva, através de violência verbal e/ou física; assim, em meio a tantos comportamentos desajustados da vítima, os laços familiares e as relações de amizade poderão afrouxar, acarretando o isolamento.(127)

Além dos conflitos sociais que decorrem do assédio, também o Poder Judiciário tem consideráveis custos operacionais para processar e julgar as lides sobre assédio moral e sexual no trabalho, uma vez que recebe anualmente milhares de processos sobre estes temas, como vimos anteriormente no item 2.5 desta obra, assim como existem processos que decorrem dos conflitos indiretos que surgem das situações de assédio, como acima mencionado, o que é incalculável e pode tomar proporções assustadoras em uma sociedade com o meio ambiente do trabalho desequilibrado.

Do mesmo modo, vale lembrar também que o trabalhador, segurado do Instituto Nacional do Seguro Social (INSS), tem o direito de afastamento por incapacidade temporária em caso de adoecimento, que pode decorrer de problemas psicológicos decorrentes das ofensas sofridas no trabalho.

Também o Sistema Único de Saúde (SUS) acaba arcando com custos do tratamento de diversos destes trabalhadores, e neste caso o custo acaba sendo compartilhado a toda a sociedade, que vê uma parte importante da saúde pública ser ocupada por trabalhadores adoecidos por práticas de assédio moral e sexual.

Igualmente ocorre nos planos de saúde quando se verifica aumento da utilização de serviços médicos e hospitalares, o que gera aumento dos custos e desequilíbrio atuarial, que acabará sendo repassado aos outros usuários.

Claro que as doenças dos trabalhadores não podem ser vistas apenas como despesas, pois tanto o benefício previdenciário, como o atendimento médico pelo SUS e pelo plano de saúde é indispensável na recuperação do trabalhador adoecido, mas não podemos esquecer que tais doenças ocupacionais acabam gerando uma despesa à previdência que toda a sociedade acaba compartilhando, e tudo por conta do desequilíbrio do meio ambiente do trabalho.

---

(127) LOPES, Aline Fernanda Martins Lopes; DUARTE, Dayla Rocha. Psicologia organizacional e do trabalho: principais métodos de prevenção ao assédio moral. 2020. *Revista Farol Faculdade Rolim de Moura*, v. 11, n. 11, p. 30-45, nov. 2020. Disponível em: https://revista.farol.edu.br/index.php/farol/article/view/251. Acesso em: 16 abr. 2021, p. 34.

Inexistindo a prevenção de assédio laboral, portanto, além das consequências danosas aos empregados vítimas desta violência, também se verificam consequências à toda sociedade, de forma indireta, tanto pelo desencadeamento de outros conflitos sociais, como pelo aumento inexorável de custos com previdência e saúde pública e suplementar.

Acrescentamos ainda que, na queda de produtividade geral, por conta destas situações decorrentes de práticas de assédio moral e sexual, no aspecto macroeconômico verifica-se prejuízo diretamente ao Produto Interno Bruto, bem como aumento da desigualdade social e muitas vezes marginalização de pessoas adoecidas ou incapacitadas ao trabalho por conta de doenças psiquiátricas.

Também não podemos esquecer que a ocorrência de assédio moral e sexual demonstra o desequilíbrio do meio ambiente do trabalho, o que se torna ainda mais grave na perspectiva de que a ofensa ao meio ambiente diz respeito ao futuro de toda a humanidade. Nem sempre as pessoas enxergam no meio ambiente do trabalho a mesma importância das outras espécies de meio ambiente, mas ele é tão relevante quanto aos demais, pois todos estão efetivamente integrados.

Nesta linha, ensina Sebastião Geraldo de Oliveira;

> É curioso constatar que o Direito Ambiental tem mais receptividade na sociedade e nos meios jurídicos, quando comparado com a proteção jurídica à saúde do trabalhador. O seu prestígio é tamanho que praticamente ninguém defende a sua flexibilização, como vem ocorrendo com os direitos trabalhistas. É provável que a explicação para essa diversidade de tratamento resida no fato de que o Direito Ambiental leva em conta o risco de exclusão do futuro de todos, enquanto o direito a saúde ocupacional só compreende a categoria dos trabalhadores. Por outro lado, o inconformismo do vizinho, do cidadão ou de qualquer do povo, que luta para preservar boas condições ambientais, é de mais fácil manifestação, se comparado com o do empregado que luta para manter sua fonte de sobrevivência e qualquer reclamação pode atrair o fantasma do desemprego. Em síntese, o Direito Ambiental pretende a "salvação" de todos, enquanto o direito à saúde do trabalhador só abrange os problemas de alguns.(128)

Ou seja, a luta ambiental deve passar pela proteção do empregado em seu meio ambiente laboral, inclusive quando falamos sobre violência contra os trabalhadores e assédio moral e sexual no trabalho, pois tudo isso representa trabalho sem dignidade e decência, com grande impacto em toda a sociedade.

---

(128) OLIVEIRA, Sebastião Geraldo de. *Indenizações por acidente do trabalho ou doença ocupacional*. 7. ed., rev. e atual. São Paulo: LTr, 2013. p. 113.

E assim, diante de todas estas consequências é que as microempresas devem se preocupar com a integridade do ambiente de trabalho, para prevenir conflitos oriundos de assédio moral e assédio sexual, os capítulos quarto e quinto da presente obra se aprofundarão nas formas de prevenção destes conflitos no âmbito destas microempresas.

2.8. Assédio moral e sexual em microempresas

As microempresas, como anteriormente estudado, apresentam algumas características, tais como dificuldades de comunicação ampla e democrática, gestão especializada quanto ao fluxo de trabalho, fixação de metas ou cobranças abusivas, muitas vezes de improviso, concessão de promoções ou prêmios, ou mesmo punições, sem critérios, e também a quase inexistência de treinamentos e apoio profissional externo.

Claro que este problema existe em outras empresas de portes maiores, mas o presente livro busca abranger as microempresas porque em seu âmbito tais características acabam sendo acentuadas, e muitas vezes fatores que levam ao encerramento de suas atividades ainda em seus primeiros anos de vida.

Nem sempre é o empregador que comete condutas que se configuram como assédio, já que às vezes o assédio pode ser horizontal, ou seja, entre os próprios empregados, independentemente de hierarquia, mas também em casos de assédio por superior hierárquico que não seja o empregador: "Mesmo que estes sejam responsáveis pelo comportamento de seu pessoal, os empregadores, sobretudo nas grandes organizações, não são os únicos causadores do comportamento assediador no quadro de empregados"[(129)].

Isso não apenas em empresas maiores, pois também em microempresas pode ocorrer o assédio moral ou sexual por parte de superiores hierárquicos que não sejam o sócio, especialmente nas microempresas que precisam de mais empregados e entre eles é preciso criar hierarquias para melhor organização do trabalho.

Nas microempresas isso se agrava, na medida em que a falta de profissionalização das atividades propicia a mencionada gestão de improviso, onde não há regras claras preestabelecidas, muito menos em relação à intolerância contra discriminações e assédio moral ou assédio sexual.

E isso pode levar a situações onde o empregador sequer tem ciência de condutas assediantes no seio de sua empresa, gerando as consequências anteriormente estudadas, para o empregado, empregador e toda a sociedade.

A prevenção mostra-se como uma necessidade para a microempresa, uma vez que as consequências anteriormente citadas a atingem com ainda mais força, especialmente eventuais condenações por indenização.

---

(129) HIRIGOYEN, Marie-France. Trad. Rejane Janowitzer. *O mal-estar no trabalho:* redefinindo o assédio moral. 3. ed. Rio de Janeiro: Bertrand Brasil, 2006. p. 112.

Sobre a importância da prevenção de conflitos oriundos de assédio, assim defende Marie-France Hirigoyen:

> O primeiro passo da prevenção é educar as pessoas para que sejam corretas no cotidiano com seus companheiros de trabalho. Para isto, a empresa deve incutir normas de bom comportamento em seu pessoal e definir o que ela aceitou não. Ela não deve impor moral a seu pessoal, mas simplesmente estabelecer limites. Deve sobretudo fazer com que cada qual preveja as possíveis consequências de seus atos sobre os outros.(130)

E desta forma, nos capítulos quarto e quinto o presente livro dedica-se a apresentar as formas de prevenção de assédio moral e sexual no âmbito das microempresas, a partir do conteúdo estudado até o momento, trazendo sugestões e orientações de como implantar tais medidas preventivas destes conflitos.

---

(130) HIRIGOYEN, Marie-France. Trad. Rejane Janowitzer. *O mal-estar no trabalho:* redefinindo o assédio moral. 3. ed. Rio de Janeiro: Bertrand Brasil, 2006. p. 320.

Capítulo 3

Meio Ambiente do Trabalho e Responsabilidade Civil do Empregador por Assédio Moral e Sexual

Além da compreensão da problemática do assédio moral e sexual nas microempresas, suas definições, causas e consequências, é necessário também nos aprofundarmos nos estudos sobre meio ambiente do trabalho e a consequente responsabilidade civil do empregador, de forma genérica e no que tange aos danos oriundos de assédio moral e sexual no ambiente de trabalho.

Mesmo que o propósito da presente obra seja no sentido da prevenção de conflitos, é importante a compreensão das normas que protegem o meio ambiente do trabalho e sobre responsabilidade civil decorrente de sua poluição, para delimitar toda a extensão do dever primário de não causar danos ao ambiente laboral e aos empregados, bem como as respectivas consequências pela sua não observância.

3.1. Meio ambiente do trabalho e a importância de sua proteção

A compreensão do conceito de meio ambiente, como gênero, é essencial para entender o conceito específico de meio ambiente do trabalho, além de refletir sobre a importância de sua proteção, de forma que brevemente pretendemos analisar algumas linhas doutrinárias sobre o tema.

A Constituição Federal brasileira de 1988 foi a primeira a ter previsão expressa da proteção do meio ambiente, trazendo obrigações ao Poder Público e à sociedade quanto à preservação ambiental, bem como prevendo punições no âmbito administrativo, criminal e civil para hipóteses de lesão ao meio ambiente.(131)

---

(131) Art. 225. Todos têm direito ao meio ambiente ecologicamente equilibrado, bem de uso comum do povo e essencial à sadia qualidade de vida, impondo-se ao Poder Público e à coletividade o dever de defendê-lo e preservá-lo para as presentes e futuras gerações.

A Lei n. 6.938/1981, que instituiu a Política Nacional do Meio Ambiente, traz em seu art. 3º, inciso I, um conceito breve, afirmando que meio ambiente é "o conjunto de condições, leis, influências e interações de ordem física, química e biológica, que permite, abriga e rege a vida em todas as suas formas".

Quanto à classificação conceitual de meio ambiente, podemos sintetizar que a doutrina majoritária ramifica o meio ambiente em quatro categorias, que são: natural, cultural, artificial e do trabalho.

Interessante é a categorização proposta pelos autores Ingo Wolfgang Sarlet e Tiago Fensterseifer, para quem a divisão conceitual de meio ambiente deve ser realizada entre

---

§ 1º Para assegurar a efetividade desse direito, incumbe ao Poder Público:

I - preservar e restaurar os processos ecológicos essenciais e prover o manejo ecológico das espécies e ecossistemas;

II - preservar a diversidade e a integridade do patrimônio genético do País e fiscalizar as entidades dedicadas à pesquisa e manipulação de material genético;

III - definir, em todas as unidades da Federação, espaços territoriais e seus componentes a serem especialmente protegidos, sendo a alteração e a supressão permitidas somente através de lei, vedada qualquer utilização que comprometa a integridade dos atributos que justifiquem sua proteção;

IV - exigir, na forma da lei, para instalação de obra ou atividade potencialmente causadora de significativa degradação do meio ambiente, estudo prévio de impacto ambiental, a que se dará publicidade;

V - controlar a produção, a comercialização e o emprego de técnicas, métodos e substâncias que comportem risco para a vida, a qualidade de vida e o meio ambiente;

VI - promover a educação ambiental em todos os níveis de ensino e a conscientização pública para a preservação do meio ambiente;

VII - proteger a fauna e a flora, vedadas, na forma da lei, as práticas que coloquem em risco sua função ecológica, provoquem a extinção de espécies ou submetam os animais a crueldade.

VIII - manter regime fiscal favorecido para os biocombustíveis destinados ao consumo final, na forma de lei complementar, a fim de assegurar-lhes tributação inferior à incidente sobre os combustíveis fósseis, capaz de garantir diferencial competitivo em relação a estes, especialmente em relação às contribuições de que tratam a alínea *"b"* do inciso I e o inciso IV do *caput* do art. 195 e o art. 239 e ao imposto a que se refere o inciso II do *caput* do art. 155 desta Constituição.

§ 2º Aquele que explorar recursos minerais fica obrigado a recuperar o meio ambiente degradado, de acordo com solução técnica exigida pelo órgão público competente, na forma da lei.

§ 3º As condutas e atividades consideradas lesivas ao meio ambiente sujeitarão os infratores, pessoas físicas ou jurídicas, a sanções penais e administrativas, independentemente da obrigação de reparar os danos causados.

§ 4º A Floresta Amazônica brasileira, a Mata Atlântica, a Serra do Mar, o Pantanal Mato-Grossense e a Zona Costeira são patrimônio nacional, e sua utilização far-se-á, na forma da lei, dentro de condições que assegurem a preservação do meio ambiente, inclusive quanto ao uso dos recursos naturais.

§ 5º São indisponíveis as terras devolutas ou arrecadadas pelos Estados, por ações discriminatórias, necessárias à proteção dos ecossistemas naturais.

§ 6º As usinas que operem com reator nuclear deverão ter sua localização definida em lei federal, sem o que não poderão ser instaladas.§ 7º Para fins do disposto na parte final do inciso VII do § 1º deste artigo, não se consideram cruéis as práticas desportivas que utilizem animais, desde que sejam manifestações culturais, conforme o § 1º do art. 215 desta Constituição Federal, registradas como bem de natureza imaterial integrante do patrimônio cultural brasileiro, devendo ser regulamentadas por lei específica que assegure o bem-estar dos animais envolvidos.

os elementos naturais (aqueles que se referem a tudo encontrado na natureza independentemente de ação do ser humano) e os elementos humanos (que derivam da intervenção humana), que se subdivide em três: Meio ambiente urbano (ou construído); meio ambiente cultural; e meio ambiente do trabalho.(132)

O **meio ambiente natural** diz respeito à primeira noção que nos vem à mente quando falamos em meio ambiente, ou seja, fauna, flora, ecossistemas, água, atmosfera etc.

Nesse sentido, explica o autor Terence Trennepohl:

> Aqui, no meio ambiente natural, talvez resida o mais comum elemento de identificação com a natureza, por se tratar diretamente de flora e fauna.
>
> O meio ambiente natural envolve, além de flora e fauna, atmosfera, água, solo, subsolo, os elementos da biosfera, bem como os recursos minerais. Enfim, toda forma de vida é considerada integrante do meio ambiente, em suas diversas formas de manifestação.(133)

E complementam o tema os autores Ingo Wolfgang Sarlet e Tiago Fensterseifer, mencionando diversas previsões legais e constitucionais que protegem especificamente esta espécie de meio ambiente:

> Há diversos diplomas legislativos que abordam a proteção dos elementos que integram o meio ambiente natural. O próprio texto constitucional, em diversas passagens, trata da matéria, por exemplo, quando dispõe sobre a preservação e restauração dos "processos ecológicos essenciais e prover o manejo ecológico das espécies e ecossistemas" (art. 225, § 1º, I), o dever do Estado de "proteger a fauna e a flora, vedadas, na forma da lei, as práticas que coloquem em risco sua função ecológica, provoquem a extinção de espécies ou submetam os animais a crueldade" (art. 225, § 1º, VII), bem como quando reconhece a Floresta Amazônica brasileira, a Mata Atlântica, a Serra do Mar, o Pantanal Mato-Grossense e a Zona Costeira como patrimônio nacional (art. 225, § 4º). Quando trata da competência comum (ou seja, administrativa), a CF/1988 também consagra os elementos que conformam o meio ambiente natural, ao prever, no art. 23, VII, que é competência comum da União, dos Estados, do Distrito Federal e dos Municípios "preservar as florestas, a fauna e a flora". No plano infraconstitucional, a Lei n. 6.938/81, no seu art. 3º, V, estabelece o conceito de recursos naturais como

---

(132) SARLET, Ingo Wolfgang; FENSTERSEIFER, Tiago. *Curso de direito ambiental*. 2. ed. Rio de janeiro: Forense, 2021.

(133) TRENNEPOHL, Terence. *Manual de direito ambiental*. 7. ed. São Paulo: Saraiva Educação, 2019. p. 32.

> "a atmosfera, as águas interiores, superficiais e subterrâneas, os estuários, o mar territorial, o solo, o subsolo, os elementos da biosfera, a fauna e a flora". *(redação dada pela Lei n. 7.804/89)*[(134)]

Quanto ao conceito de **meio ambiente cultural**, o que também é chamado de "patrimônio cultural" por diversos autores, podemos dizer que se refere a tudo que se relaciona à sociedade, em todos os seus âmbitos, abrangendo o patrimônio histórico, tradições culturais de grupos, obras de arte, entre outros. Aliás, o art. 216 da Constituição Federal apresenta um rol exemplificativo daquilo que conceitua como patrimônio cultural brasileiro:

> Art. 216. Constituem patrimônio cultural brasileiro os bens de natureza material e imaterial, tomados individualmente ou em conjunto, portadores de referência à identidade, à ação, à memória dos diferentes grupos formadores da sociedade brasileira, nos quais se incluem:
>
> I – as formas de expressão;
>
> II – os modos de criar, fazer e viver;
>
> III – as criações científicas, artísticas e tecnológicas;
>
> IV – as obras, objetos, documentos, edificações e demais espaços destinados às manifestações artístico-culturais;
>
> V – os conjuntos urbanos e sítios de valor histórico, paisagístico, artístico, arqueológico, paleontológico, ecológico e científico.
>
> [...]

O art. 1º do Decreto-lei n. 25/1937 define patrimônio cultural da seguinte forma:

> Art. 1º Constitue (sic) o patrimônio histórico e artístico nacional o conjunto dos bens móveis e imóveis existentes no país e cuja conservação seja de interesse (sic) público, quer por sua vinculação a fatos memoráveis da história do Brasil, quer por seu excepcional valor arqueológico ou etnográfico, bibliográfico ou artístico.
>
> [...]
>
> § 2º Equiparam-se aos bens a que se refere o presente artigo e são também sujeitos a tombamento os monumentos naturais, bem como os sítios e paisagens que importe conservar e proteger pela feição notável com que tenham sido dotados pela natureza ou agenciados pela indústria humana.

Nota-se no § 2º que mesmo monumentos naturais, não criados pelo ser humano, podem ter valor histórico e cultural e devem ser protegidos de forma equivalente.

---

(134) SARLET, Ingo Wolfgang; FENSTERSEIFER, Tiago. *Curso de direito ambiental*. 2. ed. Rio de janeiro: Forense, 2021. p. 142.

Para o autor Luis Paulo Sirvinskas,

> No entanto, o conceito de patrimônio cultural nacional é amplo e abrange uma gama enorme de bens móveis e imóveis importantes para a cultura nacional: obras de arte, monumentos históricos, artísticos etc. Para o nosso campo de estudo importa a proteção do patrimônio natural e artificial de valor histórico, artístico, paisagístico, turístico, ecológico etc., ou seja, a proteção do patrimônio ligado ao meio ambiente cultural e artificial relevantes.
>
> Esse rol é exemplificativo, incluindo outros bens de valor relevante para o meio ambiente cultural.(135)

Por sua vez, **meio ambiente artificial (ou urbano)** abrange as localidades modificadas pelo ser humano, com construções, públicas e privadas, assim como áreas urbanizadas livres de uso público, como praças, parques, áreas verdes, etc.

Nesse sentido, Pedro Lenza assim conceitua meio ambiente artificial:

> Meio ambiente artificial ou humano: materializa-se no espaço urbano construído, destacando-se as edificações (espaço urbano fechado) e também os equipamentos públicos, como as ruas, espaços livres, parques, áreas verdes, praças etc. (espaço urbano aberto) (cf., entre outros, os arts. 225, *caput*, 5.º, XXIII, 182 e ss. etc.).(136)

Utilizando-se a expressão meio ambiente urbano, assim explicam os autores Ingo Wolfgang Sarlet e Tiago Fensterseifer:

> Todo o cenário urbano, independentemente de qualquer juízo de valor sobre a sua beleza arquitetônica ou não, é resultado da construção humana.
>
> [...]
>
> O meio ambiente urbano é integrado pelos prédios, ruas, equipamentos públicos, pontes, projetos arquitetônicos, entre outros elementos artificiais, que caracterizam a paisagem urbana e são, acima de tudo, resultado na intervenção humana, ou seja, são os elementos artificiais criados ou construídos pelo ser humano, em contraste com os elementos originalmente naturais.(137)

(135) SIRVINSKAS, Luis Paulo. Manual de direito ambiental. 16. ed. São Paulo: Saraiva Educação, 2018. p. 150.

(136) LENZA, Pedro. *Direito constitucional*. 25. ed. São Paulo: Saraiva Educação, 2021. p. 1.483. (coleção esquematizado).

(137) SARLET, Ingo Wolfgang; FENSTERSEIFER, Tiago. *Curso de direito ambiental*. 2. ed. Rio de janeiro: Forense, 2021. p. 143.

Por fim, devemos registrar que, para alguns doutrinadores, o **meio ambiente do trabalho** seria abrangido pelo meio ambiente artificial, embora defendam ser muito relevante a sua proteção por ser o local onde os trabalhadores passam boa parte de sua vida, como defende José Afonso da Silva.(138)

Há doutrinadores que afirmam, inclusive, a exemplo de Marcelo Abelha Rodrigues, que não deve ser feita existe distinção doutrinária entre meio ambiente artificial e natural, pois a disciplina direito ambiental abrange apenas o meio ambiente natural, enquanto que o ambiente urbano, cultural e do trabalho seriam regidos por disciplinas específicas.

Ou seja, para o mencionado autor, tudo deve ser considerado para o equilíbrio ambiental, inclusive afirmando que "não existe um meio ambiente do trabalho e outro fora do local de trabalho. [...] aspectos relacionados à saúde e à segurança do trabalhador no seu local de trabalho dizem respeito à ciência do direito do trabalho".(139)

A doutrina majoritária discorre sobre o meio ambiente do trabalho como uma categoria específica, pois embora não se refira a um ambiente criado ou modificado pelo ser humano, o meio ambiente do trabalho apresenta peculiaridades conceituais e sobre a sua proteção que exigem estudos e técnicas específicas.

Claro que, como recorda Sandro Nahmias Melo, o meio ambiente é uno e indivisível, não permitindo uma separação clara, na prática, entre as espécies anteriormente tratadas, mas apenas análise teórica de alguns aspectos desse todo, para melhor compreendê-lo. Do mesmo modo, não há como se afirmar que o direito ambiental do trabalho é matéria inserida apenas no direito do trabalho ou no direito ambiental, já que há uma interdisciplinariedade nestes estudos, cada qual com sua importante contribuição.(140)

Nos filiamos, assim, a esta última corrente, pois a autonomia da classificação teórica de meio ambiente do trabalho em relação às outras espécies de meio ambiente nos parece evidente, na medida em que o próprio direito e processo do trabalho tem sua autonomia, além da profundidade do tema, a complexidade do conceito de ambiente de trabalho, o regramento próprio e as formas de sua proteção.

Devemos nos recordar que o trabalho rural, em algumas situações não é prestado em ambiente urbano/artificial, porque mesmo quando prestado em ambiente originalmente natural, sem prévia intervenção ou construção por seres humanos (como, por exemplo, extrativismo vegetal ou mineral), ainda assim não deixa de ser um ambiente

(138) SILVA, José Afonso da. *Direito ambiental constitucional*. 10. ed. São Paulo: Malheiros, 2013.

(139) RODRIGUES, Marcelo Abelha. *Direito ambiental esquematizado*. 5. ed. São Paulo: Saraiva Educação, 2018. p. 99. (coleção esquematizado).

(140) MELO, Sandro Nahmias. Greve ambiental: direito de exercício coletivo. *Revista LTr*, São Paulo, v. 79, n. 12, p. 1.450-1.458, dez. 2015, p. 1.451.

de trabalho, mesmo sem ser um ambiente artificial ou urbano, nos conceitos acima estudados.

Nesse sentido, são relevantes as reflexões de Ney Maranhão sobre a centralidade do trabalho humano no conceito de meio ambiente do trabalho, para a sua conceituação e como foco principal da proteção ambiental, quando afirma que:

> Praticamente qualquer cenário pode se transformar em *locus* de execução de uma atividade profissional: o oceano para os mergulhadores, o subsolo para os mineiros, as vias públicas para os motoristas de condução pública etc. Da mesma forma, diversos maquinários, inúmeras mobílias e variados recursos técnicos podem até ser inseridos na ambiência laboral. Entretanto, apenas quando presente a figura humana investida no papel social de *trabalhador*, todo esse cenário, *ipso facto*, convola-se em meio ambiente de trabalho, ou seja, *somente a conjugação dos elementos ambientais e técnicos com a* ação humana laborativa *é capaz de fazer nascer o meio ambiente do trabalho.*(141)

Para delimitar e conceituar o meio ambiente do trabalho, a doutrina clássica de Amauri Mascaro do Nascimento assim nos ensina:

> O meio ambiente do trabalho é, exatamente, o complexo máquina-trabalho: as edificações do estabelecimento, equipamentos de proteção individual, iluminação, conforto térmico, instalações elétricas, condições de salubridade ou insalubridade, de periculosidade ou não, meios de prevenção à fadiga outras medidas de proteção ao trabalhador, jornadas de trabalho e horas extras, intervalos, descansos, férias, movimentação, armazenagem e manuseio de matérias que formam um conjunto de condições de trabalho etc.(142)

Porém, a modernidade das relações de trabalho exige uma ampliação do conceito de meio ambiente do trabalho, já que a tecnologia e novas formas de trabalho fogem da tradicional visão do trabalho prestado de forma apenas presencial e dentro do estabelecimento do empregador.

Trazendo um conceito mais amplo de meio ambiente do trabalho, assim explica Sandro Nahmias Melo:

> Concluímos, após as digressões supra, que o conceito de meio ambiente do trabalho engloba todas as condições físicas e psíquicas de trabalho,

(141) MARANHÃO, Ney. Meio ambiente do trabalho: descrição jurídico-conceitual. *Revista LTr*, São Paulo, v. 80, n. 4, p. 420-430, 2016, p. 421, grifos no original.

(142) NASCIMENTO, Amauri Mascaro. A defesa processual do meio ambiente do trabalho. *Revista LTr*, São Paulo, v. 63, n. 5, p. 583-587, 1999, p. 584.

> relacionadas à sadia qualidade de vida do trabalhador, empregado ou não. Neste viés, não assegurado o direito à higidez no meio ambiente do trabalho — com lesões à saúde do trabalhador — teremos, necessariamente, lesão aquele meio e, considerada a visão sistêmica no presente estudo, do meio ambiente geral.(143)

Em complemento, Sandro Nahmias Melo observa que nem todos os trabalhadores exercem suas atividades em edificações da empresa, com alguns trabalhando em meios de transporte, como ônibus, metrô, trem e aviões, também existindo os teletrabalhadores, que podem realizar seu trabalho em sua residência, mas também em qualquer outra localidade.(144)

Nesta mesma linha, criticando o conceito estático de meio ambiente do trabalho, assim explica Francisco Milton Araújo Júnior:

> Sobre a concepção estática de meio ambiente de trabalho (complexo máquina-trabalho-edificações), pode-se ponderar que atualmente a crescente utilização das novas tecnologias pelos empreendimentos econômicos têm impossibilitado a vinculação de ambiente de trabalho à edificações e/ou estabelecimentos, principalmente considerando que o fornecimento aos trabalhadores de *smartphones, notebooks, tablets*, dentre outros equipamentos, ampliou o ambiente de trabalho para além dos estabelecimentos físicos das fábricas e escritórios, inclusive em algumas situações passando a vincular o trabalhador 24h por dia à atividade profissional, independentemente de estar com a família ou amigos em ambiente de lazer, cultura ou de cunho religioso.(145)

E sobre os aspectos psicológicos do teletrabalho, assim discorre o mesmo autor quanto à dificuldade de uma desconexão efetiva desta espécie de trabalhador:

> Sobre os *e-trabalhadores*, cabe destacar que as novas tecnologias passaram a limitar a liberdade do trabalhador durante suas folgas, especialmente quando se considera o aspecto psicológico, na medida em que, embora possua alguma mobilidade, o *e-trabalhador* deve não apenas restringir o seu deslocamento à área de abrangência da operadora de telecomunicações que controla a

(143) MELO, Sandro Nahmias. Greve ambiental: direito de exercício coletivo. *Revista LTr*, São Paulo, v. 79, n. 12, p. 1.450-1.458, dez. 2015, p. 1.453.

(144) *Ibidem*, p. 1.452.

(145) ARAÚJO JÚNIOR, Francisco Milton. Parâmetros para delimitação do meio ambiente do trabalho na volatilidade da sociedade contemporânea (ciberespaço). *Revista LTr*, São Paulo, v. 78, n. 4, p.439-443, 2014, p. 441.

> transmissão de dados e voz, como também efetivamente não consegue relaxar ou mesmo desenvolver atividades com a concentração necessária, pois internamente, em sua psique, tem a expectativa de que, a qualquer momento, pode surgir uma nova demanda de trabalho.(146)

Vemos, aliás, que o direito à desconexão é também um assunto relacionado ao meio ambiente do trabalho, por conta desta nova realidade tecnológica e laboral, o que além de não permitir um descanso efetivo, pode propiciar situações de assédio e discriminação por meio de cobranças excessivas, exigências inalcançáveis e desorganização da rotina profissional e pessoal do trabalhador.

Quanto à proteção constitucional e legal do meio ambiente do trabalho, passamos a apresentar as normas que lhe garantem, iniciando-se pela Constituição Federal, que menciona expressamente a proteção do meio ambiente do trabalho, quando atribui ao SUS, entre outros deveres, o de "colaborar na proteção do meio ambiente, nele compreendido o do trabalho" (art. 200, inciso VIII).

Em seu art. 7º, ainda que sem mencionar a expressão meio ambiente do trabalho, há previsão de garantias no sentido de se preservar um ambiente de trabalho equilibrado, a exemplo dos incisos XXII ("redução dos riscos inerentes ao trabalho, por meio de normas de saúde, higiene e segurança") e XXIII ("adicional de remuneração para as atividades penosas, insalubres ou perigosas, na forma da lei").

Do mesmo modo, a CLT, em seu art. 191, I, dispõe que: "A eliminação ou a neutralização da insalubridade ocorrerá: I – com a adoção de medidas que conservem o ambiente de trabalho dentro dos limites de tolerância; [...]".

Mais adiante, o art. 200, I, da CLT, também menciona a proteção do meio ambiente do trabalho pelo Ministério do Trabalho, atribuindo-lhe a competência para elaborar normas complementares às celetistas, para "proteção do trabalhador exposto a substâncias químicas nocivas, radiações ionizantes e não ionizantes, ruídos, vibrações e trepidações ou pressões anormais ao ambiente de trabalho [...]".

Em complemento, importante destacar que a Convenção 155 da OIT, ratificada pelo Brasil em 18 de maio de 1992, prevê que se enquadram no conceito de saúde não apenas a ausência de doenças, mas também todos os elementos físicos e mentais que se relacionam com a saúde e segurança no trabalho, o que demonstra relevância da proteção contra violência psicológica e física no trabalho.(147)

---

(146) ARAÚJO JÚNIOR, Francisco Milton. Parâmetros para delimitação do meio ambiente do trabalho na volatilidade da sociedade contemporânea (ciberespaço). *Revista LTr*, São Paulo, v. 78, n. 4, p. 439-443, 2014, p. 442.

(147) ORGANIZAÇÃO INTERNACIONAL DO TRABALHO. *Convenção n. 155*. Segurança e Saúde dos Trabalhadores. 67ª Reunião da Conferência Internacional do Trabalho. Genebra, 1981. Disponível em: https://www.ilo.org/brasilia/convencoes/WCMS_236163/lang--pt/index.htm. Acesso em: 21 ago. 2023.

Neste mesmo sentido é a Convenção 190, também da OIT, ainda não ratificada pelo Brasil, que estabelece diversas regras para prevenção e combate ao assédio e violência psicológica no meio ambiente do trabalho(148), como abordaremos mais detidamente no item 3.5 desta obra.

Nota-se que as previsões constitucionais, convencionas e legais tratam da proteção do ambiente de trabalho a partir da perspectiva da proteção dos trabalhadores, mas, consequentemente, visam defender toda a sociedade, que tem interesse na preservação de todas as modalidades de meio ambiente.

Ademais, não podemos deixar de reforçar que a defesa do meio ambiente do trabalho é tão relevante quanto qualquer outra espécie de meio ambiente, embora atualmente a visão predominante da sociedade seja de que as regras relativas à saúde e segurança do trabalho sejam apenas um interesse e direito individual do trabalhador, não aparentando que a sua violação atingirá o futuro de toda a coletividade.(149)

Por isso, é importante que esteja claro aos juristas que a proteção do meio ambiente do trabalho não é apenas um direito ou interesse individual dos empregados, mas sim de toda a sociedade, que em todos os seus relacionamentos precisa de equilíbrio, seja na família, nos negócios jurídicos, nas ruas, e especialmente no trabalho, onde as pessoas passam grande parte de seus dias e de sua vida.

3.2. Princípios relacionados à proteção do meio ambiente do trabalho

Existem diversos princípios que servem como pilares da proteção do meio ambiente do trabalho, desde os princípios constitucionais da dignidade humana e do valor social do trabalho, até os princípios específicos relacionados ao meio ambiente pela doutrina especializada, alguns, inclusive, amparados diretamente por normas constitucionais ou positivados na legislação ordinária.

Acreditamos que é preciso iniciar este estudo pelo **princípio da dignidade humana,** porque toda disciplina de direito social, aqui especificamente o direito do trabalho e o direito ambiental do trabalho, lastreia-se neste fundamento da República, previsto no art. 1º, III, da Constituição Federal, que visa assegurar o patamar mínimo civilizatório e de respeito mútuo entre os seres humanos, embora de conceito amplo e difícil de delimitar.

---

(148) ORGANIZAÇÃO INTERNACIONAL DO TRABALHO. *Convenção n. 190*. Convenção sobre a eliminação da violência e do assédio no mundo do trabalho. 108ª Reunião da Conferência Internacional do Trabalho. Genebra, 2019. Disponível em: https://www.ilo.org/wcmsp5/groups/public/---europe/---ro-geneva/---ilo-lisbon/documents/genericdocument/wcms_729459.pdf. Acesso em: 21 ago. 2023.

(149) OLIVEIRA, Sebastião Geraldo de. *Proteção jurídica à saúde do trabalhador*. 6. ed., rev. e atual. São Paulo: LTr, 2011.

Discorrendo sobre o princípio da dignidade humana, Gilmar Ferreira Mendes e Paulo Gustavo Gonet Branco assim se posicionam:

> [...] é esse princípio que inspira os típicos direitos fundamentais, atendendo à exigência do respeito à vida, à liberdade, à integridade física e íntima de cada ser humano, ao postulado da igualdade em dignidade de todos os homens e à segurança. É o princípio da dignidade humana que demanda fórmulas de limitação do poder, prevenindo o arbítrio e a injustiça.[150]

E, posteriormente, complementam:

> Respeita-se a dignidade da pessoa quando o indivíduo é tratado como sujeito com valor intrínseco, posto acima de todas as coisas criadas e em patamar de igualdade de direitos com os seus semelhantes. Há o desrespeito ao princípio, quando a pessoa é reduzida à singela condição de objeto, apenas como meio para a satisfação de algum interesse imediato.[151]

Discorrendo sobre a dignidade humana do trabalhador na sociedade capitalista moderna, assim reflete Raimundo Simão de Melo:

> É certo que a proteção e defesa da dignidade da pessoa humana e dos direitos da personalidade alcançam importância ímpar neste novo século, principalmente em virtude dos avanços tecnológicos e científicos experimentados pela humanidade, que potencializam cada vez mais os riscos nos ambientes de trabalho.
>
> Traz riscos são agravados diante das diretrizes estabelecidas pelo capitalismo globalizado no Século XX e XXI, que não prioriza soluções para as questões sociais e humanitárias. A sua primazia é o aspecto econômico que se sobrepõe a qualquer outro.[152]

Por sua vez, também é constituído como fundamento da República o **valor social do trabalho**, que consta no art. 1º, inciso IV, da Constituição Federal, juntamente à garantia da livre iniciativa, colocando ambos os fundamentos em plena igualdade, deixando claro que as atividades econômicas e o lucro não são mais importantes que o trabalho.

(150) MENDES, Gilmar Ferreira; BRANCO, Paulo Gustavo Gonet. *Curso de Direito Constitucional.* 18. ed. São Paulo: SaraivaJur, 2023. p. 106.

(151) *Ibidem*, p. 253.

(152) MELO, Raimundo Simão de. *Direito ambiental do trabalho e a saúde do trabalhador*. 3. ed. São Paulo, LTr, 2008. p. 54.

E mais, o princípio/fundamento do valor social do trabalho demonstra que o trabalho e a legislação protetiva não são de interesse individual, mas sim coletivas, pois quando um trabalhador é ofendido em seus direitos, sua subsistência ou mesmo sua vida e integridade psicobiofísica, toda a sociedade está sendo ofendida.

Isso porque, como veremos mais adiante, a poluição do meio ambiente do trabalho é equivalente à poluição de quaisquer outras espécies de meio ambiente, pois este é um todo integrado e heterogêneo, advindo disso a relevância da proteção destes princípios/fundamentos de forma objetiva, não tratando-os como algo meramente teórico.

Nesse sentido, complementa Raimundo Simão de Melo, mencionando sobre a necessidade de proteção efetiva da dignidade da pessoa humana e do valor social do trabalho:

> Diante disso, o valor ou princípio da dignidade da pessoa humana deve ter sentido de normatividade e cogência e não de mera as cláusulas "retóricas" ou de estilo ou de manifestações de bons propósitos, daí por que é preciso dar tratamento adequado aos instrumentos de efetivação dos direitos que poderão realmente garantir a dignidade do trabalhador e o valor verdadeiramente social do trabalho, como estabelece a nossa Carta Maior.(153)

Relacionando o princípio da dignidade da pessoa humana com a proteção do meio ambiente do trabalho, assim leciona Fabio Minardi:

> Evidencia-se, desta forma, que a tutela jurídica do hodierno meio ambiente do trabalho vai desde a qualidade do ambiente físico interno e externo do local de trabalho, até a manutenção da boa saúde física e mental do trabalhador.
>
> E o núcleo de proteção do Direito Ambiental do trabalho é o trabalho humano, que encontra amparo no princípio da dignidade humana, considerado fundamental para a compleição do Estado Democrático de Direito, como previsto no art. 1º, inciso III, da CRFB/88, e que decorre do reconhecimento dos direitos de personalidade, que se enquadram como direitos de terceira dimensão (mas idôneos à tutela dos direitos de primeira e segunda dimensão), inspirados nos valores da solidariedade (direitos de fraternidade).(154)

---

(153) MELO, Raimundo Simão de. *Direito ambiental do trabalho e a saúde do trabalhador*. 3. ed. São Paulo, LTr, 2008. p. 54.

(154) MINARDI, Fábio Freitas. Direito ambiental do trabalho: Fundamentos e princípios. *Revista eletrônica do Tribunal Regional do Trabalho do Paraná*. Curitiba: Escola Judicial do Tribunal Regional do Trabalho da 9ª Região, v. 2, n. 23, p. 175-194, out. 2013, p. 183-184. Disponível em: https://juslaboris.tst.jus.br/bitstream/handle/20.500.12178/87246/2013_rev_trt09_v02_n023.pdf?sequence=1&isAllowed=y. Acesso em: 27 ago. 2023.

O **princípio do desenvolvimento sustentável** diz respeito ao equilíbrio entre o exercício das atividades econômicas com o respeito ao meio ambiente e todas as áreas da sociedade que também precisam se desenvolver, observando-se a função social da propriedade.

Verificamos que este princípio é amparado pela Constituição Federal, especialmente pelas previsão de seu art. 170, que dispõe que "A ordem econômica, fundada na valorização do trabalho humano e na livre iniciativa, tem por fim assegurar a todos existência digna, conforme os ditames da justiça social", além de enumerar princípios para que este equilíbrio seja possível, por exemplo, determinando a observância da "defesa do meio ambiente, inclusive mediante tratamento diferenciado conforme o impacto ambiental dos produtos e serviços e de seus processos de elaboração e prestação".

Ao mesmo tempo, tal princípio também é previsto na Lei n. 6.398/1981, que em seu art. 4º que determina que "A Política Nacional do Meio Ambiente visará: I – à compatibilização do desenvolvimento econômico-social com a preservação da qualidade do meio ambiente e do equilíbrio ecológico; [...]".

Para Raimundo Simão de Melo,

> Desenvolvimento sustentável é a política desenvolvimentista que leva em conta livre iniciativa, porém, de forma convergente com outras políticas de desenvolvimento social, cultural, humano e de proteção ao meio ambiente (CF, art. 170). O desenvolvimento econômico é a aspiração de todos os povos, mas não se pode conceber um desenvolvimento predatório, sendo necessário a busca de um ponto de equilíbrio entre este e os demais interesses da sociedade, porque a preservação ambiental em todos os seus aspectos é outro precioso valor de que dependem as gerações presentes e futuras para a sua coexistência digna.(155)

Por sua vez, Rubia Zanotelli Alvarenga conceitua este princípio e apresenta sua correlação com o direito do trabalho da seguinte forma:

> Pelo princípio do desenvolvimento sustentável, é necessário que haja uma relação harmônica entre economia e meio ambiente. Por tal motivo, a defesa do meio ambiente é um dos princípios em que se funda a ordem econômica, tendo-se por objetivo assegurar a existência digna para todos, nos termos dos ditames da justiça social, conforme dispõe o art. 170, VI, da CR/88.
>
> [...]

(155) MELO, Raimundo Simão de. *Direito ambiental do trabalho e a saúde do trabalhador*. 3. ed. São Paulo, LTr, 2008. p. 47.

> No Direito do Trabalho, o desenvolvimento sustentável é respeitado, quando o trabalho é decente, de modo a preservar não só a melhoria das condições de trabalho, mas também todos os aspectos inerentes à condição humana e aos direitos da personalidade do trabalhador, que são: a) integridade física; b) psíquica; c) moral; d) intelectual; e) direito à integração social.(156)

Os **princípios da prevenção e da precaução**, são norteadores na proteção do meio ambiente, uma vez que se referem à necessidade de antecipação de riscos de poluição ambiental, tanto pela atuação do Estado quanto da sociedade, o que abrange necessariamente empresas em relação ao meio ambiente do trabalho, inclusive no que diz respeito ao assédio moral e sexual.

Embora alguns autores abordem prevenção e precaução separadamente, entendemos que certamente tais princípios são complementares e indissociáveis.

Em síntese, **prevenção** é o pilar do direito ambiental, pois se refere à prioridade de esforços para que os danos e a poluição ambiental sequer ocorram, já que a reparação nem sempre consegue ser efetiva e restituir ao meio ambiente o estado em que se encontrava, inclusive constando expressamente no art. 225 da Constituição Federal, tanto no *caput* como em seu § 1º, já citados.

Fazendo uma distinção entre ambos, porém evidenciando sua correlação, assim explica Fábio Freitas Minardi:

> Desta forma, insta diferenciar a prevenção da precaução, que apresentam distinções principiológicas, sendo possível sustentar que o segundo decorre do primeiro. A precaução parte da ideia (sic) da incerteza dos riscos de determinada atividade, quando então deve-se adotar medidas acautelatórias, enquanto que a prevenção tem o viés de evitar a ocorrência de dano possível e previsível.(157)

Sobre a importância da prevenção de danos no ambiente de trabalho, assim defendem Ingo Wolfgang Sarlet e Tiago Fensterseifer:

> A questão também ganha importância pela ótica da **segurança do trabalhador no meio ambiente do trabalho**, inclusive com relação à sua vida e

(156) ALVARENGA, Rúbia Zanotelli de. Direito ambiental do trabalho saudável e equilibrado: proteção à saúde do trabalhador. *Revista eletrônica do Tribunal Regional do Trabalho do Paraná*. Curitiba: Escola Judicial do Tribunal Regional do Trabalho da 9ª Região, v. 2, n. 23, p. 42-66, out. 2013, p. 48-50. Disponível em: https://juslaboris.tst.jus.br/bitstream/handle/20.500.12178/87246/2013_rev_trt09_v02_n023.pdf?sequence=1&isAllowed=y. Acesso em: 27 ago. 2023.

(157) MINARDI, Fábio Freitas. Direito ambiental do trabalho: Fundamentos e princípios. *Revista eletrônica do Tribunal Regional do Trabalho do Paraná*. Curitiba: Escola Judicial do Tribunal Regional do Trabalho da 9ª Região, v. 2, n. 23, p. 175-194, out. 2013, p. 189. Disponível em: https://juslaboris.tst.jus.br/bitstream/handle/20.500.12178/87246/2013_rev_trt09_v02_n023.pdf?sequence=1&isAllowed=y. Acesso em: 27 ago. 2023.

> integridade física, como se testemunhou de forma trágica nos **desastres de Mariana (2015)** e **Brumadinho (2019)**, neste último caso com mais de duas centenas mortes de trabalhadores da empresa mineradora responsável pela barragem que rompeu. A **atuação preventiva do Estado**, por meio de adequada fiscalização da segurança no meio ambiente do trabalho, estabelece também importante medida para evitar o dano ecológico difuso ao meio ambiente natural, dado que normalmente os primeiros indícios de desrespeito à legislação ambiental e riscos ecológicos de dano apareceram no meio ambiente do trabalho. À luz de tal cenário normativo, plenamente amparado pela doutrina especializada, conforme tivemos oportunidade de desenvolver, o meio ambiente de trabalho deve ser integrado ao conceito jurídico de meio ambiente, como um dos elementos conformadores do meio ambiente humano (ou social).(158)

A **precaução**, por sua vez, exige que devem ser tomadas medidas para efetivamente se alcançar a prevenção de danos e poluição ambientais, mesmo sem a certeza científica de possíveis danos/poluição ambientais, e mesmo sem a iminência ou irreversibilidade destes.

Segundo Raimundo Simão de Melo:

> Precaução, em Direito Ambiental, tem a ver com risco, prejuízo, irreversibilidade e incerteza. Em outras palavras, mesmo na incerteza do risco, mas diante da irreversibilidade dos prejuízos eventuais ao ser humano, devem-se adotar medidas preventivas, pois o aspecto humano prevalece em face do econômico (CF, art. 170).
>
> [...]
>
> O princípio da precaução é a garantia contra os riscos potenciais que, de acordo com o estado atual do conhecimento, não podem ser ainda identificados. Decorre desse princípio que mesmo na ausência da certeza científica formal, a existência de um risco de um dano sério ou irreversível requer a implementação de medidas que possam evitar possível dano.(159)

A Constituição Federal prevê ainda como um direito dos trabalhadores, no art. 7º, inciso XXII: "a redução dos riscos inerentes ao trabalho, por meio de normas de saúde, higiene e segurança", o que representa a base constitucional dos princípios da precaução e da prevenção no direito ambiental do trabalho.

---

(158) SARLET, Ingo Wolfgang; FENSTERSEIFER, Tiago. *Curso de direito ambiental.* 2. ed. Rio de janeiro: Forense, 2021. p. 146, grifos no original.

(159) MELO, Raimundo Simão de. *Direito ambiental do trabalho e a saúde do trabalhador.* 3. ed. São Paulo, LTr, 2008. p. 45-46.

É importante mencionar também o Princípio 15 da Declaração do Rio sobre meio ambiente e desenvolvimento, elaborada na Conferência Rio 92:

> Com o fim de proteger o meio ambiente, o princípio da precaução deverá ser amplamente observado pelos Estados, de acordo com suas capacidades. Quando houver ameaça de danos graves ou irreversíveis, a ausência de certeza científica absoluta não será utilizada como razão para o adiamento de medidas economicamente viáveis para prevenir a degradação ambiental.(160)

Ou seja, na linha da doutrina mencionada e pelo que fora instituído nesta declaração, notamos que a prevenção de danos ambientais deve ser buscada com prioridade, por precaução, mesmo se houver dúvida científica quanto a um possível dano futuro, ou seja, havendo um risco iminente ou aparente, a conclusão deve ser em busca da proteção ambiental.

E complementa Raimundo Simão de Melo, quanto ao ônus da prova nestes casos de riscos de danos ambientais, que:

> O princípio da precaução incute a ideia da inversão do ônus da prova em favor do meio ambiente, porque a incerteza científica milita em favor do meio ambiente e da sociedade [...] portanto, é um instrumento de política ambiental baseado na inversão do ônus da prova, a qual se ampara nas disposições legais do Código de Defesa do Consumidor, que no art. 6º, inc. VI, exige apenas a verossimilhança das alegações iniciais ou comprovação de hipossuficiência do titular do direito tutelado violado ou ameaçado de lesão.(161)

Em prosseguimento, vale mencionar também o **princípio da ubiquidade**, que se refere à abrangência dos conceitos e normas de direito ambiental em toda a sociedade, de forma ampla e sem distinção, uma vez que o meio ambiente é uno e indivisível na prática.

Por isso, a proteção do meio ambiente é um direito e um dever de todos, o que nos permite concluir que a ofensa ao meio ambiente, seja qual for, atingirá a toda a sociedade indistintamente.

Explicando o uso da palavra "ubiquidade" para dar significado a este princípio, Fabio Freitas Minardi assim explana:

> A palavra ubiqüidade (*sic*) significa onipresença, que está ao mesmo tempo em toda a parte, e por isso essa expressão, no campo do Direito Ambiental,

---

(160) ORGANIZAÇÃO DAS NAÇÕES UNIDAS. *Declaração do Rio sobre meio ambiente e desenvolvimento*. Conferência das Nações Unidas, Rio de Janeiro, 1992. Disponível em: https://www5.pucsp.br/ecopolitica/projetos_fluxos/doc_principais_ecopolitica/Declaracao_rio_1992.pdf. Acesso em: 25 fev. 2023.

(161) MELO, Raimundo Simão de. *Direito ambiental do trabalho e a saúde do trabalhador*. 3. ed. São Paulo, LTr, 2008. p. 46-47.

> deve ser adotada no sentido da conscientização de todos os atores sociais (Poder público e sociedade civil) na efetiva proteção e preservação do meio ambiente para as presentes e futuras gerações.(162)

Este princípio traz uma noção complementar àquela mencionada anteriormente com o princípio da prevenção, uma vez que não há como se dissociar partes do meio ambiente (apenas teoricamente, no âmbito acadêmico), muito menos dizer que o meio ambiente do trabalho é menos relevante ou que não se relaciona com as demais espécies de meio ambiente.

Vale dizer, novamente, a proteção do meio ambiente do trabalho não deve ser vista como um direito individual de cada trabalhador, mas sim um direito coletivo e que interessa a toda a sociedade, porque, de fato, as consequências de sua poluição/violação atinge a diversos setores da sociedade, inclusive como visto no item 2.7 desta obra, quando apontamos as consequências do assédio moral e do assédio sexual à vítima, à sociedade e à própria empresa.

Importante analisar também o **princípio do poluidor-pagador**, que diz respeito à imputação de responsabilidade ao causador de danos ao meio ambiente, visando reparar o dano ambiental já causado, mas especialmente prevenir danos ambientais a partir do rigor da penalização.

Sobre tal princípio assim observa Raimundo Simão de Melo:

> Não quer dizer este princípio que alguém, pagando, esteja liberado para poluir. Desse modo, impõe-se ao poluidor o dever de prevenir danos que a sua atividade possa causar ao meio ambiente, cabendo-lhe o ônus de utilizar todos os equipamentos e meios necessários a evitar o dano. Não o fazendo, responderá objetivamente pelos prejuízos ocasionados, conforme estabelece o § 3º, do art. 225, da Constituição Federal, que sedia este princípio.(163)

Igualmente relevantes são as reflexões de Flávio Murilo Tartuce:

> Não se pode se esquecer da mencionada proteção constitucional do Bem Ambiental, conceituado como um bem difuso que visa a sadia qualidade de vida de todos os cidadãos, das presentes e futuras gerações (art. 225 da CF/1988).

(162) MINARDI, Fábio Freitas. Direito ambiental do trabalho: Fundamentos e princípios. *Revista eletrônica do Tribunal Regional do Trabalho do Paraná*. Curitiba: Escola Judicial do Tribunal Regional do Trabalho da 9ª Região, v. 2, n. 23, p. 175-194, out. 2013, p. 192. Disponível em: https://juslaboris.tst.jus.br/bitstream/handle/20.500.12178/87246/2013_rev_trt09_v02_n023.pdf?sequence=1&isAllowed=y. Acesso em: 27 ago. 2023.

(163) MELO, Raimundo Simão de. *Direito ambiental do trabalho e a saúde do trabalhador*. 3. ed. São Paulo, LTr, 2008. p. 48.

> Verifica-se que o conceito de poluidor-pagador, no direito brasileiro, extrapola as regras previstas em algumas construções do Direito Comparado, eis que há a previsão de punição multidisciplinar, nas esferas civil, penal e administrativa (art. 225, § 3.º, da CF/1988).(164)

Também sobre tal princípio há menção expressa na Declaração do Rio sobre meio ambiente e desenvolvimento, elaborada na Conferência Rio 92, que em seu "Princípio 16" prevê:

> As autoridades nacionais devem procurar promover a internacionalização dos custos ambientais e o uso de instrumentos econômicos, tendo em vista a abordagem segundo a qual o poluidor deve, em princípio, arcar com o custo da poluição, com a devida atenção ao interesse público e sem provocar distorções no comércio e nos investimentos internacionais.(165)

É importante deixar claro também que o conceito de poluição está previsto no art. 3º, inciso III, da Lei n. 6.938/1981, que dispõe:

> Art. 3º Para os fins previstos nesta Lei, entende-se por:
>
> [...]
>
> III – poluição, a degradação da qualidade ambiental resultante de atividades que direta ou indiretamente:
>
> *a)* prejudiquem a saúde, a segurança e o bem-estar da população;
>
> *b)* criem condições adversas às atividades sociais e econômicas;
>
> *c)* afetem desfavoravelmente a biota;
>
> *d)* afetem as condições estéticas ou sanitárias do meio ambiente;
>
> *e)* lancem matérias ou energia em desacordo com os padrões ambientais estabelecidos;
>
> [...]

Nota-se que nestas alíneas constam hipóteses que dizem respeito ao dano ambiental laboral, como nas alíneas *"a"*, *"b"* e *"d"*, uma vez que o desequilíbrio labor-ambiental, seja em situações de assédio, discriminação, mas condições do local de trabalho, entre outras, podem prejudicar a saúde, segurança e o bem-estar da população, criar condições adversas a atividades sociais e econômicas ou afetar condições estéticas, mas, principalmente, sanitárias do meio ambiente.

---

(164) TARTUCE, Flávio Murilo. *Direito civil:* direito das obrigações e responsabilidade civil. 14. ed. Rio de Janeiro: Forense, 2019. v. 2, p. 535.

(165) ORGANIZAÇÃO DAS NAÇÕES UNIDAS. *Declaração do Rio sobre meio ambiente e desenvolvimento.* Conferência das Nações Unidas, Rio de Janeiro, 1992. Disponível em: https://www5.pucsp.br/ecopolitica/projetos_fluxos/doc_principais_ecopolitica/Declaracao_rio_1992.pdf. Acesso em: 25 fev. 2023.

O autor Ney Maranhão faz uma interessante reflexão para compreendermos a gravidade da poluição do meio ambiente do trabalho:

> O que há de comum entre uma sequência de edifícios pichados, o odor fétido exalado do leito de um rio, queixas da vizinhança a respeito de uma barulhenta boate e o suicídio de um colega de trabalho vítima de assédio moral por parte de seu superior hierárquico? Por mais heterogêneas que possam parecer tais circunstâncias, todas retratam, juridicamente, à sua maneira, possíveis cenários de *poluição*.(166)

E o mesmo autor conceitua poluição labor-ambiental como sendo:

> [...] *o desequilíbrio sistêmico no arranjo das condições de trabalho, da organização do trabalho ou das relações interpessoais havidas no âmbito do meio ambiente laboral que, tendo base antrópica, gera riscos intoleráveis à segurança e a saúde física e mental do ser humano exposto a qualquer contexto jurídico-laborativo* — arrostando-lhe, assim, a *sadia qualidade de vida*.(167)

Por sua vez, o art. 14, § 1º, da Lei n. 6.938/1981 prevê que "[...] é o poluidor obrigado, independentemente de existência de culpa, a indenizar ou reparar os danos causados ao meio ambiente e a terceiros, afetados por sua atividade".

Esta previsão legal garante a responsabilidade objetiva por danos ambientais, sem a necessidade de comprovação de culpa daquele que causou o dano ambiental de forma direta ou que desenvolve as atividades que ensejaram o dano ambiental, que será abordada com mais profundidade quando falarmos de responsabilidade civil.

E no caso do meio ambiente a doutrina defende a restrição das hipóteses de excludentes de responsabilidade aplicáveis em outras situações, com alguns defendendo a aplicação da teoria do risco integral, não admitindo quaisquer excludentes no caso de dano ambiental, enquanto outros defendem que apenas na hipótese de caso fortuito ou força maior.

Nesse sentido, defende Flávio Murilo Tartuce:

> Seguindo essa premissa, este autor opina que, como ocorre na responsabilidade civil decorrente das relações de consumo, são excludentes o caso fortuito externo e a força maior externa (eventos externos), que não mantêm qualquer

(166) MARANHÃO, Ney. Poluição labor-ambiental: aportes jurídicos gerais. *Revista LTr*, v. 81, n. 6, p. 672-679, 2017, p. 672, grifos no original.

(167) *Ibidem*, p. 678, grifos no original.

> relação com a atividade desempenhada (risco do empreendimento ou risco do negócio). Essas seriam as únicas excludentes do dever de indenizar no caso de danos ambientais. Compreendemos que a teoria do risco integral pode trazer algumas injustiças devendo ser mitigada em casos tais.(168)

Também decorre do princípio poluidor-pagador a previsão contida no art. 7º, XXIII, da Constituição Federal, que confere aos trabalhadores o direito ao "adicional de remuneração para as atividades penosas, insalubres ou perigosas, na forma da lei", como uma reparação por estas atividades que podem oferecer riscos ambientais aos empregados.

Vale destacar, sobre este ponto, que se discute na doutrina que a mera remuneração por tais atividades penosas, perigosas ou insalubres seria apenas a monetização de riscos, já que o ideal é a inexistência de quaisquer riscos, ou ao menos sua ocorrência em situações muito excepcionais, com redução de jornada e mitigação efetiva de riscos, como já ocorre na maioria dos países.(169)

Em suma, o princípio do poluidor-pagador tem relação direta com os princípios da prevenção e da precaução, já que a existência de penalidades aos poluidores serve não só para reparar os danos, mas especialmente para desincentivar a prática de poluição ambiental por quem quer que seja.

Por fim, importante discorrer sobre o **princípio da participação**, que significa, basicamente, que é dever de todos os cuidados com o meio ambiente, especialmente com a divulgação de informações, ações de conscientização e educação ambiental, e atividades de preservação do meio ambiente, o que vai além do dever primário de não poluir.

O art. 225 da Constituição Federal dispõe em seu *caput* e no §1º, inciso VI, que:

> Art. 225. Todos têm direito ao meio ambiente ecologicamente equilibrado, bem de uso comum do povo e essencial à sadia qualidade de vida, impondo-se ao Poder Público e à coletividade o dever de defendê-lo e preservá-lo para as presentes e futuras gerações.
>
> § 1º Para assegurar a efetividade desse direito, incumbe ao Poder Público:
>
> [...]
>
> VI - promover a educação ambiental em todos os níveis de ensino e a conscientização pública para a preservação do meio ambiente;
>
> [...]

---

(168) TARTUCE, Flávio Murilo. *Direito civil:* direito das obrigações e responsabilidade civil. 14. ed. Rio de Janeiro: Forense, 2019. v. 2, p. 537.

(169) OLIVEIRA, Sebastião Geraldo de. *Proteção jurídica à saúde do trabalhador*. 6. ed., rev. e atual. São Paulo: LTr, 2011. p. 154.

Como bem destaca Fábio Freitas Minardi, no âmbito do meio ambiente laboral existem diversos atores que participam destas atividades preventivas, educativas e de conscientização, como Ministério do Trabalho, sindicatos, CIPA, entre outros:

> Na esfera do Direito Ambiental do Trabalho, tanto os empregadores, como os empregados, assim como os sindicatos, devem participar e se envolver na tarefa de divulgação das normas de proteção ambiental. O Ministério do Trabalho, por expressa disposição legal (art. 156 da CLT), também está obrigado a tanto, mesmo porque é o órgão estatal de fiscalização em matéria trabalhista.
>
> Do princípio da participação se consolida o direito do trabalhador à informação sobre as condições ambientais a que está exposto, bem como às formas de prevenção e treinamento adequados. Neste sentido, o art. 19, § 3º, da Lei n. 8.213/1991, determina que "é dever da empresa prestar informações pormenorizadas sobre os riscos da operação a executar e do produto a manipular". O § 4º, do mesmo artigo, prescreve: "O Ministério do Trabalho e da Previdência Social fiscalizará e os sindicatos e entidades representativas de classe acompanharão o fiel cumprimento do disposto nos parágrafos anteriores, conforme dispuser o Regulamento".
>
> Outros dispositivos legais também corroboram a obrigatoriedade de informação, treinamento e orientação ao trabalhador, e participação do mesmo, sob pena, inclusive, de despedida por justa causa, conforme se infere dos arts. 157 e 158, ambos da CLT.
>
> A Norma Regulamentadora n. 05, que dispõe sobre a Comissão Interna de Prevenção de Acidentes (CIPA), representa um bom exemplo de co-participação de empregados e empregador sobre a divulgação das normas de segurança e medicina do trabalho.(170)

Ou seja, é de toda a coletividade o dever constitucional de preservação do meio ambiente, não apenas quanto ao dever primário de não poluir, mas também na prevenção de danos, por meio de atividades de órgãos públicos os privados em seus campos de atuação, bem como da conscientização quanto à importância de se preservar o meio ambiente, além da promoção de educação ambiental em todos os níveis de ensino.

---

(170) MINARDI, Fábio Freitas. Direito ambiental do trabalho: Fundamentos e princípios. *Revista eletrônica do Tribunal Regional do Trabalho do Paraná*. Curitiba: Escola Judicial do Tribunal Regional do Trabalho da 9ª Região, v. 2, n. 23, p. 175-194, out. 2013, p. 191. Disponível em: https://juslaboris.tst.jus.br/bitstream/handle/20.500.12178/87246/2013_rev_trt09_v02_n023.pdf?sequence=1&isAllowed=y. Acesso em: 27 ago. 2023.

3.3. Meio ambiente do trabalho e assédio moral e sexual

Como visto anteriormente, quando falamos das consequências do assédio moral e sexual, o Estado e toda a sociedade sofrem prejuízos financeiros com o desequilíbrio labor-ambiental, por conta de benefícios previdenciários ou atendimento no Sistema Único de Saúde, além de, indiretamente, ver os conflitos aumentarem, pois, naturalmente, os conflitos e problemas do trabalho desestabilizam os empregados emocionalmente e podem gerar outros conflitos sociais.

O assédio moral e o assédio sexual representam um desequilíbrio no ambiente de trabalho, que resulta na poluição ambiental, conforme previsto no art. 3º, inciso III, da Lei n. 6.938/1981, ocasionando o dever de reparação civil, inclusive com a observância da responsabilidade objetiva, como também prevê a mencionada Lei, no art. 14.

Geralmente as situações de assédio nascem em um ambiente onde não há preocupação com o bem-estar dos empregados, onde o empresário não demonstra tolerância zero para condutas de assédio e discriminatórias, isso quando não é o próprio sócio da empresa que pratica as condutas de assédio, ou cria regras gerais que acabam gerando o já estudado assédio moral organizacional.

Já mencionamos anteriormente nesta obra que a proteção do meio ambiente do trabalho deve ser vista pela sociedade com a mesma importância que as demais espécies de meio ambiente, pois este é indivisível, e deve estar em total equilíbrio, não havendo partes mais importantes ou poluições mais relevantes.

Quando falamos em meio ambiente do trabalho saudável não nos referimos apenas a condições de trabalho, salário e remuneração, limite de jornada de trabalho, inexistência de acidentes típicos, entre outros temas corriqueiros, mas também sobre todo o bem-estar emocional dos empregados que se identificam com o trabalho e que estão satisfeitos naquele ambiente, sem medos ou ameaças.

Por isso, qualquer situação de assédio moral, assédio sexual ou discriminação demonstra a poluição ambiental e deve ser analisada sob a perspectiva da legislação civil e ambiental para penalizar os agressores do meio ambiente laboral.

3.4. Responsabilidade civil do empregador

É possível afirmar que a responsabilidade civil passa a existir apenas depois da violação de um dever primário, também chamado de originário, que pode ser resumido como o dever de não causar dano, existente entre as pessoas na sociedade civil ou um dever previsto em contrato. Com a ocorrência deste dano ou inadimplemento contratual é que surge a responsabilidade civil, como dever da respectiva reparação.(171)

(171) CAVALIERI FILHO, Sergio. *Programa de responsabilidade civil*. 10. ed. São Paulo: Atlas, 2012. p. 2.

Para conceituar responsabilidade civil, Sergio Cavalieri Filho apresenta uma singela, porém precisa, definição: "responsabilidade civil é um dever jurídico sucessivo que surge para recompor o dano decorrente da violação de um dever jurídico originário".[172]

Nas relações de trabalho, especialmente quanto ao assédio moral e sexual, a busca deve ser cada vez maior pela prevenção de conflitos, visando respeitar o dever jurídico primário de não lesar, sendo subsidiária a reparação pecuniária. Nesse sentido, podemos afirmar com amparo na doutrina de José Affonso Dallegrave Neto que "Num plano ideal de funcionalização dos conceitos e de respeito ao ambiente de trabalho e a dignidade humana do trabalhador a prevenção sempre deve preferir a indenização do dano".[173]

Para nos aprofundarmos nas espécies de responsabilidade civil, passamos a analisar os conceitos de responsabilidade contratual e extracontratual, bem a dicotomia entre responsabilidade civil subjetiva e objetiva.

Responsabilidade contratual advém de um vínculo obrigacional que foi descumprido, ou seja, violada uma previsão contratual, ensejando as penalidades previstas neste instrumento, além de perdas e danos, com base na legislação civil.

Por sua vez, a responsabilidade extracontratual se origina com a violação de um dever jurídico existente na legislação, mas não em contrato que previa antecipadamente deveres de conduta.

Sérgio Cavalieri Filho assim distingue tais espécies de responsabilidade civil:

> Em suma: tanto na responsabilidade extracontratual como na contratual há a violação de um dever jurídico preexistente. A distinção está na sede desse dever. Haverá responsabilidade contratual quando o dever jurídico violado (inadimplemento ou ilícito contratual) estiver previsto no contrato. A norma convencional já define o comportamento dos contratantes e o dever específico a cuja observância ficam adstritos. [...] Haverá, por seu turno, responsabilidade extracontratual se o dever jurídico violado não estiver previsto no contrato, mas sim na lei ou na ordem jurídica.[174]

Tal distinção não nos parece apresentar efeitos práticos relevantes nas relações de trabalho. Para José Affonso Dallegrave Neto a responsabilidade civil do empregador por danos extrapatrimoniais é ao mesmo tempo contratual e extracontratual, pois:

> Em determinadas circunstâncias o dever de reparar o dano encontra-se fundamentado na quadra contratual e extracontratual, simultaneamente, é

---

(172) CAVALIERI FILHO, Sergio. *Programa de responsabilidade civil*. 10. ed. São Paulo: Atlas. 2012, p. 2.

(173) DALLEGRAVE NETO, José Affonso. *Responsabilidade civil no direito do trabalho*. 6. ed. São Paulo: LTr, 2017. p. 75.

(174) CAVALIERI FILHO, Sergio. *Programa de responsabilidade civil*. 10. ed. São Paulo: Atlas, 2012. p. 17.

o que ocorre, por exemplo, no caso de dano moral infringido ao empregado pelo empregador na execução do contrato de trabalho. Aqui, incidirá tanto o princípio legal e geral de respeito à honra — art. 5º, V e X, da Constituição Federal — como também a regra civil que prevê a indenização por inexecução de obrigação contratual (art. 927 do Código Civil), nomeadamente o descumprimento de dever anexo de conduta leal. Em tais casos, a responsabilidade civil do tipo contratual irá prevalecer, máxime porque a ofensa do agente se manifestou na condição de contratante e o dano afligiu a vítima na condição de contratado.

[...]

Depreende-se, pois, que respeitar a personalidade moral de outrem constitui dever geral e legal de todos os integrantes da sociedade e, ao mesmo tempo, na esfera obrigacional, um dever de comportamento colateral, inerente e implícito a todos os negócios jurídicos, inclusive o contrato de trabalho.(175)

Por outro lado, para Sebastião Geraldo de Oliveira, quando trata especificamente da reparação de danos oriundos de acidente ou doença o trabalho, a responsabilidade se classifica como extracontratual, por não haver cláusula do contrato de trabalho que prevê a garantia de integridade e psicobiofísica do empregado ou da sua incolumidade, mas sim ato ilícito do empregador.(176)

Quanto à responsabilidade civil subjetiva e objetiva, podemos destacar que se diferenciam especificamente em um de seus elementos, a exigência ou não de demonstração de dolo ou culpa.

A doutrina extrai da previsão legal dos arts. 186 e 927, *caput*, do Código Civil os elementos da responsabilidade civil subjetiva, por isso importante citação de seus textos:

> Art. 186. Aquele que, por ação ou omissão voluntária, negligência ou imprudência, violar direito e causar dano a outrem, ainda que exclusivamente moral, comete ato ilícito.
>
> [...]
>
> Art. 927. Aquele que, por ato ilícito (arts. 186 e 187), causar dano a outrem, fica obrigado a repará-lo.

Sebastião Geraldo de Oliveira aponta os seguintes elementos da responsabilidade civil subjetiva:

> Na responsabilidade subjetiva só caberá a indenização se estiverem presentes o dano (acidente ou doença), o nexo de causalidade do evento com o

(175) DALLEGRAVE NETO, José Affonso. *Responsabilidade civil no direito do trabalho*. 6. ed. São Paulo: LTr, 2017. p. 77-78.

(176) OLIVEIRA, Sebastião Geraldo de. *Indenizações por acidente do trabalho ou doença ocupacional*. 7. ed., rev. e atual. São Paulo: LTr, 2013.

> trabalho e a culpa do empregador. Esses pressupostos estão indicados no art. 186 do Código Civil e a indenização correspondente no art. 927 do mesmo diploma legal, com apoio maior no art. 7, XXVIII, da Constituição da República. Se não restar comprovada a presença simultânea dos pressupostos mencionados, não vinga a pretensão indenizatória.(177)

Também discorre sobre os elementos da responsabilidade civil subjetiva Carlos Roberto Gonçalves, referindo-se ao art. 186 do Código Civil: "A análise do artigo supratranscrito evidencia que quatro são os elementos essenciais da responsabilidade civil: ação ou omissão, culpa ou dolo do agente, relação de causalidade e o dano experimentado pela vítima".(178)

Na CLT, foi inserido pela Lei n. 13.467/2017 o título II-A, contendo os arts. 223-A até o 223-G, que tratam do denominado dano extrapatrimonial de forma abrangente, sem distingui-los e sem entrar nos detalhes de suas espécies.

Portanto, quanto aos elementos da responsabilidade civil subjetiva, podemos identificar na legislação civil e na doutrina que são: **(1)** Conduta, comissiva ou omissiva; **(2)** dolo ou culpa; **(3)** dano; **(4)** nexo causal entre conduta e o dano.

No direito do trabalho, via de regra, a responsabilidade civil do empregador é subjetiva, ou seja, necessita da demonstração de culpa para fins de responsabilização, amparado na regra geral prevista no art. 7º, XXVIII, da Constituição Federal, que garante como direito dos trabalhadores: "seguro contra acidentes de trabalho, a cargo do empregador, sem excluir a indenização a que este está obrigado, quando incorrer em dolo ou culpa".

Por outro lado, com a evolução da doutrina sobre responsabilidade civil foram sendo idealizadas teorias defendendo a responsabilidade objetiva, independentemente de culpa, especialmente em casos de danos por acidentes do trabalho.

Sergio Cavalieri Filho narra que:

> Foi no campo dos acidentes do trabalho que a noção de culpa, como fundamento da responsabilidade, revelou-se primeiramente insuficiente. [...] O operário ficava desamparado diante da dificuldade — não raro, impossibilidade — de provar a culpa do patrão. A injustiça que esse desamparo representava estava a exigir uma revisão do fundamento da responsabilidade civil. [...]

---

(177) OLIVEIRA, Sebastião Geraldo de. *Indenizações por acidente do trabalho ou doença ocupacional*. 7. ed., rev. e atual. São Paulo: LTr, 2013. p. 96.

(178) GONÇALVES, Carlos Roberto. *Direito Civil Brasileiro:* Responsabilidade Civil. 18. ed. São Paulo: SaraivaJur, 2023. v. 4, p. 33.

> Logo os juristas perceberam que a teoria subjetiva não mais era suficiente para atender a essa transformação social (que vinha ocorrendo ao longo do século XX); constataram que, se a vítima tivesse que provar a culpa do causador do dano, em numerosíssimos casos ficaria sem indenização, ao desamparo, dando causa a outros problemas sociais, porquanto, para quem vive de seu trabalho, o acidente corporal significa a miséria, impondo-se organizar a reparação.(179)

Em seguida, o mesmo autor explica brevemente como foi a evolução da responsabilidade civil objetiva:

> Não foi rápida e nem fácil, entretanto, essa passagem da responsabilidade subjetiva para a objetiva. Primeiramente, os tribunais começaram a admitir uma maior facilidade na prova da culpa, extraindo-a, por vezes, das próprias circunstâncias em que se dava o acidente e dos antecedentes pessoais dos participantes. Evoluiu-se, depois, da culpa presumida, na qual, como já visto, há a inversão do ônus da prova. Sem se abandonar a teoria da culpa, consegue-se, por via de uma presunção, um efeito próximo ao da teoria objetiva. O causador do dano, até prova em contrário, presume-se culpado, cabendo-lhe elidir essa presunção, isto é, provar que não teve culpa, o que, sem dúvida, favorece sobremaneira a posição da vítima. Passou-se, ainda, pela fase em que se ampliou o número de casos de responsabilidade contratual, até que, finalmente, chegou-se à admissão de responsabilidade sem culpa em determinados casos. Provados o dano e o nexo causal, ônus da vítima, exsurge o dever de reparar, independentemente de culpa. O causador do dano só se exime do dever de indenizar se provar alguma das causas de exclusão do nexo causal. Não cabe, aqui, qualquer discussão em torno da culpa.(180)

Sebastião Geraldo de Oliveira explica a tendência de a responsabilidade civil se tornar cada vez mais objetiva, com a mudança de prioridade de punição da agressão para reparação do dano sofrido:

> A indenização baseada no rigor da culpa está cedendo espaço para o propósito maior de reparar os danos, buscando amparar as vítimas dos infortúnios, mesmo sem a presença da culpa comprovada, em harmonia com o objetivo fundamental de construir uma sociedade livre, justa e solidária, com erradicação da pobreza e da marginalização, conforme exposto no art. 3º

(179) CAVALIERI FILHO, Sergio. *Programa de responsabilidade civil*. 10. ed. São Paulo: Atlas, 2012. p. 151.

(180) *Ibidem*, p. 151-152.

da Constituição da República. Desse modo, o instrumental jurídico está mudando seu foco de atenção dos danos causados para os danos sofridos.

Importa assinalar também que os pressupostos da responsabilidade objetiva guardam maior sintonia e coerência com o comando do art. 170 da Lei Maior, segundo o qual a ordem econômica deve estar fundada na valorização do trabalho e a propriedade deve ter uma função social.(181)

Nesta mesma linha, explicando que a responsabilidade civil caminha cada vez mais no sentido de se preocupar em reparar o dano do que em buscar a culpa, defende Flávio Murilo Tartuce que:

> Assim, a tendência, para o futuro, é que a culpa seja abandonada. Aliás, a propensão é que também o risco seja abandonado, pois a principal preocupação, antes de qualquer coisa, é reparar as vítimas, o que está em sintonia com a ideia de *responsabilidade pressuposta*.(182)

E em outro trecho de sua obra, Flávio Murilo Tartuce explica teoria da responsabilidade pressuposta, criada por Giselda Maria Fernandes Novaes Hironaka, assim explicando:

> Na percepção deste autor a responsabilidade pressuposta pode ser resumida nas seguintes palavras: deve-se buscar, em um primeiro plano, reparar a vítima, para depois verificar-se de quem foi a culpa, ou quem assumiu o risco. Com isso, o dano assume o papel principal no estudo da responsabilidade civil, deixando de lado a culpa. Ademais, pela tese, pressupõe-se a responsabilidade do agente pela exposição de outras pessoas a situações de risco ou de perigo, diante de sua atividade (*mise en danger*).(183)

Entre diversas teorias relativas à responsabilidade civil objetiva pelo risco, destaca-se especialmente a teoria do risco criado, que assim é explicada por José Affonso Dallegrave:

> Nesta teoria a obrigação de indenizar está atrelada ao risco criado por atividades lícitas, contudo perigosas. Quem tem por objeto negocial uma atividade que enseja perigo, deve assumir os riscos à sociedade. Exemplos

---

(181) OLIVEIRA, Sebastião Geraldo de. *Indenizações por acidente do trabalho ou doença ocupacional*. 7. ed., rev. e atual. São Paulo: LTr, 2013. p. 142.

(182) TARTUCE, Flávio Murilo. *Direito civil:* direito das obrigações e responsabilidade civil. 14. ed. Rio de Janeiro: Forense, 2019. v. 2, p. 492.

(183) *Ibidem*, p. 315.

> típicos são os casos do trabalho em minas ou usinas nucleares. A teoria do risco criado diferencia-se da clássica teoria subjetiva da culpa, posto que esta se funda no desenvolvimento de uma ação ilícita, enquanto aquela se perfaz com base no desenvolvimento de uma ação lícita, porém perigosa ou de risco físico.(184)

No Brasil, a mencionada teoria do risco criado, que embasa a responsabilidade civil objetiva, encontra-se positivada no art. 927, parágrafo único, do Código Civil(185), que a prevê em casos previstos em lei ou quando a atividade desenvolvida pelo autor do dano oferecer riscos a outrem.

Sobre o art. 927, parágrafo único, do Código Civil, assim explica José Affonso Dallegrave Neto:

> Observa-se que o parágrafo único do art. 927 do CC/02 não ofende a parte final do art. 7º, XXVIII, da CF, máxime por que o *caput* do próprio art. 7º assegura ao trabalhador um regramento mínimo de direitos, *sem prejuízo de outros que visam melhor condição social ao trabalhador*. Ademais, a hipótese do parágrafo único do art. 927 do Código Civil constitui exceção à regra geral da responsabilidade subjetiva, sendo que a própria Constituição Federal também prevê outro casuísmo de responsabilidade objetiva em relação aos danos ambientais, conforme se infere do Art. 225, §3º, da CF.(186)

E retomando ao que foi brevemente tratado no item 3.2, outro fundamento para a responsabilidade civil objetiva se dá pelo dano causado com o desequilíbrio labor-ambiental, conforme previsto no art. 14, § 1º, da Lei n. 6.938/1981.

Vimos anteriormente que este dispositivo legal prevê a penalidade ao poluidor ambiental "independentemente de existência de culpa, a indenizar ou reparar os danos causados ao meio ambiente e a terceiros, afetados por sua atividade", o que decorre do princípio de direito ambiental denominado "poluidor-pagador".

Esta previsão legal garante a responsabilidade objetiva por danos ambientais, sem a necessidade de comprovação de culpa daquele que causou o dano ambiental de forma direta ou por desenvolver atividades que ensejaram o dano ambiental.

---

(184) DALLEGRAVE NETO, José Affonso. *Responsabilidade civil no direito do trabalho*. 6. ed. São Paulo: LTr, 2017. p. 88.

(185) Art. 927. [...]

Parágrafo único. Haverá obrigação de reparar o dano, independentemente de culpa, nos casos especificados em lei, ou quando a atividade normalmente desenvolvida pelo autor do dano implicar, por sua natureza, risco para os direitos de outrem.

(186) DALLEGRAVE NETO, José Affonso. *Responsabilidade civil no direito do trabalho*. 6. ed. São Paulo: LTr, 2017. p. 85.

Aplicando-se os arts. 932, III, e 933 do Código Civil(187), bem como as previsões da Lei n. 6.938/1981, podemos concluir que com a demonstração da conduta realizada pelo empregado ou preposto da empresa que praticou o assédio, o empregador responde independentemente de se comprovar dolo ou culpa, por ter uma obrigação legal de garantir o equilíbrio do meio ambiente do trabalho e evitar este dano.

Sobre o tema, ressalta Sebastião Gerado de Oliveira que:

> É pacífico o entendimento de que o empregador responde pelos danos causados, ainda que o seu empregado ou preposto extrapole suas funções ou atue abusivamente. Não cabe ao terceiro prejudicado discernir se o empregado ou preposto estava ou não nos limites das suas atribuições, presumindo-se que a empresa tenha sido cuidadosa em selecionar trabalhadores idôneos, oferecendo o devido treinamento para que pudessem exercer diligentemente suas funções.(188)

E a prática do assédio moral ou do assédio sexual diretamente pelo próprio empregador, que abusa de seu poder diretivo e excede os limites relativos a esse direito (art. 187 do CC)(189), também enseja a responsabilidade civil objetiva, pois, segundo Sergio Cavalieri Filho:

> Depreende-se da redação desse artigo, em primeiro lugar, que a concepção adotada em relação ao abuso de direito é a objetiva, pois não é necessária a consciência de se excederem, com o seu exercício, os limites impostos pela boa-fé, pelos bons costumes ou pelo fim social ou econômico do direito; basta que se excedam esses limites.(190)

Nesse sentido, também define o Enunciado n. 37, aprovado na da I Jornada de Direito Civil do Conselho da Justiça Federal: "A responsabilidade civil decorrente do

---

(187) Art. 932. São também responsáveis pela reparação civil:

[...]

III – o empregador ou comitente, por seus empregados, serviçais e prepostos, no exercício do trabalho que lhes competir, ou em razão dele;

Art. 933. As pessoas indicadas nos incisos I a V do artigo antecedente, ainda que não haja culpa de sua parte, responderão pelos atos praticados pelos terceiros ali referidos.

(188) OLIVEIRA, Sebastião Geraldo de. *Indenizações por acidente do trabalho ou doença ocupacional*. 7. ed., rev. e atual. São Paulo: LTr, 2013. p. 100.

(189) Art. 187. Também comete ato ilícito o titular de um direito que, ao exercê-lo, excede manifestamente os limites impostos pelo seu fim econômico ou social, pela boa-fé ou pelos bons costumes.

(190) CAVALIERI FILHO, Sergio. *Programa de responsabilidade civil*. 10. ed. São Paulo: Atlas, 2012. p. 173.

abuso do direito independe de culpa e fundamenta-se somente no critério objetivo--finalístico".(191)

Para exemplificar, podemos dizer que faz parte do poder diretivo do empregador a fixação de metas aos seus empregados, com promessas de comissões ou premiações, bem como a cobrança pelo seu cumprimento, mas não poderá o empregador abusar deste direito com cobranças ofensivas, injustas e desproporcionais, sob o risco de sua prática configurar-se como assédio moral se existentes todos os requisitos, não podendo alegar que desconhecia o potencial de sua conduta ou que não houve intencionalidade de praticar assédio.

Até mesmo os juízes recebem e buscam metas fixadas pelo Conselho Nacional de Justiça, como lembra Valdir Florindo, defendendo também que todas as instituições tem metas para o futuro, e por isso devem ser razoáveis e realizáveis, caso contrário apenas ofendem o meio ambiente do trabalho e tornam-se inúteis à própria empresa.(192)

Aliás, como já mencionamos anteriormente, o dano em casos de assédio moral e sexual se constata *in re ipsa*, ou seja, entendemos não ser necessário provar um dano concreto à saúde física ou psíquica do trabalhador, mas apenas aferir-se pela conduta realizada o desequilíbrio ambiental que expôs o trabalhador à situação de assédio, presumindo-se o dano extrapatrimonial.

Desta forma, por todos estes fundamentos entendemos que **no caso de assédio moral e sexual a responsabilidade civil do empregador é objetiva**, devendo ser demonstrada apenas a prática do assédio (conduta consciente), e consequentemente identificado ou presumido o dano, para a devida reparação, não cabendo investigar a intencionalidade do agente ofensor, por dolo ou culpa, muito menos da empresa, independentemente de o assédio ter sido praticado pelos sócios, prepostos ou por outros empregados.

No caso de terceirização e de contrato de trabalho temporário, a responsabilidade pelo meio ambiente do trabalho é do tomador de serviços (contratante), de forma que, no nosso entendimento e de parte da doutrina, os danos oriundos de desequilíbrio labor-ambiental devem ser de responsabilidade solidária da tomadora e da prestadora de serviços, diferentemente das demais situações de responsabilidade pela terceirização ou pelo trabalho temporário que, via de regra, é subsidiária.

Assim sustenta Gustavo Filipe Barbosa Garcia:

> Logo, se o empregado terceirizado prestar serviço no estabelecimento da empresa tomadora ou em outro local pactuado entre as partes, esta responde

---

(191) CONSELHO DA JUSTIÇA FEDERAL. *I Jornada de Direito Civil*. Brasília, 2002. Disponível em: https://www.cjf.jus.br/enunciados/enunciado/698. Acesso em: 08 jan. 2024.

(192) FLORINDO, Valdir. Ambiente de trabalho + prevenção = – assédio moral. *Revista LTr*, São Paulo, v. 77, n. 10, p. 1.180-1.186, out. 2013, p. 1.182.

> pela higidez do meio ambiente de trabalho, inclusive em casos de acidente de trabalho e doenças ocupacionais.
>
> Sendo assim, as indenizações decorrentes desses infortúnios são de responsabilidade solidária tanto da empresa prestadora de serviço, por ser empregadora, como da empresa contratante, por ter o dever de cuidar do meio ambiente de trabalho.
>
> [...]
>
> Do mesmo modo, no trabalho temporário, é responsabilidade da empresa contratante (tomadora) garantir as condições de segurança, higiene e salubridade dos trabalhadores, quando o trabalho for realizado em suas dependências ou em local por ela designado (art. 9º, § 1º, da Lei n. 6.074/1974, acrescentado pela Lei n. 13.429/2017).(193)

Complementa tal entendimento também o Enunciado n. 44, aprovado na I Jornada de Direito Material e Processual da Justiça do Trabalho, que em 2007 fora fixado neste mesmo sentido:

> RESPONSABILIDADE CIVIL. ACIDENTE DO TRABALHO. TERCEIRIZAÇÃO. SOLIDARIEDADE. Em caso de terceirização de serviços, o tomador e o prestador respondem solidariamente pelos danos causados à saúde dos trabalhadores. Inteligência dos arts. 932, III, 933 e 942, parágrafo único, do Código Civil e da Norma Regulamentadora 4 (Portaria n. 3.214/77 do Ministério do Trabalho e Emprego).(194)

Tal entendimento ampara-se juridicamente na previsão do art. 5º-A, § 3º, da Lei n. 6.019/1974, que atribui ao tomador de serviços (contratante) a responsabilidade por "garantir as condições de segurança, higiene e salubridade dos trabalhadores, quando o trabalho for realizado em suas dependências ou local previamente convencionado em contrato".

Na perspectiva empresarial, portanto, a prevenção de assédio moral e sexual deve ser efetiva, inclusive quando for contratante de serviços terceirizados, pois a aplicação da responsabilidade objetiva atribui à empresa o dever de indenizar mesmo que tenha tomado algumas medidas preventivas, que não terão o condão de afastar a sua responsabilidade,

---

(193) GARCIA, Gustavo Filipe Barbosa. *Meio ambiente do trabalho:* direito, segurança e saúde no trabalho. 8. ed., rev., atual. e ampl. Salvador: JusPodivm, 2021. p. 171.

(194) TRIBUNAL SUPERIOR DO TRABALHO. *I Jornada de Direito Material e Processual na Justiça do Trabalho*. Brasília, 2007. Disponível em: https://www.trt5.jus.br/noticias/enunciados-1a-jornada-direito-material-processual. Acesso em: 08 jan. 2024.

restando apenas possibilidade de ação regressiva em face do empregado assediador para ressarcimento das quantias pagas, nos termos do art. 934 do Código Civil(195).

Um aspecto processual importante sobre a responsabilidade civil no caso de assédio moral e sexual diz respeito ao ônus da prova, e a possibilidade de sua inversão, como debatido por alguns doutrinadores e enfrentado pela Justiça do Trabalho.

O art. 818 da CLT define as regras da distribuição estática do ônus da prova, que cabe "ao reclamante, quanto ao fato constitutivo de seu direito" e "ao reclamado, quanto à existência de fato impeditivo, modificativo ou extintivo do direito do reclamante".

Porém, em seus parágrafos infere-se as exceções a esta regra, admitindo-se a distribuição dinâmica do ônus da prova, assim definindo o § 1º: "Nos casos previstos em lei ou diante de peculiaridades da causa relacionadas à impossibilidade ou à excessiva dificuldade de cumprir o encargo nos termos deste artigo ou à maior facilidade de obtenção da prova do fato contrário, poderá o juízo atribuir o ônus da prova de modo diverso, desde que o faça por decisão fundamentada, caso em que deverá dar à parte a oportunidade de se desincumbir do ônus que lhe foi atribuído".

Claro que, com base no § 3º deste mesmo dispositivo legal, esta distribuição diversa do ônus da prova "não pode gerar situação em que a desincumbência do encargo pela parte seja impossível ou excessivamente difícil", mas é justamente diante desta regra que deve haver a análise, por parte do magistrado, da existência de elementos e indícios que deem verossimilhança às alegações do reclamante de que tenha sofrido assédio, o que deve ensejar esta inversão do ônus probatório.

Ben-Hur Silveira Clauss sintetiza alguns entendimentos doutrinários sobre o tema:

> Nesse sentido, a doutrina: a) confere valor especial ao depoimento pessoal da vítima; b) reconhece legalidade à gravação da conversação comprobatória do assédio, enquanto meio de prova; c) admite a comprovação da alegação de assédio sexual por prova indireta, assim considerada a existência de antecedentes do assediador acerca dessa espécie de fato; d) aceita a comprovação do assédio sexual por prova indiciária, porquanto a prova direta do fato é praticamente impossível, em razão de que o assédio sexual é espécie de ilícito clandestino; e) estimula o juiz a utilizar-se das máximas de experiência (CLT, art. 852-D; CPC, art. 335); f) valoriza juízos fundados em indícios e presunções, amplificando a potencialidade produtiva ínsita à formação de convencimento por verossimilhança das alegações.(196)

---

(195) Art. 934. Aquele que ressarcir o dano causado por outrem pode reaver o que houver pago daquele por quem pagou, salvo se o causador do dano for descendente seu, absoluta ou relativamente incapaz.

(196) CLAUSS, Ben-Hur Silveira. Assédio sexual e perícia de psicologia. *Revista LTr*, São Paulo, v. 76, n. 5, p. 607-614, maio 2012, p. 609-610.

E, mais adiante, este mesmo autor ainda complementa seu estudo defendendo a possibilidade de uma perícia psicológica com os sujeitos envolvidos, como mais uma possibilidade de se comprovar o assédio ou trazer indícios relevantes para o julgamento, com base nas normas legais que autorizam o magistrado a determinar perícia técnica, e assim descreve as possíveis questões a serem analisadas pelo perito psicólogo:

> O perito poderá subsidiar a formação do convencimento do juízo ao enfrentar questões como: a) se a narrativa da vítima na petição inicial é compatível (coerente) com seu comportamento durante as entrevistas e testes psicológicos administrados; b) se a narrativa da vítima na petição inicial é compatível (coerente) com o perfil psicológico do suposto assediador sexual; c) se os sujeitos apresentam estrutura de personalidade indicativa de comportamento psicológico autêntico ou indicativa de comportamento fantasioso; d) se o sujeitos mostram-se sinceros ou dissimulados quando abordados pelo perito sobre o fato e a forma pela qual verbalizam sobre a controvérsia; e) se a vítima apresenta sinais de trauma psicológico em face do alegado assédio e de que forma tais sinais manifestam-se; f) se o sujeitos apresentam indícios de alteração de comportamento após o fato; g) se o sujeitos apresentam indícios de sentimento de culpa após o fato (indício comum em casos de abusos); h) se os sujeitos apresentam sinais de atitude autopunitiva após o fato (indício de trauma psicológico); i) se as alegadas agressões sexuais acarretaram o comportamento indicativo de deterioração do ego da vítima após o fato; j) se a vítima apresenta sintomas de trauma psicológico compatível com os sintomas ordinários à espécie de assédio sexual alegado; k) se a vítima apresenta necessidade de tratamento psicológico, qual o tipo de tratamento e se tal tratamento psicológico se faz necessário em razão do assédio sexual alegado; l) a existência de indícios de distúrbios sexuais dos sujeitos; m) se a vítima seria (in)capaz de fantasiar a existência do alegado assédio sexual em face dos elementos colhidos pelo perito durante a investigação pericial.(197)

Na jurisprudência dos Tribunais Regionais e do TST verifica-se uma resistência muito grande à distribuição dinâmica do ônus da prova (ou "inversão do ônus da prova") para atribuir ao empregador o ônus de provar a inexistência de alegado assédio, e nos poucos casos onde se autoriza a sua aplicação exige-se a presença de indícios e verossimilhança das alegações, como no caso citado a seguir, a título de exemplo, julgado pela 3ª Turma do TRT da 17ª Região, sob relatoria do Desembargador Carlos Henrique Bezerra Leite:

> ASSÉDIO MORAL. INVERSÃO DO ÔNUS DA PROVA. A verossimilhança da alegação de assédio moral e a dificuldade do reclamante em produzir prova devido à peculiaridade

(197) CLAUSS, Ben-Hur Silveira. Assédio sexual e perícia de psicologia. *Revista LTr*, São Paulo, v. 76, n. 5, p. 607-614, maio 2012, p. 610.

> da condição de trabalho de marítimo embarcado, atraem a inversão do ônus da prova, autorizada pelo art. 6º, inciso VIII, do Código de Defesa do Consumidor, de aplicação subsidiária na hipótese, cabendo ao reclamado provar a inexistência do assédio moral.(198)

Ou seja, mesmo não sendo uma questão pacífica na doutrina e na jurisprudência, vista com muita cautela para evitar-se imputação de encargo excessivo à parte reclamada, ainda assim ganha cada vez mais relevância este debate, por conta da dificuldade probatória inerente ao modo em que, geralmente, é praticado o assédio, de forma velada e às escondidas, e também em razão gravidade destas formas de violência laboral.

Em outros países esta possibilidade de inversão de ônus da prova no caso de assédio moral e sexual está presente expressamente em seu ordenamento jurídico, como veremos mais adiante, no item 3.7 desta obra.

3.5. Legislação sobre assédio moral

No ordenamento jurídico brasileiro existem normas constitucionais que servem de base para a proteção do empregado vítima de assédio moral e sexual, especialmente pelos direitos fundamentais à dignidade humana (art. 1º, III, da Constituição Federal), direito de indenização por dano moral, material ou à imagem e também por violação a direitos da personalidade (art. 5º, V e X, da Constituição Federal) e o direito à não discriminação (art. 5º, XLI, da Constituição Federal), além daquelas referentes à proteção do meio ambiente do trabalho, estudados anteriormente.

Quanto à legislação infraconstitucional, no que diz respeito ao assédio moral, atualmente, no Brasil, não verificamos a existência de legislação específica e que trate amplamente o tema assédio moral, embora recentemente tenha sido sancionada a Lei n. 14.457/2022, que, entre outros assuntos, em seu capítulo VII, prevê algumas "medidas de prevenção e de combate ao assédio sexual e a outras formas de violência no âmbito do trabalho".

Em seu art. 23, referida Lei menciona algumas medidas, em um rol que expressamente é exemplificativo, para prevenção de assédio no ambiente de trabalho e garantir a inserção e manutenção de mulheres no trabalho, sendo importante mencionar seu conteúdo na íntegra:

> Art. 23. Para a promoção de um ambiente laboral sadio, seguro e que favoreça a inserção e a manutenção de mulheres no mercado de trabalho, as empresas com Comissão Interna de Prevenção de Acidentes e de Assédio (Cipa) deverão adotar as seguintes medidas,

---

(198) BRASIL. TRIBUNAL REGIONAL DO TRABALHO da 17ª Região. *Acórdão em RO-0118000-28.2012.5.17.0005*. Órgão Julgador: 3ª Turma. Relator Des. Carlos Henrique Bezerra Leite. Vitória, ES, julgado em 29 abr. 2013, publicado no *DEJT* em 10 maio 2013. Disponível em: https://www.trtes.jus.br/principal/publicacoes/leitor/671090573?formato=pdf. Acesso em: 09 jan. 2024.

> além de outras que entenderem necessárias, com vistas à prevenção e ao combate ao assédio sexual e às demais formas de violência no âmbito do trabalho:
>
> I - inclusão de regras de conduta a respeito do assédio sexual e de outras formas de violência nas normas internas da empresa, com ampla divulgação do seu conteúdo aos empregados e às empregadas;
>
> II - fixação de procedimentos para recebimento e acompanhamento de denúncias, para apuração dos fatos e, quando for o caso, para aplicação de sanções administrativas aos responsáveis diretos e indiretos pelos atos de assédio sexual e de violência, garantido o anonimato da pessoa denunciante, sem prejuízo dos procedimentos jurídicos cabíveis;
>
> III - inclusão de temas referentes à prevenção e ao combate ao assédio sexual e a outras formas de violência nas atividades e nas práticas da Cipa; e
>
> IV - realização, no mínimo a cada 12 (doze) meses, de ações de capacitação, de orientação e de sensibilização dos empregados e das empregadas de todos os níveis hierárquicos da empresa sobre temas relacionados à violência, ao assédio, à igualdade e à diversidade no âmbito do trabalho, em formatos acessíveis, apropriados e que apresentem máxima efetividade de tais ações.
>
> § 1º O recebimento de denúncias a que se refere o inciso II do *caput* deste artigo não substitui o procedimento penal correspondente, caso a conduta denunciada pela vítima se encaixe na tipificação de assédio sexual contida no art. 216-A do Decreto-lei n. 2.848, de 7 de dezembro de 1940 (Código Penal), ou em outros crimes de violência tipificados na legislação brasileira.
>
> § 2º O prazo para adoção das medidas previstas nos incisos I, II, III e IV do *caput* deste artigo é de 180 (cento e oitenta) dias após a entrada em vigor desta Lei.

Referida Lei modificou também o art. 163 da CLT, onde se acrescentou a palavra "Assédio" na antiga expressão Comissão Interna de Prevenção de Acidentes (CIPA), passando a ser denominada Comissão Interna de Prevenção de Acidentes e de Assédio, regulamentada pela Norma Regulamentadora n. 5 do Ministério do Trabalho e Emprego, que foi atualizada por meio da Portaria n. 4.219 de 20 de dezembro de 2022 para regulamentar esta novidade legislativa.

E a partir desta Portaria, a Norma Regulamentadora n. 5 passou a contar com diversos itens que se referem à prevenção de assédio sexual e outras formas de violência no ambiente de trabalho, como inclusão do tema nas atividades e práticas da CIPA, bem como incluir o tema em treinamentos (itens 5.3.1, "j" e 5.7.2, "h").

Por meio desta Portaria também a Comissão Interna de Prevenção de Acidentes do Trabalho Rural (CIPATR), regulamentada pela Norma Regulamentadora n. 31 do Ministério do Trabalho e Emprego, passou a contar com a expressão "Assédio", além da previsão de inclusão do tema "prevenção e combate ao assédio sexual e outras formas de violência no trabalho" nas atividades e práticas da CIPATR, inclusão do tema em treinamentos (itens 31.5.10, "n" e 31.5.24, "h").

Do mesmo modo, a mencionada Portaria 4.219/2022 também alterou a Norma Regulamentadora n. 1 e a Norma Regulamentadora n. 31, acrescentando aos empregadores enquadrados na obrigação de constituir CIPA ou CIPATR, respectivamente, determinações para que incluam regras de conduta sobre assédio sexual e outras formas de violência nas normas internas da empresa; fixem procedimentos para recebimento e acompanhamento de denúncias sobre o tema; e realização, em frequência máxima de 12 meses, de capacitação, orientação e de sensibilização sobre o tema. (Item 1.4.1.1, da NR-1 e item 31.2.26, da NR-31)

Verifica-se neste dispositivo legal a previsão de medidas voltadas à prevenção e combate ao assédio moral e sexual no trabalho, para empresas que se enquadrem na obrigação de constituir uma CIPA, mas naturalmente tais medidas podem e devem ser utilizadas por micro e pequenas empresas, que não estejam obrigadas à tal constituição, mas que buscam prevenção destes conflitos em seu ambiente.

Por sua vez, a Lei n. 12.436/2011, embora não trate especificamente sobre assédio moral ou assédio sexual, prevê importantes direitos ao trabalhador em motocicleta, especialmente proibindo a criação de práticas que estimulem o aumento de velocidade, como oferecimento de prêmios por cumprimento de metas, ameaça de descontos por atraso na entrega, ou estabelecer competição entre motociclistas.

Tal previsão é bastante relevante porque, além de buscar a prevenção de acidentes, também tem o viés de reduzir o estresse profissional desta categoria profissional, uma vez que nestas situações de alta competitividade e busca por rapidez nas entregas, pode haver consequências psicológicas relacionadas ao medo de acidentes, de demissão ou outras penalidades.

Importante mencionar também a Lei n. 9.029/95, que garante em seu art. 1º a não discriminação no trabalho "por motivo de sexo, origem, raça, cor, estado civil, situação familiar, deficiência, reabilitação profissional, idade, entre outros", prevendo punições no âmbito criminal, administrativo e civil-trabalhista.

Relacionando o tema assédio moral à discriminação, assim explica José Affonso Dallegrave Neto:

> Além de tais fundamentos jurídicos não se pode negar que toda a prática de assédio (moral ou sexual) implica discriminação negativa e odiosa da vítima, o que é vedado pelo art. 3º, IV, da constituição Federal, pelos arts. 1º e 2º da convenção n. 111 da OIT, a qual restou incorporado em nossa ordem jurídica por meio do Decreto de Promulgação 62.150/1968.(199)

---

(199) DALLEGRAVE NETO, José Affonso. *Responsabilidade civil no direito do trabalho*. 6. ed. São Paulo: LTr, 2017. p. 336.

Vale mencionar também a Convenção n. 190 da OIT, de 2019, que ainda não foi ratificada pelo Brasil, mas que apresenta relevantes regras norteadoras na prevenção de assédio moral e assédio sexual no trabalho.

No art. 4º, item 2, desta Convenção, estão previstas as diretrizes que os países-membros signatários para prevenção e combate ao assédio e a violência no ambiente de trabalho, assim dispondo:

> 2. Cada Membro deverá adoptar, de acordo com a legislação e as circunstâncias nacionais e em consulta com as organizações representativas de empregadores e de trabalhadores, uma abordagem inclusiva, integrada e sensível ao género para a prevenção e eliminação da violência e do assédio no mundo do trabalho. Tal abordagem deverá ter em conta a violência e o assédio envolvendo terceiros, quando aplicável, e incluir:
>
> (a) proibir por lei a violência e o assédio;
>
> (b) garantir que políticas relevantes abordem a questão da violência e do assédio;
>
> (c) adotar uma estratégia abrangente a fim de implementar medidas para prevenir e combater a violência e o assédio;
>
> (d) estabelecer ou reforçar os mecanismos de aplicação e acompanhamento;
>
> (e) garantir acesso às vias de reparação e apoio às vítimas;
>
> (g) prever sanções;
>
> (h) desenvolver ferramentas, orientação, educação e formação, e sensibilizar em formatos acessíveis e apropriados; e
>
> (i) garantir meios eficazes de inspeção e investigação de casos de violência e assédio, incluindo por meio de inspeções do trabalho ou por outros organismos competentes.[(200)]

Como vimos, embora tenhamos no Brasil algumas normas aplicáveis aos conflitos por assédio, especialmente as normas de responsabilidade civil, que visam reparar os danos já ocorridos, a finalidade desta Convenção Internacional é também a prevenção destes danos, por meio das medidas acima indicadas, que devem ser desenvolvidas pelos países-membros.

Por isso, a OIT tem empreendido esforços para que todos os países-membros ratifiquem esta Convenção, afirmando em E-book produzido para promoção e divulgação de referida norma internacional, que:

> Ratificar uma convenção internacional como a Convenção No. 190 envia um importante sinal aos indivíduos e à comunidade internacional sobre o compromisso do Estado em

(200) ORGANIZAÇÃO INTERNACIONAL DO TRABALHO. *Convenção n. 190*. Convenção sobre a eliminação da violência e do assédio no mundo do trabalho. 108ª reunião da Conferência Internacional do Trabalho. Genebra, 2019. Disponível em: https://www.ilo.org/wcmsp5/groups/public/---europe/---ro-geneva/---ilo-lisbon/documents/genericdocument/wcms_729459.pdf. Acesso em: 21 ago. 2023.

> tomar todas as medidas necessárias para prevenir e enfrentar a violência e o assédio no mundo do trabalho. Além disso, a Convenção No. 190, como todas as normas internacionais do trabalho, pode desempenhar um papel importante na elaboração de leis e regulamentos, uma vez que esses instrumentos fornecem orientações confiáveis sobre leis e políticas.(201)

Devemos destacar também a importância da Lei n. 14.612/2023, que alterou a Lei n. 8.906/1994 (Estatuto da Advocacia e da OAB), para inserir nas hipóteses de infrações ético-disciplinares aos advogados que praticarem assédio moral, assédio sexual e discriminação (art. 35, inciso XXX), com imputação de pena de suspensão (art. 37, inciso I).

A Norma Regulamentadora n. 17 do Ministério do Trabalho e Emprego, em seu anexo II, que trata das medidas de segurança e saúde do trabalhador de teleatendimento/*telemarketing*, prevê em seus itens 6.10, alínea "a", 6.13, 6.14 e 6.15 que:

> 6.10 Para fins de elaboração de programas preventivos, devem ser considerados os seguintes aspectos da organização do trabalho:
>
> a) compatibilização de metas com as condições de trabalho e tempo oferecidas;
>
> [...]
>
> 6.13. É vedada a utilização de métodos que causem assédio moral, medo ou constrangimento, tais como:
>
> a) estímulo abusivo à competição entre trabalhadores ou grupos/equipes de trabalho;
>
> b) exigência de que os trabalhadores usem, de forma permanente ou temporária, adereços, acessórios, fantasias e vestimentas com o objetivo de punição, promoção e propaganda; e
>
> c) exposição pública das avaliações de desempenho dos operadores.
>
> 6.14 Com a finalidade de reduzir o estresse dos operadores, devem ser minimizados os conflitos e ambiguidades de papéis nas tarefas a executar, estabelecendo-se claramente as diretrizes quanto a ordens e instruções de diversos níveis hierárquicos, autonomia para resolução de problemas, autorização para transferência de chamadas e consultas necessárias a colegas e supervisores.
>
> 6.15 Os sistemas informatizados devem ser elaborados, implantados e atualizados, contínua e suficientemente, de maneira a mitigar sobretarefas como a utilização constante de memória de curto prazo, utilização de anotações precárias, duplicidade e concomitância de anotações em papel e sistema informatizado.

Estas proibições e medidas previstas na norma ministerial visam garantir aos

(201) ORGANIZAÇÃO INTERNACIONAL DO TRABALHO. *Violência e assédio no mundo do trabalho:* Um guia sobre a Convenção N. 190 e a Recomendação N. 206. Escritório Internacional do Trabalho – Genebra: OIT, 2021. *E-book*, p. 91. Disponível em: https://www.ilo.org/wcmsp5/groups/public/---americas/---ro-lima/---ilo-brasilia/documents/publication/wcms_832010.pdf. Acesso em: 10 jan. 2023.

empregados neste ramo profissional que não ocorram situações de assédio, violência psicológica ou discriminações diversas, bem como que lhes seja garantida a redução de estresse e desgaste emocional pelas próprias peculiaridades do trabalho cotidiano em ligações telefônicas.

Sobre a indenização em si, devemos mencionar o art. 223-G da CLT[(202)], que em seu *caput* traça os parâmetros que o magistrado deve seguir para sua fixação, sendo alguns especialmente relevantes em caso de assédio moral e sexual, como "a intensidade do sofrimento ou da humilhação", "a possibilidade de superação física ou psicológica", e "a extensão e a duração dos efeitos da ofensa". E por parte da empresa pode se tentar demonstrar as medidas concretas que foram tomadas e que demonstram "o esforço efetivo para minimizar a ofensa", o que pode servir ao menos como uma forma de adequar a indenização ou ao menos não contar a omissão como um agravante.

Por sua vez, no § 1º do mencionado artigo[(203)] define-se parâmetros, até mesmo um teto, da indenização, conforme o salário do empregado. Desde a sua aprovação incidiram muitas críticas e discussões sobre a constitucionalidade deste parágrafo, inclusive como defendemos em artigo científico publicado, onde afirmamos que:

> O dispositivo mais polêmico e paradoxal é o § 1º do art. 223-G, da CLT, que dispõe o seguinte:
>
> [...]
>
> De todos, este é o dispositivo que mais levanta críticas no sentido de inconstitucionalidade, por afrontar diretamente o já mencionado princípio

---

(202) Art. 223-G. Ao apreciar o pedido, o juízo considerará:
I – a natureza do bem jurídico tutelado;
II – a intensidade do sofrimento ou da humilhação;
III – a possibilidade de superação física ou psicológica;
IV – os reflexos pessoais e sociais da ação ou da omissão;
V – a extensão e a duração dos efeitos da ofensa;
VI – as condições em que ocorreu a ofensa ou o prejuízo moral;
VII – o grau de dolo ou culpa;
VIII – a ocorrência de retratação espontânea;
IX – o esforço efetivo para minimizar a ofensa;
X – o perdão, tácito ou expresso;
XI – a situação social e econômica das partes envolvidas;
XII – o grau de publicidade da ofensa.

(203) § 1º Se julgar procedente o pedido, o juízo fixará a indenização a ser paga, a cada um dos ofendidos, em um dos seguintes parâmetros, vedada a acumulação:
I – ofensa de natureza leve, até três vezes o último salário contratual do ofendido;
II – ofensa de natureza média, até cinco vezes o último salário contratual do ofendido;
III – ofensa de natureza grave, até vinte vezes o último salário contratual do ofendido;
IV – ofensa de natureza gravíssima, até cinquenta vezes o último salário contratual do ofendido.

> da reparação integral, previsto no art. 5º, V e X, da Constituição Federal de 1988 e em outras disposições legais. Mais uma vez a Lei n. 13.467/2017 é atrevida ao ponto de menosprezar a Constituição Federal, mas nesse artigo não há sequer subterfúgios: a ofensa é direta. Sem o reconhecimento da inconstitucionalidade deste artigo, surgem algumas situações absurdas e confusas.(204)

Nesta linha, em 26.06.2023, o STF decidiu, no julgamento das ADIs ns. 6.050, 6.069 e 6.082, pela constitucionalidade deste § 1º, dando interpretação conforme a Constituição, definindo que tais critérios legais devem servir apenas como orientação para decisões judiciais, permitindo, por outro lado, a fixação de indenização em valores superiores aos limites fixados nos dispositivos legais, de acordo com o caso concreto e os princípios da razoabilidade, da proporcionalidade e da igualdade.(205)

Quanto ao contrato de trabalho, podemos mencionar como consequência jurídica do assédio moral (o que também se aplica ao assédio sexual) a possibilidade de rescisão indireta do contrato de trabalho, prevista no art. 483 da CLT, alíneas *"c"*, *"d"* e *"e"*(206), que pode ser postulada pelo empregado na Justiça do Trabalho, com todos os direitos inerentes a uma dispensa sem justa causa, sem prejuízo das indenizações e sanções já mencionadas, da mesma forma que o assediador, se também for empregado, pratica falta grave que deve ser punido com a justa causa, como explica Gustavo Filipe Barbosa Garcia:

> O assédio moral pode ser fundamento para a despedida indireta, de acordo com o art. 483, alínea *d* (que prevê o não cumprimento das obrigações do contrato pelo empregador) e alínea *e*, da CLT, prevendo a prática, pelo empregador ou seus prepostos, contra o empregado ou pessoas de sua família, de ato lesivo da honra e boa fama.
>
> Se o empregado pratica o assédio moral contra outro colega de trabalho, tem-se a prática de justa causa para resolução do contrato de trabalho, conforme o art. 482, alínea *"j"*, da CLT, o qual prevê o ato lesivo da honra ou

(204) TINTI, Evandro de Oliveira. A responsabilidade civil no direito do trabalho após a Lei n. 13.467/2017. *Revista Direito e Sociedade:* Rev. Estudos Jurídicos e Interdisciplinares, Catanduva, v. 13, n. 1, p. 146-156, jan./dez. 2018, p. 152.

(205) BRASIL. SUPREMO TRIBUNAL FEDERAL. *Ações Diretas de Inconstitucionalidade ns. 6.050, 6.069 e 6.082*. Órgão Julgador: plenário. Relator Ministro Gilmar Ferreira Mendes. Brasília, DF, julgado em 23 jun. 2023, publicado no *DJE* em 07 jul. 2023. Disponível em: https://portal.stf.jus.br/processos/detalhe.asp?incidente=5626228. Acesso em: 04 jan. 2024.

(206) Art. 483 – O empregado poderá considerar rescindido o contrato e pleitear a devida indenização quando:

[...]

c) correr perigo manifesto de mal considerável;

d) não cumprir o empregador as obrigações do contrato;

e) praticar o empregador ou seus prepostos, contra ele ou pessoas de sua família, ato lesivo da honra e boa fama;

> da boa fama praticado no serviço contra qualquer pessoa, ou ofensas físicas, nas mesmas condições, salvo em legítima defesa, própria ou de outrem.(207)

Do mesmo modo, outra consequência jurídica do assédio moral ou sexual diz respeito à nulidade do pedido de demissão, por conta do vício na manifestação de vontade do empregado, que se enquadra como coação, prevista nos arts. 151 e 152 do Código Civil(208), com a consequente conversão em rescisão indireta, pelos mesmos fundamentos jurídicos que mencionamos no parágrafo anterior.

Nesse sentido, vale citar a seguinte ementa de julgamento da Sexta Turma do TST:

> PEDIDO DE DEMISSÃO. INVALIDADE. CONVERSÃO PARA RESCISÃO INDIRETA. ASSÉDIO MORAL COMPROVADO. A controvérsia cinge-se à possibilidade de conversão do pedido de dispensa em rescisão indireta do contrato de trabalho, quando comprovado o assédio moral. O assédio moral se caracteriza pela sujeição do empregado a tratamento que o faz constrangido ou aviltado, mediante conduta patronal caracterizada pela reiteração e pela potencial aptidão para humilhar o trabalhador ou privar-lhe de algum direito inerente ao desenvolvimento de sua personalidade. O que impressiona, no assédio moral, não é a natureza dos atos isolados que o compõem, inclusive porque tais atos podem ter, isoladamente, a aparência de serem atos inofensivos ou de menor lesividade. O que os diferencia é a nocividade do conjunto de ações semelhantes e repetidas com o propósito de contagiar as relações que se desenvolvem no âmbito da empresa, seja para tornar insustentável o vínculo de trabalho na perspectiva de trabalhadores dos quais o empregador pretende desvincular-se, seja para estimular vantagens comparativas entre empregados além do que medianamente se poderia exigir, seja enfim por qualquer outra razão desdenhosa da dignidade da pessoa humana ou destoante do dever de lealdade que deve motivar os atores nos negócios jurídicos que virtualmente protagonizem. No caso, extrai-se do acórdão regional existir comprovação da alegação, na inicial, de que a reclamante "foi vítima de assédio moral praticado por sua superiora hierárquica culminando com coação para que se demitisse", razão pela qual requereu a conversão do pedido de demissão para rescisão por iniciativa ou culpa do reclamado. Tem-se que a conduta de assédio moral pelo empregador justifica a resolução do contrato em vista de configurar-se rigor excessivo ou mesmo ato lesivo à sua honra e boa fama, não importando para ter o efeito da rescisão indireta a alínea do art. 483 da CLT em que se enquadrará a conduta do empregador. O fundamento legal é irrelevante, pois são os mesmos efeitos e, afinal, se o empregado não promover o enquadramento legal que agrade à compreensão do magistrado, poderá ele, ao decidir, emprestar à falta a subsunção adequada com esteio no princípio da livre dicção do direito (*jura novit curia*). Há precedentes desta Corte. Nesse contexto, comprovado o assédio moral, entende-se caracterizada a

---

(207) GARCIA, Gustavo Filipe Barbosa. *Meio ambiente do trabalho:* direito, segurança e saúde no trabalho. 8. ed., rev., atual. e ampl. Salvador: JusPodivm, 2021. p. 128.

(208) Art. 151. A coação, para viciar a declaração da vontade, há de ser tal que incuta ao paciente fundado temor de dano iminente e considerável à sua pessoa, à sua família, ou aos seus bens.

Parágrafo único. Se disser respeito a pessoa não pertencente à família do paciente, o juiz, com base nas circunstâncias, decidirá se houve coação.

Art. 152. No apreciar a coação, ter-se-ão em conta o sexo, a idade, a condição, a saúde, o temperamento do paciente e todas as demais circunstâncias que possam influir na gravidade dela.

> falta do empregador, suficiente a autorizar a rescisão indireta do contrato de trabalho pela reclamante, nos moldes das alíneas *"b"* e *"e"* do art. 483 da CLT. Recurso de revista conhecido e provido. [...][(209)]

Assim, verificamos que existem normas esparsas, mas muito relevantes, sobre prevenção e combate ao assédio moral, além da reparação de danos causados aos empregados pela indenização decorrente da responsabilidade civil do empregador, além da possibilidade de enquadramento de crimes, por práticas discriminatórias previstas na Lei n. 9.029/95, ou crimes contra a liberdade individual, contra a honra, relativos a condutas de injúria racial ou racismo, ou até lesão corporal, entre outros e punições administrativas.

3.6. Legislação sobre assédio sexual

Como mencionado anteriormente, no âmbito criminal existe a previsão do art. 216-A do CP, que prevê a pena de um a dois anos para a prática de assédio sexual, com agravante de um terço se a vítima for menor de 18 anos.

Porém, o assédio sexual gera também consequências no âmbito civil-trabalhista, no que diz respeito à responsabilidade civil, nos mesmos moldes do que fora estudado anteriormente sobre o assédio moral.

A Lei n. 14.457/2022, mencionada no item anterior deste livro, criou o Programa Emprega Mais Mulheres, visando sua inserção e manutenção no mercado de trabalho, por meio de apoio à parentalidade na primeira infância, flexibilização de regime de trabalho, qualificação profissional, entre outras.

Especialmente para fins desta obra, reitera-se a importância das novidades legislativas sobre a proteção em relação ao assédio sexual e todas as demais formas de violência laboral, inclusive ensejando a modificação de diversas Normas Regulamentadoras do Ministério do Trabalho e Emprego, como detalhado no item anterior.

No mais, quanto à responsabilidade civil, além de tudo que já fora estudado, é importante mencionar que para a fixação de indenização em casos de assédio sexual, diferentemente da previsão no âmbito criminal, não se exige que o assediador seja superior hierárquico, assim explicando Gustavo Filipe Barbosa Garcia:

> No entanto, também é possível ocorrer o assédio sexual envolvendo colegas de trabalho, ou seja, empregados do mesmo nível hierárquico, ou mesmo aquele praticado por empregado de condição inferior na hierarquia da empresa, embora essa última hipótese seja menos frequente. Tem-se, aqui, a

(209) BRASIL. TRIBUNAL SUPERIOR DO TRABALHO. *Acórdão em RR-1592-09.2012.5.09.0673*. Órgão Julgador: 6ª Turma. Relator Ministro Augusto César Leite de Carvalho. Brasília, DF, julgado em 11 dez. 2019, publicado no *DEJT* em 13 dez. 2019 (grifo nosso). Disponível em: https://jurisprudencia-backend2.tst.jus.br/rest/documentos/11877bf2aaf135f19e38b5bea370a779. Acesso em: 04 jan. 2024.

modalidade conhecida como “assédio sexual por intimidação”, ocorrido no ambiente de trabalho. Como a esfera criminal não se confunde com a esfera trabalhista, embora as referidas situações de assédio sexual não constituam crime, tendo em vista o tipo penal mais estrito, as consequências trabalhistas podem incidir em ambos os casos.[210]

Como visto oportunamente, assédio moral e assédio sexual acabam apresentando diversas semelhanças, inclusive quanto à responsabilidade civil, desde que fiquem configurados os seus elementos, também estudados oportunamente.

Especialmente a conduta do agente ofensor deve guardar relação com os requisitos estudados, ou seja, serem ofensivas e reprováveis, com intenção de obter vantagens de cunho sexual, geralmente contra subordinados, mas sendo também possível por outras formas de chantagem ou intimidação no âmbito laboral.

3.7. Assédio moral e sexual no direito comparado

As relações de trabalho em todos os países capitalistas demonstram a mesma estrutura, geralmente de trabalho assalariado, muito embora o trabalho autônomo e não subordinado, ou mesmo o chamado parassubordinado venha ganhando espaço, se tornando cada vez mais habitual, especialmente pelas novidades tecnológicas.

O que importa para o presente subcapítulo é que em todos os países nos deparamos com situações de conflitos trabalhistas, geralmente parecidas com aquelas que lidamos em nosso cotidiano brasileiro, porém, por conta da soberania e autonomia legislativa, é natural que a regulamentação e penalização de práticas de assédio moral e sexual varie entre os países.

É importante ressaltar que, a partir da aprovação da Convenção n. 190 da OIT em 2019, pela Conferência Internacional do Trabalho, como mencionado anteriormente, ao menos nos países que já a ratificaram passa a existir esse patamar mínimo de regras agora internalizadas em seus ordenamentos jurídicos, para fins de prevenção e combate ao assédio e todas as formas de violência laboral, o que complementa a normatização já existente e incentiva o aprimoramento das normas internas e específicas sobre o tema.

Por isso, longe de querer esgotar o tema, passamos agora a estudar a legislação sobre assédio moral e sexual, muitas vezes regulamentada conjuntamente com o tema discriminação, em alguns países pesquisados por amostragem, com a finalidade de enriquecer o estudo do tema no presente livro.

---

(210) GARCIA, Gustavo Filipe Barbosa. *Meio ambiente do trabalho:* direito, segurança e saúde no trabalho. 8. ed., rev.,atual. e ampl. Salvador: JusPodivm, 2021. p. 129.

3.7.1. Portugal

Em Portugal existe conceito e previsão específica sobre o assédio moral, com diversas previsões no Código do Trabalho daquele país para concretizar a sua prevenção e aplicação de penalidades.

Importante mencionar a íntegra do art. 29 do Código do Trabalho, que traz o conceito de assédio, inclusive a peculiaridade do assédio sexual, e a respectiva proibição e punição, com indenização por danos patrimoniais e extrapatrimoniais, além da proteção do denunciante das testemunhas contra sanções disciplinares relacionadas ao depoimento.

> Art. 29.º Assédio
>
> 1 – É proibida a prática de assédio.
>
> 2 – Entende-se por assédio o comportamento indesejado, nomeadamente o baseado em factor de discriminação, praticado aquando do acesso ao emprego ou no próprio emprego, trabalho ou formação profissional, com o objectivo ou o efeito de perturbar ou constranger a pessoa, afectar a sua dignidade, ou de lhe criar um ambiente intimidativo, hostil, degradante, humilhante ou desestabilizador.
>
> 3 – Constitui assédio sexual o comportamento indesejado de carácter sexual, sob forma verbal, não verbal ou física, com o objectivo ou o efeito referido no número anterior.
>
> 4 – A prática de assédio confere à vítima o direito de indemnização, aplicando-se o disposto no artigo anterior.
>
> 5 – A prática de assédio constitui contraordenação muito grave, sem prejuízo da eventual responsabilidade penal prevista nos termos da lei.
>
> 6 – O denunciante e as testemunhas por si indicadas não podem ser sancionados disciplinarmente, a menos que atuem com dolo, com base em declarações ou factos constantes dos autos de processo, judicial ou contraordenacional, desencadeado por assédio até decisão final, transitada em julgado, sem prejuízo do exercício do direito ao contraditório.[211]

Algumas destas previsões foram inseridas pela Lei n. 73/2017[212], que também trouxe outras novidades legislativas naquele país, e que vale serem mencionadas brevemente como forma de reflexão para futuras alterações legislativas aqui no Brasil.

---

(211) PORTUGAL. *Lei n. 7/2009*. Institui o Código do Trabalho de Portugal. Diário da República n. 30/2009, Série I, de 12.02.2009. Disponível em: https://dre.pt/dre/legislacao-consolidada/lei/2009-34546475. Acesso em: 17 jun. 2023.

(212) PORTUGAL. *Lei n. 73/2017*. Reforça o quadro legislativo para a prevenção da prática de assédio, procedendo à décima segunda alteração ao Código do Trabalho, aprovado em anexo à Lei n. 7/2009, de 12 de fevereiro, à sexta alteração à Lei Geral do Trabalho em Funções Públicas, aprovada em anexo à Lei n. 35/2014, de 20 de junho, e à quinta alteração ao Código de Processo do Trabalho, aprovado pelo Decreto-lei n. 480/99, de 9 de novembro. Diário da República n. 157/2017, Série I de 16.08.2017. Disponível em: https://diariodarepublica.pt/dr/detalhe/lei/73-2017-108001409. Acesso em: 17 jun. 2023.

Uma inovação criada em Portugal pela Lei mencionada é a obrigatoriedade, para empresas que tenham sete ou mais trabalhadores, da criação de códigos conduta para a prevenção e combate ao assédio no trabalho (art. 127, n. 1, alínea *"k"*).

Outra previsão interessante é a expressa responsabilidade civil da empresa pelos danos causados por assédio no trabalho, mas com pagamento de imediato pela segurança social, que ficará sub-rogada nos direitos do trabalhador com relação aos pagamentos efetuados, para que possa se ressarcir com o empregador, que de fato é o responsável pela reparação (art. 283, ns. 8 e 9).

E, do mesmo modo, bastante relevante é a previsão do art. 331, n. 2, alínea *"b"*, que prevê, em síntese, a presunção de ser discriminatório o despedimento ou outra sanção que forem aplicados até um ano após a denúncia ou exercício de direitos relativos a igualdade, não discriminação e assédio, o que complementa o art. 29, n. 6, anteriormente citado, como proteção de empregados denunciantes e testemunhas.

Por fim, no âmbito penal, o Código Penal português(213) apresenta tipificação de crimes de assédio moral e de assédio sexual, nos arts. 154-A e 170, que assim dispõem:

> Art. 154.º-A – Perseguição
>
> 1 – Quem, de modo reiterado, perseguir ou assediar outra pessoa, por qualquer meio, direta ou indiretamente, de forma adequada a provocar-lhe medo ou inquietação ou a prejudicar a sua liberdade de determinação, é punido com pena de prisão até 3 anos ou pena de multa, se pena mais grave não lhe couber por força de outra disposição legal.
>
> 2 – A tentativa é punível.
>
> 3 – Nos casos previstos no n. 1, podem ser aplicadas ao arguido as penas acessórias de proibição de contacto com a vítima pelo período de 6 meses a 3 anos e de obrigação de frequência de programas específicos de prevenção de condutas típicas da perseguição.
>
> 4 – A pena acessória de proibição de contacto com a vítima deve incluir o afastamento da residência ou do local de trabalho desta e o seu cumprimento deve ser fiscalizado por meios técnicos de controlo à distância.
>
> 5 – O procedimento criminal depende de queixa.
>
> Art. 170.º – importunação sexual – Quem importunar outra pessoa, praticando perante ela atos de carácter exibicionista, formulando propostas de teor sexual ou constrangendo-a a contacto de natureza sexual, é punido com pena de prisão até 1 ano ou com pena de multa até 120 dias, se pena mais grave lhe não couber por força de outra disposição legal.

Percebe-se que a legislação sobre assédio moral e sexual em Portugal é bastante extensa, abrangendo no âmbito civil e criminal conceitos, obrigatoriedade de medidas

(213) PORTUGAL. *Decreto-lei n. 48/1995*. Aprova o Código Penal. Diário da República n. 63/1995, Série I-A de 15.03.1995. Disponível em: https://diariodarepublica.pt/dr/legislacao-consolidada/decreto-lei/1995-34437675. Acesso em: 07 jan. 2024.

de prevenção, penalidades, inclusive equiparando as situações de assédio na presunção de dispensa discriminatória, com inversão do ônus da prova, entre outras regras.

3.7.2. França

Na França a legislação sobre assédio é bastante extensa, pois além das previsões do Código do Trabalho Francês[(214)], existem diversas leis esparsas, inclusive previsões no Código Penal[(215)], que complementam o arcabouço jurídico sobre assédio no trabalho.

O Código do Trabalho Francês, no art. 1152-1, conceituando assédio moral, prevê que "Nenhum assalariado deve sofrer atos reiterados de assédio moral que tenham por objetivo ou efeito a deterioração das suas condições de trabalho suscetíveis de violar os seus direitos e a sua dignidade, alterar a sua saúde física ou mental ou comprometer o seu futuro profissional".[(216)]

Sobre assédio sexual, o Código do Trabalho Francês, no art. 1153-1, traz o seguinte conceito "Nenhum assalariado deve sofrer de: qualquer assédio sexual, consistindo em comentários ou comportamentos com conotações sexuais ou sexistas repetidos que atentem contra a sua dignidade pelo seu carácter degradante ou humilhante, ou criem contra eles uma situação intimidatória, hostil ou ofensiva".[(217)]

O Código do Trabalho Francês também prevê a proteção contra dispensa ou outras sanções discriminatórias para os denunciantes e testemunhas, e ainda acrescenta este direito a pessoas em processo de contratação e estagiários (arts. 1152-2, 1153-2 e 1121-2 do Código do Trabalho Francês).

Também prevê que cabe ao empregador tomar as medidas necessárias para prevenção e punição de assédio moral e sexual, inclusive com dever de informação sobre as previsões do Código Penal Francês, possíveis Ações Cíveis e Criminais em caso de assédio, bem como a lista de autoridades e serviços competentes para proteção de trabalhadores contra assédio moral e sexual (arts. 1152-4 e 1153-5).

---

(214) FRANÇA. ***Code du Travail***. En vigueur depuis le 03 janvier 1973. Disponível em: https://www.legifrance.gouv.fr/codes/texte_lc/LEGITEXT000006072050?etatTexte=VIGUEUR&etatTexte=VIGUEUR_DIFF. Acesso em: 06 jan. 2024.

(215) FRANÇA. *Code Pénal*. En vigueur depuis le 01 septembre 1990. Disponível em: https://www.legifrance.gouv.fr/codes/texte_lc/LEGITEXT000006070719/2024-01-06. Acesso em: 06 jan. 2024.

(216) Tradução nossa. No original: Aucun salarié ne doit subir les agissements répétés de harcèlement moral qui ont pour objet ou pour effet une dégradation de ses conditions de travail susceptible de porter atteinte à ses droits et à sa dignité, d'altérer sa santé physique ou mentale ou de compromettre son avenir professionnel.

(217) Tradução nossa. No original: Aucun salarié ne doit subir des faits: Soit de harcèlement sexuel, constitué par des propos ou comportements à connotation sexuelle ou sexiste répétés qui soit portent atteinte à sa dignité en raison de leur caractère dégradant ou humiliant, soit créent à son encontre une situation intimidante, hostile ou offensante.

E os arts. 1152-5 e 1153-6, também do Código do Trabalho Francês, preveem expressamente que o empregado que praticar atos de assédio moral ou sexual está sujeito a sanções disciplinares.

O Código Penal Frances estipula, em seu art. 222-33-2, uma pena de prisão por 2 anos e multa de 30.000,00€ (Trinta mil Euros), para quem "Assediar outras pessoas através de comentários repetidos ou de comportamentos que tenham por objetivo ou efeito a deterioração das condições de trabalho, suscetíveis de prejudicar os seus direitos e dignidade, prejudicar a sua saúde física ou mental ou comprometer o seu futuro profissional [...]".(218)

3.7.3. Itália

O Código Civil italiano(219) garante em seu art. 2087 que o "O empresário é obrigado a adotar no exercício de suas atividades as medidas que, de acordo com a particularidade do trabalho, a experiência e a técnica, sejam necessárias para proteger a integridade física e a personalidade moral dos trabalhadores."(220)

O Decreto Legislativo n. 198/2006(221), que instituiu o "Código da paridade de oportunidades", em tradução livre, em seu art. 26 apresenta diversas normas sobre Assédio moral e sexual no trabalho, equiparando-os à discriminação, como se extrai dos §§ 1º e 2º deste artigo: "1. É considerado como discriminação também o assédio, ou seja, aqueles comportamentos indesejados, realizados por motivos relacionados com o sexo, que tenham por finalidade ou efeito violar a dignidade do trabalhador e criar um clima intimidante, hostil, degradante, humilhante ou ofensivo. 2. Assédio sexual, ou seja, comportamento indesejado com conotação sexual, expresso de forma física, verbal ou não verbal, que tenha por objetivo ou efeito violar a dignidade de um trabalhador e criar um clima intimidador, hostil, degradante, humilhante ou ofensivo".(222)

---

(218) Tradução nossa. No original: Le fait de harceler autrui par des propos ou comportements répétés ayant pour objet ou pour effet une dégradation des conditions de travail susceptible de porter atteinte à ses droits et à sa dignité, d'altérer sa santé physique ou mentale ou de compromettre son avenir professionnel [...].

(219) ITÁLIA. *Regio Decreto 16 marzo 1942, n. 262*. Codice Civile. Gazzetta Ufficiale 04 aprile 1942. Disponível em: https://www.gazzettaufficiale.it/anteprima/codici/codiceCivile. Acesso em: 04 jan. 2024.

(220) Tradução nossa. No original: L'imprenditore e' tenuto ad adottare nell'esercizio dell'impresa le misure che, secondo la particolarita' del lavoro, l'esperienza e la tecnica, sono necessarie a tutelare l'integrita' fisica e la personalita' morale dei prestatori di lavoro.

(221) ITÁLIA. *Decreto Legislativo 11 aprile 2006, n. 198*. Codice delle pari opportunità tra uomo e donna. Gazzetta Ufficiale 31 maggio 2006. Disponível em: https://www.parlamento.it/parlam/leggi/deleghe/06198dl.htm. Acesso em: 04 jan. 2024.

(222) Tradução nossa. No original: 1. Sono considerate come discriminazioni anche le molestie, ovvero quei comportamenti indesiderati, posti in essere per ragioni connesse al sesso, aventi lo scopo o l'effetto di violare la dignità di una lavoratrice o di un lavoratore e di creare un clima intimidatorio, ostile, degradante, umiliante o offensivo. 2. Sono, altresì, considerate come discriminazioni le molestie sessuali, ovvero quei comportamenti indesiderati a connotazione sessuale, espressi in forma fisica, verbale o non verbale, aventi lo scopo o l'effetto di violare la dignità di una lavoratrice o di un lavoratore e di creare un clima intimidatorio, ostile, degradante, umiliante o offensivo.

A partir de tal equivalência de assédio à discriminação, além de todas as consequências civis e criminais, este artigo também garante aos trabalhadores vítimas de assédio até mesmo a impossibilidade de dispensa discriminatória, considerando-a nula.

E este mesmo Decreto Legislativo proíbe a discriminação contra mulheres: no acesso ao trabalho (mesmo não subordinados ou qualquer outra forma) no momento da contratação ou a promoções funcionais (art. 27); quanto à remuneração pelo mesmo trabalho ou de igual valor (art. 28); na atribuição de qualificações, funções e progressão na carreira (art. 29); no acesso a empregos púbicos (art. 31); e a vedação de dispensa por motivo de casamento da empregada mulher (art. 35).

E sobre os aspectos processuais na hipótese de discriminação e assédio, este mesmo Decreto Legislativo prevê: a possibilidade de decreto executivo fundamentado e imediato (semelhante à tutela de urgência existente no processo civil brasileiro), no prazo de 2 dias, após convocar as partes e obter informações sumárias, determinando que seja cessado o comportamento ilegítimo ou até mesmo fixando indenização, se julgar suficientemente provado (art. 38); e a inversão do ônus da prova, cabendo ao acusado a prova da inexistência da discriminação (art. 40).

Também garante a não discriminação no trabalho, a Lei n. 903/1977(223), que traz disposições sobre paridade de gênero entre trabalhadores na Itália, prevendo a vedação de discriminação das mulheres trabalhadoras quanto ao acesso ao trabalho, proteção à gestação e maternidade, equivalência salarial, entre outras hipóteses.

No âmbito penal, o Código Penal italiano(224) prevê em seu art. 609-BIS o crime de "violência sexual", no qual pode ser enquadrado aquele que pratica assédio sexual, que é assim tipificado: "Aquele que, com violência ou ameaça ou mediante abuso de autoridade, obrigar alguém a praticar ou a sofrer atos sexuais é punido com pena de reclusão de seis a doze anos. Na mesma pena incorre quem induz alguém a praticar ou praticar atos sexuais: 1) abusando das condições de inferioridade física ou psíquica do ofendido no momento do crime; 2) enganando a pessoa ofendida fazendo com que o culpado substitua outra pessoa. Em casos menos graves a pena é reduzida em não mais de dois terços".(225)

---

(223) ITÁLIA. *Legge 9 dicembre 1977, n. 903*. Parita' di trattamento tra uomini e donne in materia di lavoro. Gazzetta Ufficiale 17 dicembre 1977. Disponível em: https://www.gazzettaufficiale.it/eli/id/1977/12/17/077U0903/sg. Acesso em: 04 jan. 2024.

(224) ITÁLIA. *Regio Decreto 19 ottobre 1930, n. 1398*. Codice Penale. Gazzetta Ufficiale 26 ottobre 1930. Disponível em: https://www.gazzettaufficiale.it/sommario/codici/codicePenale. Acesso em: 04 jan. 2024.

(225) Tradução nossa. No original: Chiunque, con violenza o minaccia o mediante abuso di autorità, costringe taluno a compiere o subire atti sessuali è punito con la reclusione da sei a dodici anni.

Alla stessa pena soggiace chi induce taluno a compiere o subire atti sessuali:

1) abusando delle condizioni di inferiorità fisica o psichica della persona offesa al momento del fatto;

2) traendo in inganno la persona offesa per essersi il colpevole sostituito ad altra persona.

Nei casi di minore gravità la pena è diminuita in misura non eccedente i due terzi.

3.7.4. Espanha

No Estatuto dos Trabalhadores espanhol(226), existe uma previsão específica sobre assédio moral e sexual, no art. 4º, § 2º, que institui como direito dos trabalhadores, dentre outros: "e) Ao respeito de sua intimidade e a devida consideração à sua dignidade, incluindo a proteção contra assédio em razão de origem racial ou étnica, religião ou convicções, deficiência, idade ou orientação sexual, e contra o assédio sexual e o assédio em razão de sexo".(227)

Também está prevista neste Estatuto a possibilidade de dispensa por justa causa (despedimento fundado em violação grave e culposa do trabalhador) daquele empregado que cometer assédio moral ou sexual contra o empregador ou demais pessoas que trabalham na empresa (art. 54, § 2º, alínea "g").

A Lei n. 36/2011(228), que institui regras da jurisdição social no Poder Judiciário espanhol, apresenta diversas regras sobre o tratamento do tema assédio moral e sexual no âmbito processual: em caso de discriminação ou assédio o magistrado pode solicitar pareceres de órgãos públicos competentes na matéria (art. 95); inversão do ônus da prova em caso de demonstração de possível discriminação ou assédio, ou em acidentes ou doenças do trabalho (art. 96); proteção da vítima nos atos do processo, com restrição de publicidade, participação da outra parte, etc. (art. 151); a possibilidade de medida cautelar para proteger a vítima de situação de risco iminente, com alteração de setor, suspensão de atividades laborais etc. (art. 180); possibilidade da vítima de assédio optar pela rescisão do contrato de trabalho em caso de nulidade do despedimento por motivo de assédio, com recebimento de todas as indenizações legais (art. 286); e o direito aos salários do período de afastamento em caso de nulidade do despedimento por motivo de assédio (art. 297).

Até mesmo o trabalhador autônomo, por meio da Lei n. 20/2007(229), é protegido contra discriminação e assédio, constando no art. 4º, § 3º, que são direitos individuais dos trabalhadores autônomos: "O respeito pela sua intimidade e a devida consideração

(226) ESPANHA. *Real Decreto Legislativo 2/2015, de 23 de octubre.* Ley del Estatuto de los Trabajadores. Boletín Oficial del Estado num. 255, de 24 de octubre de 2015. Disponível em: https://www.boe.es/buscar/act.php?id=BOE-A-2015-11430. Acesso em: 03 jan. 2024.

(227) Tradução nossa. No original: "e) Al respeto de su intimidad y a la consideración debida a su dignidad, comprendida la protección frente al acoso por razón de origen racial o étnico, religión o convicciones, discapacidad, edad u orientación sexual, y frente al acoso sexual y al acoso por razón de sexo".

(228) ESPANHA. *Ley 36/2011, de 10 de octubre.* Reguladora de la jurisdicción social. Boletín Oficial del Estado num. 245, de 11 de octubre de 2011. Disponível em: https://www.boe.es/buscar/act.php?id=BOE-A-2011-15936. Acesso em: 03 jan. 2024.

(229) ESPANHA. *Ley 20/2007, de 11 de julio.* Estatuto del trabajo autónomo. Boletín Oficial del Estado num. 166, de 12 de julio de 2007. Disponível em: https://www.boe.es/buscar/act.php?id=BOE-A-2007-13409. Acesso em: 03 jan. 2024.

pela sua dignidade, bem como proteção adequada contra o assédio sexual e o assédio em razão de sexo ou por qualquer outra circunstância ou condição pessoal ou social".(230)

No Código Penal espanhol(231) existem previsões específicas de crimes de assédio moral e assédio sexual, nos arts. 173 e 184.

O art. 173 assim tipifica: "Aquele que infligir tratamento degradante a outra pessoa, comprometendo gravemente a sua integridade moral, será punido com pena de prisão de seis meses a dois anos. [...] Na mesma pena será punido quem, no âmbito de qualquer relação laboral ou oficial e aproveitando a sua relação de superioridade, praticar contra outrem repetidamente atos hostis ou humilhantes que, sem constituírem tratamento degradante, impliquem assédio grave contra a vítima".(232)

Sobre o crime de "Assédio Sexual" no âmbito laboral, em seu art. 184, que traz a seguinte tipificação: "Aquele que solicitar favores de natureza sexual, para si ou para terceiro, no âmbito de uma relação de trabalho, de ensino, de prestação de serviços ou de relação análoga, contínua ou habitual, e com tal comportamento causar à vítima uma situação objetiva e gravemente intimidante, hostil ou humilhante, será punido, como autor do assédio sexual, com pena de prisão de seis a doze meses ou multa de dez a quinze meses e perda da habilitação para o exercício da profissão, cargo ou atividade de doze a quinze meses".(233)

3.7.5. Reino Unido

No Reino Unido existe o *Equalit Act*, aprovado em 2010(234), que dentre diversas normas sobre direito antidiscriminatório, também se destina a proibir condutas discriminatórias e assédio moral e sexual nas relações de trabalho.

---

(230) Tradução nossa. No original: "Al respeto de su intimidad y a la consideración debida a su dignidad, así como a una adecuada protección frente al acoso sexual y al acoso por razón de sexo o por cualquier otra circunstancia o condición personal o social".

(231) ESPANHA. *Ley Orgánica 10/1995, de 23 de noviembre.* Código Penal. Boletín Oficial del Estado num. 281, de 24 de mayo de 1996. Disponível em: https://www.boe.es/buscar/act.php?id=BOE-A-1995-25444. Acesso em: 03 jan. 2024.

(232) Tradução nossa. No original: "El que infligiera a otra persona un trato degradante, menoscabando gravemente su integridad moral, será castigado con la pena de prisión de seis meses a dos años. [...] Con la misma pena serán castigados los que, en el ámbito de cualquier relación laboral o funcionarial y prevaliéndose de su relación de superioridad, realicen contra otro de forma reiterada actos hostiles o humillantes que, sin llegar a constituir trato degradante, supongan grave acoso contra la víctima".

(233) Tradução nossa. No original: "El que solicitare favores de naturaleza sexual, para sí o para un tercero, en el ámbito de una relación laboral, docente, de prestación de servicios o análoga, continuada o habitual, y con tal comportamiento provocare a la víctima una situación objetiva y gravemente intimidatoria, hostil o humillante, será castigado, como autor de acoso sexual, con la pena de prisión de seis a doce meses o multa de diez a quince meses e inhabilitación especial para el ejercicio de la profesión, oficio o actividad de doce a quince meses".

(234) REINO UNIDO. *Equalit Act 2020, de 1º.10.2010.* Disponível em: https://www.legislation.gov.uk/ukpga/2010/15/contents. Acesso em: 06 jan. 2024.

Em seu art. 26, conceitua detalhadamente as espécies de assédio moral e sexual, enquanto que, posteriormente, traz diversas proibições, entre as quais se destacam: proibição de discriminação ao oferecer empregos, quanto a salários, promoções funcionais, transferência, treinamentos ou outros benefícios (art. 39); e em seu art. 40 proíbe aos empregadores a prática de assédio contra seus empregados e até mesmo os candidatos a uma vaga de emprego.

3.7.6. Argentina

A legislação argentina não prevê expressamente conceito ou formas de combate e prevenção ao assédio moral e sexual, porém alguns dispositivos legais permitem a conclusão da proibição desta prática, embasando condenações judiciais.

A Lei n. 20.744/1974[235], chamada de Lei do Contrato de Trabalho, prevê em seu art. 17 a proibição contra qualquer tipo de discriminação entre os trabalhadores. Em complemento, no art. 75, esta Lei prevê que o empregador tem o dever de segurança, aqui incluía a tutela da integridade psicofísica e a dignidade dos trabalhadores.

Por sua vez, a Lei n. 26.485/2009[236] se destina a prevenir, sancionar e erradicar a violência contra as mulheres, trazendo diversas disposições aplicáveis a diversos âmbitos sociais, inclusive nas relações de trabalho, vedando violência patrimonial pelo empregador, por diferença salarial (art. 5º, § 4º, alínea *"d"*); vedando discriminação no acesso ao emprego, promoções funcionais, exigência de exame de gravidez etc. (art. 6º, alínea *"c"*); atribuindo ao Ministério do Trabalho a criação de políticas públicas para proteção de mulheres no trabalho, em matérias como acesso ao trabalho, formação profissional, promoções funcionais, igualdade de remuneração, prevenção de assédio sexual, inclusão de mulheres que sofrem violência etc. (art. 11, § 6º).

Outra lei que embasa o direito à reparação civil em casos de assédio, utilizada pelos tribunais argentinos por analogia, é a Lei n. 23.592/1988[237], que em seu art. 1º prevê o direito de reparação moral e material em casos de atos discriminatórios, ou nulidade do ato realizado (como no caso da relação de emprego, eventual dispensa discriminatória).

(235) ARGENTINA. *Ley n. 20.744, de 27.09.1974.* Regimen de contrato de trabajo. Boletín nacional de 27.09.1974. Disponível em: https://www.argentina.gob.ar/normativa/nacional/ley-20744-25552/actualizacion. Acesso em: 06 jan. 2024.

(236) ARGENTINA. *Ley n. 26.485, de 11.03.2009.* Ley de proteccion integral a las mujeres. Boletín nacional de 14.04.2009. Disponível em: https://www.argentina.gob.ar/normativa/nacional/ley-26485-152155. Acesso em: 06 jan. 2024.

(237) ARGENTINA. Ley n. *23.592, de 03.08.1988.* Ejercicio de derechos y garantias constitucionales. Boletín nacional de 05.09.1988. Disponível em: https://www.argentina.gob.ar/normativa/nacional/ley-23592-20465. Acesso em: 06 jan. 2024.

No âmbito penal, existe a previsão do crime de abuso sexual, previsto no Código Penal argentino[(238)], em seu art. 119, que assim tipifica o crime: "Será punido com reclusão ou prisão de seis (6) meses a quatro (4) anos quem abusar sexualmente de uma pessoa quando esta tiver menos de treze (13) anos de idade ou quando houver violência, ameaça, abuso coercitivo ou intimidatório de uma relação de dependência, de autoridade, ou de poder, ou aproveitar-se de que a vítima, por qualquer motivo, não tenha podido consentir livremente a ação".[(239)]

Ou seja, dentro desta tipificação, entre outras situações, também está abrangido o abuso sexual por coerção ou intimidação oriunda de uma relação de dependência, autoridade ou poder, como pode ocorrer no âmbito laboral, seja por intimidação, seja por chantagem.

3.7.7. Uruguai

No Uruguai, o assédio moral e o assédio sexual são regulados de forma específica pela Lei n. 18.561/2009[(240)], que estabelece regras para prevenção de assédio sexual e outras formas de violência no âmbito laboral e também escolar, mas que também são aplicáveis analogicamente ao assédio moral.

O art. 2º desta lei traz o conceito de assédio sexual, afirmando que "Entende-se por assédio sexual qualquer comportamento de natureza sexual, praticado por pessoa de igual ou distinto sexo, que não seja desejado pela pessoa a quem se dirige e cuja rejeição provoque ou ameace causar prejuízo à sua situação laboral ou relação de ensino, ou que crie um ambiente de trabalho intimidante, hostil ou humilhante para quem o recebe".[(241)]

Esta Lei também prevê outras normas importantes para prevenir e combater o assédio laboral, como a responsabilidade do empregador por atos de seus prepostos, caso tenha tomado conhecimento da ocorrência e não tenha tomado medidas para corrigi-la (art. 4º); possibilidade de dispensa por justa causa do empregado que praticar o assédio (art. 4º); dever do Estado para implementar políticas públicas sobre o tema (art. 5º);

---

(238) ARGENTINA. *Ley n. 11.179, de 30.09.1921*. Codigo Penal. Boletín nacional de 03.11.1921. Disponível em: https://www.argentina.gob.ar/normativa/nacional/ley-11179-16546. Acesso em: 07 jan. 2024.

(239) Tradução nossa. No original: "Será reprimido con reclusión o prisión de seis (6) meses a cuatro (4) años el que abusare sexualmente de una persona cuando ésta fuera menor de trece (13) años o cuando mediare violencia, amenaza, abuso coactivo o intimidatorio de una relación de dependencia, de autoridad, o de poder, o aprovechándose de que la víctima por cualquier causa no haya podido consentir libremente la acción".

(240) URUGUAI. *Ley n. 18.561, de 11.09.2009*. Ley de acoso sexual. Prevencion y sancion en el ambito laboral y en las relaciones docente alumno. Publicação em 21.09.2009. Disponível em: https://www.impo.com.uy/bases/leyes/18561-2009. Acesso em: 07 jan. 2024.

(241) Tradução nossa. No original: Se entiende por acoso sexual todo comportamiento de naturaleza sexual, realizado por persona de igual o distinto sexo, no deseado por la persona a la que va dirigido y cuyo rechazo le produzca o amenace con producirle un perjuicio en su situación laboral o en su relación docente, o que cree un ambiente de trabajo intimidatorio, hostil o humillante para quien lo recibe".

dever do empregador de adotar medidas de prevenção, desincentivo e sanções sobre assédio sexual, proteger as vítimas denunciantes e das testemunhas durante e depois da investigação e comunicas e difundir a todos da empresa sua política institucional contrária ao assédio sexual no trabalho (art. 6º); possibilidade de denúncia pelo trabalhador à própria empresa ou à Inspeção do Trabalho, que fará a investigação por procedimento administrativo (arts. 7º a 9º); competência do sindicato para solicitar e acompanhar o procedimento administrativo de investigação (art. 10); direito à indenização civil, independente das penalidades administrativas e criminais (art. 11); presunção de que demissões ou sanções disciplinares nos 180 após a denúncia administrativa ou judicial (art. 12), entre outras regras e direitos previstos.

A regulamentação desta Lei se deu pelo Decreto n. 256/2017(242), que detalha muitas regras sobre a prevenção de assédio sexual nas relações de trabalho, valendo destacar apenas algumas para o presente estudo: obrigação de que os empregadores instituam protocolos para prevenção de assédio sexual no trabalho, com treinamentos e medidas periódicas de observação e avaliação do ambiente de trabalho (art. 3º); procedimentos para recebimento de denúncia e investigação, pela própria empresa ou pela Inspeção do Trabalho (arts. 8º ao 27).

Além disso, o Código Penal uruguaio(243) também criminaliza o assédio sexual, no seu art. 272-BIS, que dispõe: "Aquele que através de intimidação, pressão psicológica, abuso de poder, ameaça, força ou qualquer outra circunstância coerciva, praticar ato de natureza sexual sobre uma pessoa, do mesmo ou distinto sexo, será punido com pena de dois a doze anos de prisão".(244)

(242) URUGUAI. *Decreto n. 256, de 11.09.2017*. Regulamentacion de la Ley n. 18.561. Publicação em 20.09.2017. Disponível em: https://www.impo.com.uy/bases/decretos/256-2017. Acesso em: 07 jan. 2024.

(243) URUGUAI. *Ley n. 9.155, de 04.12.1933*. Código Penal. Publicação em 07.07.1934. Disponível em: https://www.impo.com.uy/bases/codigo-penal/9155-1933. Acesso em: 07 jan. 2024.

(244) Tradução nossa. No original: El que por medio de la intimidación, presión psicológica, abuso de poder, amenaza, fuerza o cualquier otra circunstancia coercitiva realice un acto de naturaleza sexual sobre una persona, del mismo o distinto sexo, será castigado con pena de dos a doce años de penitenciaría.

Capítulo 4

Aplicação Prática do *Compliance* para Prevenção de Assédio Moral e Sexual em Microempresas

As empresas devem ter uma conduta ativa na prevenção de assédio moral e sexual no trabalho, uma vez que as consequências anteriormente estudadas atingem toda a sociedade, de modo que Marie-France Hirigoyen assim explica sobre o comportamento da empresa na prevenção destas formas de assédio:

> De maneira nenhuma se poderá, com medidas de prevenção, alterar a vontade de fazer mal de um perverso narcisista, mas se poderá ao menos limitá-la nos seus aspectos mais temíveis. Se o grupo funciona de maneira sadia, os assalariados que apresentam tendência a seguir o grupo correrão menos o risco de perder o controle.[245]

E a prevenção de conflitos oriundos de assédio moral e assédio sexual interessa também especificamente às micro e pequenas empresas, pois, como visto, empregam cerca de 50% dos trabalhadores formais do Brasil, embora geralmente tenham uma estrutura menos eficiente de gestão e fiscalização de condutas de empregados, o que pode dar margem a estas formas de conflitos.

Como amplamente analisado, a implantação de um programa de *compliance* é uma medida que não abrange prevenção apenas de conflitos trabalhistas, sendo um conjunto de ferramentas e mecanismos voltados a prevenir conflitos internos e condutas tipificadas como ilícitas.

Além disso, ainda que a empresa não tenha implementado um programa de integridade, é também possível a realização de outras condutas voltadas à prevenção de assédio moral e sexual no ambiente de trabalho, servindo o estudo dos pilares e ferramentas do

(245) HIRIGOYEN, Marie-France. Trad. Rejane Janowitzer. *O mal-estar no trabalho:* redefinindo o assédio moral. 3. ed. Rio de Janeiro: Bertrand Brasil, 2006. p. 313.

compliance também para outras atividades, ainda que não implantado o programa da forma devida.

A própria empresa, mesmo sem a contratação de assessoria especializada na implementação de um programa de *compliance*, pode e deve sempre buscar melhorias no ambiente de trabalho, sempre a evitar conflitos, ilegalidades e, consequentemente, processos judiciais.

Como ressaltam Fábio Lopes Soares *et al*, sobre a implantação de um programa de integridade em pequenas e médias empresas:

> O importante é saber que não se espera que uma PME tenha, a princípio, um programa de integridade comparável ao de uma grande corporação, ou multinacional. A expectativa é que haja um sistema simples, mas que conte com políticas adequadas ao porte e risco da empresa, demonstrando a sua evolução em termos de sofisticação e cobertura.(246)

Por isso, o presente capítulo abordará na perspectiva prática como se dá a implementação de um programa de *compliance* em microempresas (o que também se aplica, de modo geral, às empresas de outros portes), que deve ser realizada por uma assessoria especializada, que pode analisar a realidade de cada empresa, suas particularidades e riscos potenciais, sendo útil nesta atividade de prevenção.

A implementação de um programa de *compliance* é uma importante forma de prevenção de conflitos decorrentes de assédio moral e assédio sexual nas microempresas, uma vez que a definição de regras claras e preestabelecidas, canais de denúncia e boa comunicação são fundamentais para a prevenção destes conflitos.

É importante destacar, novamente, que é essencial o empenho da administração da empresa, no caso da microempresa do próprio microempresário ou eventualmente algum gerente ou quem tenha cargo de superior hierárquico perante os demais empregados.

Notaremos nos itens a seguir que o *compliance* progride a partir de um ciclo, que deve se perpetuar acompanhando a evolução da própria empresa ao longo dos anos, pois sempre se estará diante de novos riscos, novas realidades de mercado, novas relações interpessoais e, por isso, a cada renovação deste ciclo, começando com a avaliação dos resultados do ciclo anterior e traçando um plano de ação para o próximo, o programa de integridade estará cada vez mais sólido.

---

(246) SOARES, Fábio Lopes *et al.* (Orgs.) *Compliance:* Fundamentos e reflexões para integridade nas empresas. Rio de Janeiro: Lumen Juris, 2021. p. 112.

Para sintetizar o ciclo das etapas que serão estudadas abaixo, apresentamos a seguinte figura:

Ciclo de monitoramento contínuo e periódico programa de *compliance*

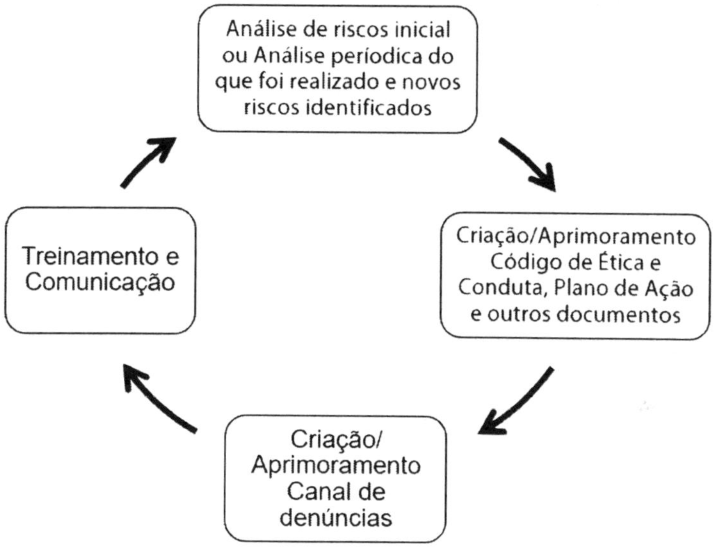

4.1. Análise de riscos

E assim, com empenho da administração da empresa inicia-se a implantação do programa de *compliance*, primeiramente realizando uma análise da realidade daquela empresa, as pessoas que com ela se relacionam e qual o papel cada uma tem e deverá assumir por conta do programa, de modo que cada detalhe deve importar, especialmente os potenciais riscos de condutas que possam violar normas legais.

Como explica André Luis Friaça Rodrigues *et al*:

> O desenho de um programa de *compliance* obrigatoriamente passa pela identificação dos principais riscos relacionados aos negócios, às leis e regulamentações necessárias, para que a partir de então possa definir, desenvolver os elementos de *compliance* relacionados àquele risco, tais como: políticas, treinamentos, comunicação, monitoramento, incentivos à disciplina e canal de denúncias, como parte do plano de mitigação. Desta forma, a avaliação de riscos é um dos elementos essenciais do programa de *compliance*.(247)

(247) RODRIGUES, André Luis Friaça *et al*. Gestão de riscos *(risk management)*: desafios e melhores práticas In: FRANCO, Isabel (Org.). *Guia prático de* compliance. Rio de Janeiro: Forense, 2020. p. 178.

Quando mencionamos a primeira etapa, que é a análise de riscos, verificamos também a importância da atuação de assessoria externa junto à microempresa, uma vez que os empresários e os empregados já estão inseridos naquele ambiente, tendo maior dificuldade para identificar riscos que podem e devem ser alterados.

Reflete José Saramago, "que é necessário sair da ilha para ver a ilha, que não nos vemos se não saímos de nós"(248), o que é um fundamento filosófico importante e que deve servir de base na identificação de riscos no âmbito da microempresa, já que o auxílio de profissionais especializados e de fora da estrutura da empresa é essencial para interpretar os indicadores e materiais levantados de forma imparcial, mas claro que também é importante o esforço da administração da empresa para um olhar também imparcial quanto aos problemas e riscos identificados.

Nesta análise inicial de riscos é necessário realizar entrevistas confidenciais com os sócios, empregados e prestadores de serviço autônomos ou terceirizados que se relacionam com a empresa, para uma compreensão detalhada da dinâmica das relações interpessoais no seu âmbito.

Do mesmo modo, para a realização desta análise inicial também devem ser utilizados todos os materiais disponíveis, como, por exemplo: documentos que demonstrem como é o fluxo de trabalho e a comunicação atualmente na empresa; documentos que demonstrem o processo de seleção e regras relativas à dispensa e punições; análise de processos judiciais anteriores; documentos como cartões de ponto, recibos de salário, contratos de trabalho; análise do software de comunicação e fluxo de mercadorias e ordens de serviço, entre outros.

4.1.1. Riscos a serem analisados

De início, no que diz respeito aos conflitos oriundos de assédio moral e sexual no trabalho, é necessário o estudo do relacionamento interpessoal de todos que lidam com aquela empresa, o que é essencial para identificar riscos quanto a conflitos no ambiente de trabalho.

A propósito, os riscos de conflitos por assédio devem ser identificados bem cedo, pois não são um conflito comum, pontual, mas vão se construindo em pequenas condutas no cotidiano, como brincadeiras de mau gosto, exclusão do empregado do grupo, entre outras condutas aparentemente inocentes e que, se somadas e desenvolvidas, podem levar a casos extremos de assédio moral e sexual.(249)

---

(248) SARAMAGO, José. *O conto da ilha desconhecida*. São Paulo: Companhia das Letras, 1998. p. 41.

(249) HIRIGOYEN, Marie-France. Trad. Rejane Janowitzer. *O mal-estar no trabalho:* redefinindo o assédio moral. 3. ed. Rio de Janeiro: Bertrand Brasil, 2006.

Sobre a dificuldade desta análise de riscos no âmbito das relações interpessoais assim considera Anaruez Mathies:

> O fato da relação de emprego envolver indivíduos, com aspirações e necessidades diferentes, dentro do mesmo ambiente organizacional, torna desafiadora a gestão de pessoas, pois nem todos os riscos poderão ser avaliados adequadamente. Apesar disso, é importante que a empresa defina os seus pontos críticos e faça o gerenciamento destes riscos, implantando medidas que tenham por objetivo eliminar ou reduzir os riscos e os impactos decorrentes do descumprimento das obrigações trabalhistas.(250)

São diversas pessoas que se relacionam no âmbito de uma empresa, ainda que virtualmente, tais como prestadores de serviço terceirizado, prestadores de serviço autônomos, fornecedores, clientes, e mesmo o relacionamento dentro da própria empresa, entre empregados ou destes com o empregador.

É necessário considerar também os riscos psicossociais do trabalho, conforme explica Anaruez Mathies:

> Segundo estudo realizado pela OIT, os riscos psicossociais podem ser relacionados aos seguintes fatores: (i) sobrecarga quantitativa, que ocorre quando há pressão para a realização de grande fluxo de trabalho em curto espaço de tempo; (ii) carga qualitativa insuficiente, ou seja trabalho mecânico que não demanda exercício da criatividade e com pouca possibilidade de interação social; (iii) conflito de funções, que acontece quando as atribuições e a hierarquia na empresa não são bem definidas; (iv) falta de controle sobre a situação, que ocorre quando o empregado não possui qualquer controle sobre as tarefas realizadas; (v) falta de apoio social, isto é, quando o empregado não recebe apoio do superior hierárquico ou dos colegas de trabalho; (vi) estressores físicos que são fatores que podem influenciar tanto física como quimicamente a saúde do trabalhador.(251)

Eventuais precedentes judiciais daquela empresa também podem servir como um norte para identificar riscos de condenações futuras. Porém, mesmo sem precedentes, talvez o empresário até já tenha ciência de algum conflito interpessoal quando deste estudo de riscos, e justamente esta informação deve ser considerada para evitar aprofundamento ou desdobramentos deste conflito em problemas mais sérios, como situações de assédio moral ou sexual, ou até mesmo agressões físicas.

---

(250) MATHIES, Anaruez. *Assédio moral e* compliance *na relação de emprego:* dos danos e dos custos e instrumentos de prevenção. Curitiba: Juruá, 2018. p. 167.

(251) *Ibidem*, p. 168.

Considerando também que deve haver muito empenho por parte da administração da empresa, até mesmo os sócios e gerentes devem ter sua conduta avaliada, pois seu empenho deve ser também de modificar alguns procedimentos e condutas. Não é rara a situação onde o próprio empregador reconhece que envia mensagens de trabalho fora do horário de expediente, ou que pede favores durante o intervalo intrajornada ou durante as férias, ou ainda certa rigidez no trato dos empregados, ou seja, condutas simples, que para ele aparentam ser inofensivas, mas que podem gerar demandas judiciais discutindo horas extras, pagamento dobrado das férias e assédio moral.

Outro risco que deve ser avaliado diz respeito à forma em que são fixadas e pagas bonificações ou prêmios, ou mesmo efetivadas promoções funcionais, pois a ausência de critérios objetivos pode gerar conflitos na medida em que pode criar insatisfações ou sentimento de injustiça, por exemplo, com uma promoção de alguém com menos tempo de empresa ou então recebimento de bonificação maior por alguém que, aparentemente, teve a mesma produtividade.

E apenas com a avaliação destas e de outras possibilidades é possível delinear um plano de ação para prevenção de assédio moral e sexual, mitigação de conflitos entre empregados ou entre estes e prestadores de serviço, clientes e fornecedores, considerando como se dão as relações atualmente e como poderiam ser, de acordo com aquela estrutura empresarial.

Devem ser considerados também outros riscos relativos ao descumprimento da legislação trabalhista, pois ainda que indiretamente, tais descumprimentos podem gerar um clima organizacional negativo e ocasionar conflitos interpessoais que podem configurar até mesmo situações de assédio.

Por isso, um dos riscos que deve ser analisado é o risco de demandas judiciais, averiguando-se todas as práticas no âmbito da empresa em relação ao cumprimento da legislação trabalhista (Leis e outras normas, como as normas regulamentadoras do Ministério do Trabalho ou normas coletivas), que devem ser identificados pela assessoria jurídica e devidamente dimensionados.

Esta análise busca identificar riscos de violações de direitos desde o momento da contratação até a forma da rescisão, situações que devem estar de acordo com as regras legais e respeitar os direitos fundamentais do empregado.

E durante o contrato de trabalho todo o procedimento de gestão de pessoas deve ser estudado, uma vez que, sendo a relação de emprego um pacto de trato sucessivo, cotidianamente são realizadas atividades relacionadas aos contratos de emprego ou prestadores de serviço. Isso é relevante na medida em que muitas vezes a empresa segue procedimentos por meses ou anos sem se questionar sobre a licitude ou correção dos mesmos, o que deve ser sempre reavaliado para redução de riscos de demandas trabalhistas.

Ao longo do contrato de trabalho existem direitos que oscilam de acordo com a realidade, como, por exemplo, adicionais relativos à jornada (horas extras, adicional noturno etc.) ou às condições de trabalho (periculosidade, insalubridade etc.), que não incorporam definitivamente no salário do empregado, podendo ser retirados assim que cessada a condição que o originou.

Destes detalhes surge também a necessidade de estudar como é feita a discriminação de valores nos recibos de salário, uma vez que é pacífico na jurisprudência (Súmula n. 90 do TST) ser vedado o salário "complessivo", que é a situação onde a empresa paga todas as verbas como salário, sem discriminá-las em rubricas no recibo de salário, tendo como consequência a consideração do valor total como salário básico e o pagamento de todos os outros direitos sobre este.

Também a análise do cumprimento de normas regulamentadoras e outras normas administrativas é importante para que a empresa evite fiscalizações e multas, além da prevenção de acidentes e doenças ocupacionais. Claro que é necessário apoio técnico para identificação de riscos relacionados a este tema, para que sejam cumpridas estas normas, já que, em regra, nem o empresário, nem o advogado que lhe presta assessoria, são técnicos ou engenheiros do trabalho.

Por fim, mas obviamente sem esgotar as possibilidades, nos parece importante também considerar os riscos do teletrabalho, se for o caso, no âmbito da empresa que está implantando o programa do *compliance*, pois mesmo sendo um empregado como qualquer outro, sabemos das peculiaridades desta condição de teletrabalhador.

O teletrabalho apresenta algumas situações de risco acentuado, especialmente para a saúde física e mental, pois o trabalho em seu próprio domicílio pode gerar problemas quanto à ergonomia, confusão entre tempo de trabalho e lazer, ausência de relacionamentos profissionais diretos, de modo que, além dos riscos de acidentes e doenças do trabalho, eventual estresse e esgotamento profissional, também existem riscos quanto a situações de assédio, principalmente moral, pela dificuldade de comunicação e fiscalização dos relacionamentos interpessoais pelo empregador.

A comunicação virtual pode criar barreiras na detecção de assédio e comportamentos inadequados, ou levar a mal-entendidos e à falta de clareza nas interações, o que poderia ser explorado por indivíduos mal-intencionados para praticar assédio de maneira mais sutil e difícil de rastrear. Além disso, o isolamento do ambiente doméstico pode aumentar a vulnerabilidade das vítimas de assédio.

A distância física entre empregados e gestores pode dificultar a comunicação de incidentes de assédio. As vítimas podem se sentir relutantes em denunciar agressões pelo medo de retaliação ou incerteza sobre como proceder neste ambiente virtual.

Esta natureza remota do teletrabalho pode exigir que os empregados compartilhem informações pessoais e, às vezes, até mesmo o ambiente de suas residências durante videoconferências. Isso pode criar desconforto e preocupações com a privacidade, abrindo espaço para situações de assédio ou discriminação baseadas em características pessoais.

O teletrabalho pode resultar em dificuldades na separação entre trabalho e vida pessoal. A pressão para estar sempre disponível, combinada com a falta de limites claros entre os espaços de trabalho e pessoal, pode levar a um aumento no estresse e na insatisfação dos empregados, criando um ambiente propício para conflitos e comportamentos inadequados.

Um grande desafio no ambiente de trabalho remoto é garantir que todos os empregados compreendam as políticas de prevenção de assédio e os procedimentos para relatar incidentes, e do mesmo modo a falta de interações presenciais pode dificultar a realização de treinamentos e comunicação de informações necessárias.

Portanto, ao conduzir uma análise de riscos inicial em um programa de *compliance* trabalhista e prevenção de assédio no contexto do teletrabalho, é vital considerar esses riscos específicos. Isso permitirá a implementação de políticas, treinamentos e procedimentos que sejam adaptados às peculiaridades do teletrabalho, protegendo os empregados de situações de assédio e garantindo um ambiente de trabalho respeitoso, seguro e em conformidade com a legislação vigente.

4.1.2. Como agir diante dos riscos?

Diante dos riscos identificados e mapeados, a empresa devidamente assessorada nesta fase de implantação de um programa de *compliance*, deverá estipular um plano de ação com estratégias e medidas concretas para evitar que os riscos, naturalmente abstratos, se tornem problemas concretos, como veremos nos próximos itens desta obra.

Para Anaruez Mathies, o risco pode ser tratado a partir de alguns caminhos:

> As principais estratégias para o gerenciamento dos riscos são: (i) *aceitar o risco*, caso em que a empresa não adota nenhuma medida e lida com suas consequências, pois, qualquer que seja a ação tomada, não há eliminação ou redução das consequências do evento danoso; (ii) *eliminar o risco*, isto é, eliminar a fonte do risco; (iii) *controlar, ou mitigar, o risco*, ou seja, adotar medidas que reduzam a ocorrência dos danos, caso em que a tomada de decisão é baseada na relação custo/benefício para a empresa; (iv) *transferir o risco*, isto, deslocar para terceiro os riscos decorrentes da atividade, como por exemplo, a contratação de seguro.[252]

(252) MATHIES, Anaruez. *Assédio moral e* compliance *na relação de emprego:* dos danos e dos custos e instrumentos de prevenção. Curitiba: Juruá, 2018. p. 163. Grifo no original.

Os riscos devem ser mapeados e classificados para se definir a forma de seu enfrentamento, a partir desta possibilidade acima mencionadas. Porém, em relação aos riscos de assédio moral, assédio sexual e discriminação sempre se mostra mais adequado o enfrentamento dos riscos, com a tentativa de sua mitigação, observando-se o custo/benefício à empresa já que, aceitando os riscos sem qualquer medida de enfrentamento, as consequências poderão ser danosas aos empregados, à sociedade em geral e à própria empresa, como estudamos oportunamente no item 2.7.

Claro que não é possível a eliminação de todos os riscos trabalhistas para a empresa, mas a análise constante dos riscos no programa de *compliance*, por meio de um mapa de riscos e enfrentados com um plano de ação e um código de ética e conduta, busca atenuar os principais riscos identificados de acordo com as prioridades definidas pela empresa.(253)

Em suma, todos os aspectos tratados no item precedente devem ser observados conforme as peculiaridades e necessidades da empresa que está passando por este processo de avaliação e implantação do programa de *compliance*, já que não há regras preestabelecidas na identificação de riscos, que podem surgir, talvez, de onde menos se espera, após as avaliações, que devem ser bastante abrangentes, portanto.

Para auxiliar o leitor nesta tarefa inicial e bastante desafiadora, a presente obra apresenta no anexo I um roteiro, não taxativo, para auxiliar implementação de um programa de *compliance* trabalhista em microempresas, bem como no anexo III um roteiro genérico que pode servir apenas como um norte nesta etapa inicial de avaliação de riscos, sendo ajustado de acordo com a realidade da empresa, características de trabalho do profissional que está prestando a assessoria jurídica e as pretensões do programa de *compliance*.

4.2. Código de ética e conduta e plano de ação

A segunda etapa, de criação de um código de ética e conduta, também passa por uma atuação especializada, que a partir da análise de riscos vai elaborar medidas personalizadas àquela microempresa, e acompanhar suas atividades com sua visão externa e, de certa forma, imparcial.

Outros documentos podem ser elaborados paralelamente ao código de ética e conduta, tais como plano de ação, plano de treinamento, política de advertências, política de metas e objetivos, regulamento empresarial, entre outros, de acordo com a finalidade definida a partir da análise de riscos e da realidade da empresa.

O código de ética e conduta não deve ser padronizado e engessado, pois deve

---

(253) MARCONI, Aline Del Tedesco Nassif. Compliance *trabalhista:* como assegurar conformidade nas relações de trabalho. São Paulo: Saint Paul Editora, 2021.

ser elaborado a partir dos problemas e riscos jurídicos identificados no âmbito daquela microempresa. Nesta obra trazemos no anexo II um modelo genérico e hipotético de código de ética e conduta para um programa de *compliance* trabalhista que pode ser implantado em uma microempresa, mas naturalmente que este modelo deve ser ampla e detalhadamente ajustado de acordo com a realidade da empresa e do resultado das avaliações iniciais, além de ser rotineiramente reavaliado e aprimorado no decorrer do programa de *compliance*.

Ou seja, deve ser colocado no papel justamente o que se pretende criar no âmbito daquela empresa, e quais os meios de efetividades destas regras preestabelecidas, tudo isso sintetizado detalhadamente em um plano de ação.

Por isso, entre tantos temas, é necessária uma especial atenção às características das microempresas, especialmente aquelas identificadas no item 1.3, relacionado a riscos potenciais de conflitos de assédio moral e sexual no trabalho, quais sejam: a dificuldade de comunicação democrática, falta de profissionalização da gestão e do fluxo de trabalho, fixação de metas inalcançáveis e cobranças excessivas, falta de critérios na realização de promoção funcional, prêmios e bonificações ou até mesmo punições disciplinares e também ausência de treinamento e apoio profissional externo.

Claro que diversos outros problemas devem ser identificados, a partir de uma ampla pesquisa de como ocorrem as relações interpessoais naquela empresa, nos documentos, no fluxo de trabalho, por meio de entrevistas com empregados e os sócios e, talvez, clientes e fornecedores, tudo para definir ações específicas no âmbito daquela microempresa.

Por isso mesmo, o código de ética e conduta e o plano de ação são os próximos passos, devendo ser elaborados a partir dos problemas e riscos identificados na própria empresa, e não seguindo rigidamente modelos preestabelecidos, se não para um norte em sua estruturação.

Sobre a estrutura do código de ética e conduta, assim elucida a autora Anaruez Mathies:

> Desse modo, o Código de Conduta deve definir os valores, os princípios éticos e a filosofia da empresa, bem como a vedação a práticas irregulares e/ou ilícitas e as respectivas medidas disciplinares em caso de descumprimento.
>
> [...]
>
> Além de refletir a cultura da empresa, por meio dos valores e princípios, a utilização desse instrumento deve mencionar também a observância aos direitos humanos e a proteção do meio ambiente de trabalho.(254)

---

(254) MATHIES, Anaruez. *Assédio moral e* compliance *na relação de emprego:* dos danos e dos custos e instrumentos de prevenção. Curitiba: Juruá, 2018. p. 150.

Na elaboração do código de ética e conduta a mesma autora afirma que devem ser seguidos alguns princípios para que este documento tenha efetividade:

> Os princípios que devem nortear a elaboração do Código de Conduta são o compromisso da empresa de adoção, integração e disseminação do Código de Conduta; a capacidade de fazê-lo ser cumprido; a publicidade acerca da existência do código a todos que se relacionam com a empresa, interna ou externamente; a acessibilidade do Código de Conduta a todos; precisão e clareza das informações nele contidas; a responsabilidade e obrigatoriedade de prestação de contas pelas ações realizadas no âmbito do *compliance*.
>
> [...]
>
> Portanto para que o Código de Conduta seja efetivo e deixe de ser documento de mera intenção é necessário que entre outras características tenha diretrizes justificadas e que estejam sujeitas a constante revisão, e além disso tem linguagem de fácil compreensão de forma atingir todos os parceiros da empresa.(255)

Nos parece indispensável a criação de um plano de ação, a partir da análise de risco e entrevistas, para que se possa delinear todo o fluxo de trabalho da empresa com as alterações que serão implementadas e consolidadas, não somente sobre problemas já ocorridos, mas também sobre os riscos identificados.

Em suma, o código de ética e conduta deve ser um norteador de conduta, definidor de papéis e responsabilidades, padrão de relações interpessoais, política de dados pessoais, política de metas, de bonificações, de sanções disciplinares e também intolerância a discriminações e assédio moral e sexual, entre outras regras que se mostrarem relevantes naquela realidade.

Por sua vez, o plano de ação, que é estritamente relacionado ao código de ética, define de forma detalhada as mudanças que se pretende realizar no âmbito empresarial, para buscar a concretização dos objetivos do código de ética e conduta, tanto por meio dos treinamentos e comunicação, como por mudanças a serem implementadas nas rotinas e fluxo de trabalho, ou seja, prevenir os riscos identificados inicialmente.

4.3. Canal de denúncia e investigação

Importante também ser tratado no código de ética e conduta os canais de denúncia ou qualquer sistema semelhante que permita a comunicação franca e segura sobre potenciais conflitos ocorridos, como ofensas, ameaças e assédio moral ou sexual, e que

(255) MATHIES, Anaruez. *Assédio moral e* compliance *na relação de emprego:* dos danos e dos custos e instrumentos de prevenção. Curitiba: Juruá, 2018. p. 151.

garanta o sigilo da denúncia, ou até mesmo o anonimato, no caso de a denúncia ser contra o próprio microempresário ou alguém relacionado ao controle do programa de *compliance* ou ao tratamento das denúncias.

Em microempresas o próprio sócio ou algum gerente pode receber as denúncias, mas com os mesmos cuidados mencionados, para evitar que um problema gere outro a partir do vazamento da denúncia, e nos casos de denúncia anônima, por ser tema delicado ou contra o próprio empresário, ainda assim tal conteúdo deve ser considerado como uma reflexão e autocrítica para evitar o aprofundamento do conflito denunciado.

A doutrina de Selma Carloto esclarece que sempre os canais de denúncia geram receio e insegurança dos trabalhadores logo que são implementados, por medo de retaliações ou ausência de sigilo, porém "com o tempo e constatando a própria integridade, independência e transparência do programa, por meio de respostas positivas às denúncias, sentem-se mais seguros e aumenta a utilização desses mecanismos na empresa".[256]

O canal de denúncia pode ser concretizado de várias formas, por telefone, *e-mail*, pessoalmente, ou até mesmo por redes sociais, pois as denúncias poder ser realizadas por terceiros que se relacionam com a empresa, como trabalhadores terceirizados, clientes e fornecedores, devendo haver um filtro para verificar o que é de interesse do programa de *compliance*, por contrariar as normas do código de ética e conduta, ou meras informações, sugestões e reclamações, que até podem ser relevantes, mas não consideradas denúncia no sentido aqui tratado.

Entre várias possibilidades, uma sugestão por parte de Selma Carloto, quanto à implementação de um canal de denúncia em microempresas seria:

> "Inicialmente, a empresa pode implementar, como um primeiro canal de denúncia, uma "caixinha" de sugestões, ou uma urna com um cadeado, com acesso apenas da área ou empresa de *compliance*, principalmente quando falamos de empresas menores".[257]

A apuração das denúncias deve seguir alguns passos, de acordo com a previsão do código de ética e conduta e da realidade daquela microempresa. Inicialmente deve ser recebida a denúncia e verificada a sua verossimilhança, inclusive se tal conflito já é de conhecimento da empresa ou, ao menos, esperado dentro de sua realidade, além de considerar os precedentes profissionais dos envolvidos no conflito. Em seguida é necessária a investigação, com entrevistas individuais, análise de documentos, imagens de câmeras, entre outros detalhes que possam agregar informações ao relatório.

---

(256) CARLOTO, Selma. Compliance *trabalhista*. 2. ed. São Paulo: LTr, 2020. p. 60.

(257) *Ibidem*, p. 70.

A partir desta investigação se poderá concluir o relatório da denúncia e, por fim, definir quais as medidas que deverão ser adotadas. Poderão ser aplicadas as penalidades previstas em lei e no código de ética e conduta, como advertências, suspensão do empregado ou dispensa por justa causa, ou até mesmo outras possibilidades alternativas de solução do conflito, como a transferência de um ou mais empregados envolvidos no conflito para outro setor, quando a microempresa demonstrar essa possibilidade.

As punições devem ser proporcionais e dentro da previsão do código de ética e conduta ou da política de advertências, para evitar efeitos negativos entre os próprios empregados.

Um exemplo concreto mencionado por Alexandre Serpa, Reynaldo Dobrovolsky Molina de Vasconcellos e Roberta Guasti Porto se deu em uma situação onde dois empregados publicaram em uma rede social uma prática de assédio cometida por um superior hierárquico, mas erraram ao não realizar a denúncia interna no canal específico e também ao expor assuntos internos, o que era proibido pelas normas.(258)

No caso, após a investigação o assédio foi comprovado na investigação interna, mas foi objeto de dúvida se poderia haver a mesma punição para ambos, com a dispensa por justa causa, mas a solução encontrada pelo profissional responsável pelo programa de *compliance* foi no sentido de punição proporcional para os empregados, sendo o assediador dispensado por justa causa e suspensão aos dois que expuseram o problema em redes sociais e não denunciaram internamente.

E concluem com sua análise afirmando:

> Fundamentou essa decisão o fato de que a medida deveria ser proporcional ao desvio — se o próprio assédio ensejaria a demissão, o relato, mesmo que de forma indevida não poderia ensejar a mesma penalidade do assediador — bem como o fato de que a hipótese de demissão deles poderia dar aos outros colegas a impressão de que a empresa punia quem reclamava ou expunha os problemas reais, o que deveras seria prejudicial para o programa de *compliance* da organização.(259)

Além de tais medidas no âmbito individual, um procedimento investigatório deve resultar também de mudanças no âmbito da empresa, que a partir daquela solução do conflito deve criar maneiras de prevenção de casos semelhantes, talvez com alterações do código de ética e conduta, mudanças no plano de treinamento e comunicação, mudança no fluxo de trabalho, entre outras que se mostrarem viáveis.

---

(258) SERPA, Alexandre; VASCONCELLOS, Reynaldo Dobrovolsky Molina de; PORTO, Roberta Guasti. *Compliance* e gestão de medidas disciplinares. In: FRANCO, Isabel (Org.). *Guia prático de* compliance. Rio de Janeiro: Forense, 2020.

(259) *Ibidem*, p. 324-325.

4.4. Treinamentos e comunicação

Juntamente ao código de ética e conduta e ao plano de ação podem ser criados outros documentos, a exemplo de plano de treinamento e comunicação, com estrita relação com àqueles, onde são planejados os treinamentos e outras atividades com base nos objetivos do código de ética e conduta e para que este seja divulgado e compreendido.

Por isso, a próxima etapa é a realização de treinamentos, para colocar em prática o planejamento realizado anteriormente, visando a implantação de uma nova cultura ética empresarial, além de comunicação sobre cada detalhe do programa de *compliance*, especialmente do código de ética e conduta e do plano de ação elaborados.

Todos devem participar do treinamento, tanto o microempresário como seus empregados, pois todos têm que compartilhar dos mesmos objetivos delineados no programa de integridade, que devem fazer parte do seu cotidiano.

Na microempresa nem sempre é possível ampliar o treinamento a fornecedores, clientes e outros atores que se relacionam à microempresa, seja por conta da grande variação, seja por conta dos custos, mas a comunicação pode se dar de outras formas, como mencionamos mais adiante.

O treinamento deve ser gradativo, pois a assimilação de tantas informações não é imediata, priorizando as questões mais urgentes para, com o passar do tempo, apresentar-se questões menos urgentes, mas não menos importantes, porém sempre no intuito de transmitir todo o conteúdo programado para o treinamento, mostrando os benefícios que todos terão com essa nova realidade que advém do programa de *compliance*.

Sobre o passo a passo do treinamento e da comunicação no programa de *compliance*, Bruna Ajeje *et al* explicam que deve haver criatividade para a transmissão das informações a todos os empregados e demais pessoas que se relacionam com a empresa e, primeiramente, deve ser criada uma identidade visual também para melhor assimilação, e a partir disso devem ser realizados informativos direcionados a todos, bem como os treinamentos propriamente ditos, para todos os setores internos e todos os atores externos que se relacionam com a empresa.[260]

E complementam, defendendo que:

> O ideal é que o treinamento seja preenchido com exemplos práticos e atuais para que o funcionário ou fornecedor consigam visualizar o conteúdo disposto na política.
>
> Além disso, por que não inserir a identidade visual no treinamento e incluir vídeos que estejam no dia a dia do público-alvo? Cenas de filmes e novelas,

(260) AJEJE, Bruna, *et al.* Comunicação e treinamento: melhores práticas. In: FRANCO, Isabel (Org.). *Guia prático de* compliance. Rio de Janeiro: Forense, 2020.

> desenhos e quadrinhos são muito eficientes no sentido de prender a atenção dos espectadores, pois fazem que eles se interessem mais pelo assunto e, consequentemente, assimilem melhor o conteúdo, possibilitando ter os mais variados tipos de receptores aptos a identificar situações de atenção (*red flags*) em qualquer organismo da instituição.[261]

No âmbito de microempresas, onde geralmente existem poucos setores, ou então sequer há divisão em setores, o treinamento pode acabar sendo feito conjuntamente com todos os empregados, o que reduz custos e uniformiza o treinamento, especialmente tratando-se de assédio moral e sexual ou discriminação, onde todos devem estar alinhados com a política de tolerância zero da empresa para estas condutas.

E o conteúdo deve se referir a todo o conteúdo do código de ética e conduta, na busca por uma nova — ou aprimoramento da atual — cultura empresarial, assim como todos os objetivos fixados no plano de ação, bem como outros temas que possam ser relevantes para prevenção de conflitos que se objetiva, dentro das diversas áreas, como a jurídica, técnica, gestão e fluxo de trabalho, e mesmo psicológica, sobre relações interpessoais.

Vale observar, ainda, que a comunicação, especialmente de prevenção de conflitos relativos a assédio moral e sexual, não se dá apenas por meio de cursos e palestras, mas também por diversas medidas de conscientização, como cartazes, placas, informativos, redes sociais, e-mails, mensagens, e o exemplo do próprio empregador.

A partir do que se pretende comunicar e para qual o público, é que se deve planejar o treinamento, que não pode ser exaustivo ou criar resistência, como explica Fábio Lopes Soares *et al*:

> A partir dos objetivos claros, apesar de o tema *compliance* ser denso, é preciso debruçar-se na estratégia criativa, justamente para tornar o tema mais "palatável" para os diferentes públicos-alvo da empresa. Os treinamentos e as ações de esclarecimento do "o que é *compliance*" não precisam ser complexos, nem tão sisudos. Há vários exemplos no mercado de atividades que levam o tema ao público de forma divertida, sem perder a seriedade que o tema exige, nem a sua importância para a organização.[262]

Além disso, o programa de *compliance* não termina após o treinamento planejado, pois a partir de então deve começar um novo ciclo. Ou seja, novamente será realizada

(261) AJEJE, Bruna, *et al.* Comunicação e treinamento: melhores práticas. In: FRANCO, Isabel (Org.). *Guia prático de* compliance. Rio de Janeiro: Forense, 2020. p. 354.

(262) SOARES, Fábio Lopes (Org.) *et al. Compliance:* Fundamentos e reflexões para integridade nas empresas. Rio de Janeiro: Lumen Juris, 2021. p. 78.

uma análise da realidade da empresa, se os objetivos do planejamento foram alcançados, e onde é necessário algum ajuste.

Claro que nesta nova análise empresarial não devemos nos ater apenas aos riscos anteriormente identificados, mas também identificar novas situações que podem ser agregadas nessa fase de aprimoramento da prevenção de riscos nas microempresas.

Fábio Lopes Soares *et al* explicam que deve ser realizado monitoramento periódico nos materiais levantados e avaliação contínua de riscos, bem como certificar-se que todas as consequências do programa de ética e conformidade estão sendo claras, punições em caso de violações e reforço positivo para comportamentos adequados, sendo gerados relatórios que ao longo do tempo vão demonstrar a evolução da empresa nestas práticas de prevenção de conflitos.[263]

Por isso, o programa de *compliance*, após ser implantado, deverá ser permanente, acompanhando a evolução da microempresa, suas inovações e novos problemas que surjam em seu mercado, sua rotina de trabalho e suas relações interpessoais. Para isso, é uma possibilidade importante a aplicação de questionários alguns meses depois do treinamento para aferir quais temas foram mais assimilados e quais foram menos, pois a partir destas respostas se poderá delinear novos planos para próximos treinamentos.

E acrescentamos, por fim, que devem ser elaborados relatórios sobre o programa de *compliance* para registrar as responsabilidades quanto ao já realizado e o que falta realizar, ao mesmo tempo em que servirão, no futuro, para observar a evolução do programa e da realidade da empresa. Este relatório pode até ser compartilhado, respeitando-se a proteção de dados prevista na LGPD, com fornecedores, clientes e investidores, para demonstrar o compromisso da empresa com a ética e o cumprimento das leis.

(263) SOARES, Fábio Lopes (Org.) *et al. Compliance:* Fundamentos e reflexões para integridade nas empresas. Rio de Janeiro: Lumen Juris, 2021.

Capítulo 5

Outras Formas de Prevenção de Assédio Moral e Sexual em Microempresas

Além do *compliance* trabalhista, que nem sempre pode ser a preferência da microempresa ou uma saída dentro de seu orçamento, identificam-se também outras formas de prevenção de conflitos decorrentes de assédio moral e sexual no ambiente de trabalho, a partir de suas características e deficiências de gestão, mencionadas anteriormente.

No item 2.6 foram analisadas as possíveis causas de assédio moral e sexual nas relações de trabalho, assim como foram estudadas, no item 1.2 e 1.3, a realidade e as características das microempresas no Brasil e da prevenção de conflitos em seu âmbito, considerando que sua gestão nem sempre se dá de forma especializada, o que acaba gerando falhas na comunicação, desorganização no fluxo de trabalho, fixação de metas inalcançáveis e cobranças excessivas, falta de critérios na realização de promoção funcional, prêmios, bonificações ou mesmo punições disciplinares e também ausência de treinamento e apoio profissional externo.

Tais problemas que ocorrem em microempresas acabam gerando ou não impedindo situações de violência psicológica e, mais acentuadamente, assédio moral e sexual, o que gera todas as consequências que também foram analisadas anteriormente.

E, assim, além da implantação de um programa de *compliance*, que é uma importante medida para a prevenção de assédio moral e sexual em microempresas, o presente livro passa a sugerir, neste capítulo, outras ferramentas para prevenção destes conflitos, que buscam atingir preventivamente as causas de assédio moral e sexual identificadas ao longo da obra.

Deixamos, a seguir, um quadro que sintetiza os principais pontos que serão aprofundados sobre cada uma destas ferramentas para prevenção de assédio moral e sexual no trabalho:

OUTRAS FERRAMENTAS DE PREVENÇÃO DE ASSÉDIO

- Comunicação e liberdade de expressão
  - Empresa deve deixar clara a intolerância ao assédio e discriminação
  - Empregados confortáveis para críticas e sugestões
  - Dialogar com empregados
  - Denúncias anônimas
- Profissionalização do fluxo de trabalho
  - Ordens desencontradas e gestão por improviso causam estresse
  - Empresa deve: delimitar funções e tarefas de cada um; deixar claro diretrizes sobre hierarquia, e usar ferramentas ou sistemas auxiliares ao trabalho
- Evitar metas inalcançáveis e cobranças excessivas
  - Metas arbitrárias e cobranças injustas/agressivas geram conflitos
  - Direta ou indiretamente os empregados ficam com medo
  - Competitividade exagerada também gera conflitos e estresse
  - Metas devem ser claras e cobradas com razoabilidade e incentivando o trabalho em equipe
  - Devem criar cultura de cooperação
- Promoções, prêmios e punições com critérios claros
  - Também devem ser claros, para evitar excessiva competição
  - Empresa deve evitar injustiças ao promover ou premiar, pois não incentiva o esforço da equipe
  - Até mesmo penalidades devem ser justas conforme o caso
- Treinamentos e apoio profissional
  - Treinamentos devem ser habituais
  - Comunicação deve ser contínua
  - Apoio profissional multidisciplinar é importante

5.1. Comunicação e liberdade de expressão

No âmbito de uma microempresa, por existirem poucos empregados, é possível afirmar que a comunicação pode ser facilitada perto de grandes organizações, que se dividem em setores e hierarquias diversas. Pode ser uma vantagem, portanto, a proximidade entre os empregados e entre estes e o microempresário.

Por outro lado, podem ocorrer dificuldades se a comunicação for impositiva, arbitrária, ou dificultada de qualquer forma, o que depende da conduta do empregador ou de superiores hierárquicos na medida em que a empresa passa a ter mais empregados.

Deste modo, tal proximidade deve ser bem aproveitada com o uso de uma comunicação franca e que permita a livre expressão pelos empregados, para que se sintam confortáveis a trazer críticas e sugestões sobre as atividades da empresa, sobre a organização, sobre o ambiente de trabalho, tudo para o crescimento da própria empresa.(264)

Por sua vez, o microempreendedor precisa sempre deixar claro, ainda que implicitamente, que não admite naquela empresa práticas discriminatórias de qualquer forma e, consequentemente, assédio moral e sexual, pois "em organizações onde os assediadores sabem que não serão punidos devido à falta de políticas para coibir, prevenir e punir o assédio, esta prática tende a se elevar cada vez mais em frequência e intensidade".(265)

Esse diálogo aberto e franco pode deixar os empregados mais confortáveis a denunciar situações ofensivas, por se sentirem seguros em fazer parte da empresa, prevendo que o empregador vai protegê-los, e não apoiar o ofensor injustamente, prevenindo, assim, diversas situações de violência psicológica, inclusive assédio sexual e assédio moral.

Também nesse sentido, um trabalho científico, elaborado por Janine Kieling Monteiro *et al*, que realizou entrevistas com servidores públicos conseguiu constatar que diversos dos entrevistados afirmaram que o diálogo é bastante relevante no ambiente de trabalho e que, a partir dele, conflitos são evitados e que todos os trabalhadores acabam trabalhando mais empenhados e sendo mais produtivos.(266)

Claro que isso deve ser, de fato, praticado no âmbito da empresa, que propicia segurança aos empregados quanto a esta comunicação, e não apenas uma promessa descumprida, pois, como explica Marie-France Hirigoyen:

> [...] os assalariados em geral se queixam da falta de diálogo. Dizem-lhes que têm liberdade de falar, colocar questões, mas quando ousam por isso em prática são ignorados, assim como seus argumentos. Não lhes é possível se expressar sem correr o risco de ver suas palavras deturpadas e utilizadas contra eles. Muitos dizem desconfiar de uma comunicação de uma única: "Eu faço qualquer coisa para não me aborrecer e não ter que falar do que estou fazendo".(267)

---

(264) MONTEIRO, Janine Kieling *et al*. Prevenção do assédio moral no trabalho na visão de servidores público do judiciário. 2018. *Psicologia Argumento*, v. 36, n. 94, p. 546-564, out./dez. 2018. Disponível em: https://periodicos.pucpr.br/psicologiaargumento/article/view/24454. Acesso em: 20 jul. 2022.

(265) NUNES, Thiago Soares; TOLFO, Suzana da Rosa. A dinâmica e os fatores organizacionais propiciadores à ocorrência do assédio moral no trabalho. 2013. *Revista de Gestão e Secretariado*, v. 4, n. 2, p. 90–113, 2013. Disponível em: https://www.revistagesec.org.br/secretariado/article/view/161. Acesso em: 20 jul. 2022, p. 102.

(266) MONTEIRO, Janine Kieling *et al*. Prevenção do assédio moral no trabalho na visão de servidores público do judiciário. 2018. *Psicologia Argumento*, v. 36, n. 94, p. 546-564, out./dez. 2018. Disponível em: https://periodicos.pucpr.br/psicologiaargumento/article/view/24454. Acesso em: 20 jul. 2022.

(267) HIRIGOYEN, Marie-France. Trad. Rejane Janowitzer. *O mal-estar no trabalho:* redefinindo o assédio moral. 3. ed. Rio de Janeiro: Bertrand Brasil, 2006. p. 194.

E mais adiante, complementa, sobre a importância do diálogo e de ouvir os trabalhadores:

> É preciso reforçar o diálogo e a escuta nas relações profissionais. Esta escuta deve ser empática, qualquer que seja o nível hierárquico do outro. Ele tem sempre alguma coisa a nos ensinar, se soubermos escutá-lo. É preciso estar atento às atitudes de bloqueio ou de reticência dos funcionários e adivinhar suas dificuldades em formular uma objeção. É preciso identificar as pessoas em dificuldade ou em crise antes que elas sejam sugadas para dentro de uma espiral negativa.(268)

Aqui entram também os canais de denúncia, que foram estudados anteriormente como uma ferramenta do programa de *compliance*, mas que na prática da microempresa também pode e deve ser utilizado para prevenir problemas e conflitos entre os empregados e demais pessoas que se relacionam com a empresa, de um modo geral.

Mesmo em uma microempresa que não tenha um programa de integridade implementado, ainda assim é possível de se cogitar meios de denúncia, que fazem parte da comunicação dos empregados com o empregador.

Claro que no caso da microempresa quem recebe denúncias e reclamações costuma ser o próprio empregador, mas pode ser também o psicólogo organizacional ou outros profissionais que acompanham os empregados nos treinamentos ou outras atividades que a empresa oferecer, sendo uma possibilidade também a denúncia anônima, que deve ser analisada com restrições, mas que pode servir de alerta para algumas situações de risco.

Portanto, aprimorar a comunicação entre empregador e seus empregados, especialmente na microempresa, é indispensável para prevenção de assédio, contando também, na medida do possível, com profissionais específicos para contribuir com a segurança dos empregados em se abrir e relatar sobre situações incômodas do cotidiano, como será tratado oportunamente, não só para resolver o conflito individual, mas para prevenir desequilíbrio do meio ambiente do trabalho.

5.2. Profissionalização no fluxo de trabalho

Como detalhado anteriormente, a microempresa encontra dificuldades em dividir o trabalho de modo adequado, de criar um fluxo de trabalho com regras preestabelecidas, de modo que na prática ocorrem muitas situações de improviso, ou mesmo de ordens contraditórias ou confusas, que geram um ambiente de trabalho desagradável.

As ordens desencontradas devido à má gestão do fluxo de trabalho deixam o trabalhador amedrontado e sem um norte a seguir, causando um excesso de estresse. Não é

(268) *Ibidem*, p. 316.

à toa que a Norma Regulamentadora n. 17 do Ministério do Trabalho e Emprego, que tutela os profissionais de teleatendimento e *telemarketing*, prevê diversas medidas para mitigar o estresse no meio ambiente do trabalho.

Assim é o teor dos itens 6.14 e 6.15:

> 6.14 Com a finalidade de reduzir o estresse dos operadores, devem ser minimizados os conflitos e ambiguidades de papéis nas tarefas a executar, estabelecendo-se claramente as diretrizes quanto a ordens e instruções de diversos níveis hierárquicos, autonomia para resolução de problemas, autorização para transferência de chamadas e consultas necessárias a colegas e supervisores.
>
> 6.15 Os sistemas informatizados devem ser elaborados, implantados e atualizados, contínua e suficientemente, de maneira a mitigar sobretarefas como a utilização constante de memória de curto prazo, utilização de anotações precárias, duplicidade e concomitância de anotações em papel e sistema informatizado.

Estas medidas se mostram muito relevantes e podem servir de referência, inclusive, a outros setores profissionais, especialmente quanto a **(1)** minimizar ambiguidades de papéis nas tarefas; **(2)** claras diretrizes quanto a ordens e instruções dos diversos níveis hierárquicos; e **(3)** mitigação de sobrecarga com o uso de sistemas ou ferramentas auxiliares de trabalho.

Nesta mesma linha, o isolamento entre áreas da empresa, confusão de informações, entre outros fatores, devem ser evitados para que a gestão não seja fundamentada em decisões por improviso, como explica Nancy Rigoni:

> A forma de gestão utilizada deve propiciar ao administrador ferramentas que auxiliem a empresa a alcançar seus objetivos, atendendo as necessidades de seus clientes internos e externos. Manter integradas as informações das diversas áreas da empresa, por exemplo, evita que seja desempenhada uma gestão por improvisos.(269)

Explica Marie-France Hirigoyen que:

> O certo é que, se não existe um perfil psicológico padrão para as vítimas, existem incontestavelmente contextos profissionais em que os procedimentos de assédio moral podem se desenvolver mais livremente. Não são

(269) RIGONI, Nancy. *Gestão de uma microempresa do setor gráfico:* o caso da gráfica modelo. 2011. 33 f. Monografia Especialização em gestão de negócios financeiros. Universidade Federal do Rio Grande do Sul. Disponível em: https://www.lume.ufrgs.br/handle/10183/96983. Acesso em: 26 set. 2022, p. 16.

> apenas os meios nos quais prevalecem um intenso nível de estresse e má organização, mas sobretudo as práticas de gestão pouco claras, ou mesmo francamente perversas, que se constituem em uma autorização implícita as atitudes perversas individuais.(270)

E Hirigoyen complementa, mencionando a importância de regras preestabelecidas, que: "[...] o que favorece o assédio é, acima de tudo, o ambiente de trabalho no qual não existem regras internas, nem para os comportamentos nem para os métodos; tudo parece permitido, o poder dos chefes não tem limites, assim como o que pedem aos subordinados".(271)

Mais adiante, acrescenta a mesma autora:

> O primeiro passo da prevenção é educar as pessoas para que sejam corretas no cotidiano com seus companheiros de trabalho. Para isto, a empresa deve incutir normas de bom comportamento em seu pessoal e definir o que ela aceitou não. Ela não deve impor moral a seu pessoal, mas simplesmente estabelecer limites. Deve sobretudo fazer com que cada qual preveja as possíveis consequências de seus atos sobre os outros.(272)

Desta forma, a profissionalização da gestão e do fluxo de trabalho, com a delimitação correta das tarefas e funções de cada empregado, ainda que não tenha relação direta com o tema assédio moral e sexual no trabalho, é indispensável para a prevenção destas espécies de conflito, pois a ausência de gestão profissional e fluxo de trabalho preestabelecido podem gerar arbitrariedades e gestão por atos de improviso, e isso sim é que tem potencial de gerar ou não impedir eventuais práticas de assédio moral e sexual no âmbito da microempresa.

5.3. Evitar metas inalcançáveis e cobranças excessivas

Algumas empresas, de forma consciente ou não, acabam gerando um ambiente em que se incentiva o individualismo exagerado, também com metas inalcançáveis e cobranças exageradas e desproporcionais, mas também com outras práticas que não contribuem para direcionar os empregados ao mesmo objetivo, deixando cada um individualmente definir os rumos de seu trabalho.

Estas práticas são formas comuns de assédio moral, pois com o descontrole destas metas arbitrárias e cobranças cada vez mais injustas e agressivas, a tendência é o surgimento de conflitos entre os empregados, ou entre estes e seu empregador.

---

(270) HIRIGOYEN, Marie-France. Trad. Rejane Janowitzer. *O mal-estar no trabalho:* redefinindo o assédio moral. 3. ed. Rio de Janeiro: Bertrand Brasil, 2006. p. 187.

(271) *Ibidem*, p. 188.

(272) *Ibidem*, p. 320.

As metas exageradas, inalcançáveis, amedrontam e estressam excessivamente os empregados, diante do temor quanto às consequências de não as atingirem.

Por isso, a fixação de metas deve considerar a realidade da empresa, do mercado, da capacidade de expansão, a situação da concorrência e dos consumidores, entre outros fatores que permitam à empresa planejar o futuro com segurança, pois apenas desta forma passa a ser possível delinear metas alcançáveis e nortear os empregados para buscá-las.

Como já mencionamos anteriormente nesta obra, as metas são importantes e existem em todas as instituições, até mesmo no Poder Judiciário, entretanto, se não observarem a razoabilidade em sua fixação e modo de cobrá-las, servirão apenas para poluir o meio ambiente do trabalho e de nada irão servir à empresa em sua almejada produtividade.

Vimos anteriormente também que a Norma Regulamentadora n. 17 do Ministério do Trabalho e Emprego, que trata dos operadores de teleatendimento/*telemarketing*, em seu item 6.10, alínea *"a"*, prevê que para fins de elaboração de programas preventivos deve considerar "compatibilização de metas com as condições de trabalho e tempo oferecidas", além das já citadas previsões quanto à redução de estresse profissional por meio de estabelecimento de regras claras de trabalho e proibição de "estímulo abusivo à competição entre trabalhadores ou grupos/equipes de trabalho (item 6.13, "a").

E da mesma forma, a Lei n. 12.436/2011, estabelece a proibição de práticas empresariais que estimulem o aumento de velocidade dos motociclistas profissionais, como oferecimento de prêmios por cumprimento de metas, ameaça de descontos por atraso na entrega, ou estabelecer competição entre empregados.

Estas normas, entre outras diversas regras esparsas, devem servir de norte para que todas as empresas reflitam sobre a fixação de metas e estímulo de competitividade excessiva entre seus empregados.

Igualmente, a criação de competitividade exagerada entre os empregados é causa de desequilíbrio e poluição do meio ambiente do trabalho, pois resulta em um individualismo, passando a mensagem de que a prioridade é a busca de sobrevivência pelo empregado, que não pode "perder" para os colegas nesta competição, ficando para o segundo plano as prioridades da empresa.

Por outro lado, quando uma empresa incentiva amizades entre os empregados, criando atividades de trabalho em conjunto, onde seus esforços se complementam, acaba obtendo não apenas um resultado mais satisfatório do que com o trabalho individual, mas também um vínculo de respeito e de colaboração mútua entre os companheiros de trabalho, onde ninguém se sente mais ou menos valorizados que os demais e todos se identificam trabalhando pelos mesmos objetivos.

Se conhecendo melhor e com trabalhos que se complementam, ao invés de se excluir ou ser concorrente, presume-se que haverá maior apoio mútuo entre os empregados, pois de fato nesse caso a rotina é um trabalho complementando outro.

Thiago Soares Nunes e Suzana da Rosa Tolfo mencionam que a concorrência exagerada é prejudicial ao clima existente no ambiente de trabalho, e pode gerar até situações de violência entre os empregados:

> Em muitas organizações o indivíduo é incitado a participar de uma cultura organizacional, que objetiva o resultado acima de tudo, a utilizar-se de métodos, manipulações e atos para cumprir suas metas, não se importando com a execução de práticas violentas para tal fim. As exigências de metas, a competitividade nas organizações, pressão por parte dos diretores, entre outras manifestações, provocam nos trabalhadores inseguranças e determinado grau de ansiedade que em determinadas circunstâncias influenciam na ocorrência de comportamentos violentos no ambiente de trabalho.(273)

Do mesmo modo, demonstram Janine Kieling Monteiro *et al* por meio do resultado de sua pesquisa que os empregados não se sentem bem em um ambiente de excessiva competitividade e que isso incentiva os empregados a não ajudar os demais:

> Por outro lado, os participantes trouxeram em suas falas o sofrimento vivenciado pelas relações negativas e a competitividade:
>
> 'A competição aumenta pela meta. É, tipo assim, eu tenho que trabalhar mais, eu tenho que mostrar que eu sou melhor pra não me tirarem, porque se eu ficar por último... Só que alguém sempre vai ficar por último, né? Alguém sempre, alguém tem que ficar. E ai acaba acontecendo isso. Acaba tendo uma competição entre os colegas [...] Ao invés de se criar um espirito cooperativo entre os colegas, tipo assim, bom eu estou zerada e outro está com dez processos porque está com problema, sei lá que problema, mas está com alguma coisa porque ninguém se atrasa porque quer. Não, aí 'Ah, azar o teu, te rala. Vai trabalhar mais'". (Sic – S3).
>
> "E o que eu acho mais interessante é que geralmente as pessoas também já viveram. Mas, aí, elas 'ah, mas é isso mesmo, é isso que acontece, também já passei por isso... é isso aí'. Na hora eu tenha duas sensações. Uma é: 'Ah, eu não to sozinha. Essa pessoa entende o que eu to passando'. A outra sensação é: 'Nossa, mas... é isso mesmo. E a gente não vai fazer nada'. Porque não tem

(273) NUNES, Thiago Soares; TOLFO, Suzana da Rosa. A dinâmica e os fatores organizacionais propiciadores à ocorrência do assédio moral no trabalho. 2013. *Revista de Gestão e Secretariado*, v. 4, n. 2, p. 90–113, 2013. Disponível em: https://www.revistagesec.org.br/secretariado/article/view/161. Acesso em: 20 jul. 2022, p. 95.

grupo, não tem equipe. Não tem coletivo. Então é um ambiente fértil para o assédio moral". (*Sic* – S6).[274]

Ou seja, é ruim para o clima organizacional quando o empregador valoriza demais um empregado em detrimento de outros, ou solicita trabalhos de forma muito desigual entre empregados nas mesmas condições, o que gera uma concorrência que não é saudável, e consequentemente até práticas de assédio pelo empregado que se sente ameaçado.

De outro lado, a falta de reconhecimento do trabalho também desestimula os empregados, registrando Janine Kieling Monteiro *et al* que isso causa sofrimento e com o tempo leva até ao adoecimento psíquico e físico do trabalhador.[275]

Da mesma forma são importantes as confraternizações realizadas ou incentivadas pela empresa, uma vez que o distanciamento dos empregados pode gerar falhas de comunicação e até mesmo criação de subgrupos (as populares "panelinhas") que podem ser nocivos no ambiente de trabalho se tiverem a finalidade de excluir outros colegas de trabalho.

E por isso, quando se cria uma cultura de cooperação entre os empregados torna-se rotineiro o auxílio mútuo e a inclusão entre todos e não a exclusão, já que não existe, nesse caso, sentido em se destacar ou fazer o outro ser mal visto, pois todos entendem que a empresa só terá êxito com esse trabalho coletivo.[276]

Todos devem trabalhar voltados ao mesmo objetivo, compartilhando as metas com trabalho em equipe, e sendo tais metas previamente estabelecidas, também não deverá haver cobranças exageradas, infundadas, mas sim compreensão do porquê não fora alcançado o objetivo e o que fazer a partir de então.

5.4. Promoções, prêmios e punições com critérios claros

Outra conduta do empregador que pode prevenir as práticas de assédio moral e sexual, é a criação de critérios e regras claras para futuras situações de promoções funcionais, prêmios, gratificações e até mesmo punições. Caso contrário, poderá ser fomentada a concorrência desleal e conflitos entre os empregados, pela ausência de previsibilidade de seu trabalho e crescimento profissional.

---

(274) MONTEIRO, Janine Kieling *et al*. Prevenção do assédio moral no trabalho na visão de servidores público do judiciário. 2018. *Psicologia Argumento*, v. 36, n. 94, p. 546-564, out./dez. 2018. Disponível em: https://periodicos.pucpr.br/psicologiaargumento/article/view/24454. Acesso em: 20 jul. 2022, p. 554.

(275) *Idem*.

(276) LOPES, Aline Fernanda Martins Lopes; DUARTE, Dayla Rocha. Psicologia organizacional e do trabalho: principais métodos de prevenção ao assédio moral. 2020. *Revista Farol Faculdade Rolim de Moura*, v. 11, n. 11, p. 30-45, nov. 2020. Disponível em: https://revista.farol.edu.br/index.php/farol/article/view/251. Acesso em 16 abr. 2021.

A empresa que se antecipa a estas situações e cria um plano de carreira, ainda que de maneira simples, como em muitas coisas nas microempresas, está trazendo um norte aos empregados de quais as suas possibilidades de ascensão funcional ou ao menos de recebimento de prêmios e gratificações previamente ajustadas.

É melhor não haver nenhuma gratificação do que pagá-la de forma arbitrária, pois, assim como mencionamos, isso pode gerar situações de ciúme, conflitos, individualismo e, talvez, desaguar em práticas de assédio moral e assédio sexual.

Da mesma forma, como analisado oportunamente, é importante a criação de uma política de advertências, que traga previsibilidade de penalidades a serem aplicadas pela prática de determinadas condutas, ou até mesmo outras possibilidades alternativas de solução do conflito, como a transferência de um ou mais empregados envolvidos para outro setor, quando a microempresa demonstrar essa possibilidade.

Claro que a legislação já menciona as hipóteses de justa causa no art. 482 da CLT[(277)], e também deve ser analisado casuisticamente eventuais punições, mas o que não pode ocorrer é a aplicação de penalidades distintas para condutas idênticas ou semelhantes, que podem trazer a sensação de injustiça nos empregados.

E neste caso, inclusive, a política de advertências acaba servindo até para reforçar a intolerância do empregador com práticas de discriminação e assédio moral ou sexual, que serão exemplarmente punidas. É como se motivasse os empregados a não praticarem estas condutas, por bem ou por mal.

---

(277) Constituem justa causa para rescisão do contrato de trabalho pelo empregador:

a) ato de improbidade;

b) incontinência de conduta ou mau procedimento;

c) negociação habitual por conta própria ou alheia sem permissão do empregador, e quando constituir ato de concorrência à empresa para a qual trabalha o empregado, ou for prejudicial ao serviço;

d) condenação criminal do empregado, passada em julgado, caso não tenha havido suspensão da execução da pena;

e) desídia no desempenho das respectivas funções;

f) embriaguez habitual ou em serviço;

g) violação de segredo da empresa;

h) ato de indisciplina ou de insubordinação;

i) abandono de emprego;

j) ato lesivo da honra ou da boa fama praticado no serviço contra qualquer pessoa, ou ofensas físicas, nas mesmas condições, salvo em caso de legítima defesa, própria ou de outrem;

k) ato lesivo da honra ou da boa fama ou ofensas físicas praticadas contra o empregador e superiores hierárquicos, salvo em caso de legítima defesa, própria ou de outrem;

l) prática constante de jogos de azar.

m) perda da habilitação ou dos requisitos estabelecidos em lei para o exercício da profissão, em decorrência de conduta dolosa do empregado.

5.5. Treinamentos e apoio profissional

O tema assédio moral e sexual deve ser falado e reiterado no ambiente de trabalho, não podendo ser um tabu tratar disso com os empregados, mesmo em microempresas, que também podem passar por situações de discriminação caso não haja prevenção adequada.

Continuamente deve haver treinamentos e outras formas de comunicação, como mencionamos anteriormente, por exemplo, cartazes, placas, informativos, redes sociais, e-mails, mensagens, e a conduta exemplar do próprio empregador, para que seja sempre reiterada a política de tolerância zero contra assédio moral e sexual e discriminação.

Além do esforço do microempresário em garantir comunicação, profissionalização da gestão, diálogo e o trabalho em equipe, existe também a necessidade de auxílio de profissionais externos para aprimorar a cultura antidiscriminatória no ambiente de trabalho, e deixar claro que a empresa abomina qualquer prática de assédio, seja ele sexual ou moral.

Para isso, independentemente de haver ou não a implantação de um programa de *compliance*, é indispensável oferecer treinamentos frequentes, de diversos formatos, e de forma multidisciplinar, com os profissionais do direito em questões jurídicas, mas também médicos do trabalho, engenheiros ou técnicos em Saúde e Segurança do Trabalho, bem como com psicólogos organizacionais, que podem contribuir com seus conhecimentos técnicos para melhorar aquele ambiente de trabalho.

Existem diversas questões jurídicas relevantes em torno do assédio moral e do assédio sexual que os empregados e empregadores precisam conhecer, por esse motivo os treinamentos são importantes para que se compreenda, por exemplo os riscos de a empresa sofrer condenação ao pagamento de indenizações pelo assédio e por doenças ocupacionais que dele decorram, assim como os empregados devem saber que a prática de assédio pode gerar uma dispensa por justa causa e até uma ação de regresso, onde o empregador pode cobrar o reembolso do que fora gasto pela empresa em indenizações, com base no já mencionado art. 934 do Código Civil.

Sobre a hipótese de dispensa do empregado assediador e a respectiva ação de regresso, assim sustenta Sebastião Geraldo de Oliveira:

> Se o assédio moral partir de colega de trabalho (assédio moral horizontal ou assédio moral ascendente) ou de prepostos do empregador de forma isolada (assédio moral descendente), a empresa poderá ajuizar ação regressiva em face do assediador para reembolsar os valores da indenização que tiver suportado. Para obter êxito no direito de regresso, o empregador deverá comprovar que nunca deu respaldo, expresso ou implícito, a tal comportamento e que adotava gestão respeitosa, com manifesta censura às condutas dessa natureza. Além disso, a empresa poderá promover a dispensa do assediador por justa causa, como acima mencionado.[278]

---

(278) OLIVEIRA, Sebastião Geraldo de. *Proteção jurídica à saúde do trabalhador*. 6. ed., rev. e atual. São Paulo: LTr, 2011. p. 240.

O treinamento também deve ser voltado ao aprimoramento da gestão que se pretende implantar, pois a nova organização do trabalho pode gerar desconforto e deve ser gradativa, de modo que o acompanhamento profissional servirá tanto para esclarecer como deverá ser o trabalho, mas principalmente demonstrar os motivos daquelas mudanças, voltadas para melhor estruturação da empresa e prevenção de conflitos, o que deve ser do interesse de todos naquele ambiente.

Muitas vezes as empresas oferecem treinamentos diversos, sobre vendas, produtividade, atualização profissional, mas não treinamentos sobre relações interpessoais e prevenção de assédio, porém, com um meio ambiente do trabalho desequilibrado, a produtividade cai, os vendedores não estarão empolgados para vender, se aprimorar etc.

Inclusive, geralmente em cursos sobre vendas sugere-se aos vendedores sorrir e se apresentar de forma positiva ao atender clientes, mas na prática, se o vendedor está sofrendo assédio ou discriminação, está sendo ameaçado, ofendido etc., naturalmente não poderá sorrir e se motivar de forma espontânea perante o cliente. Será notório que o sorriso não transparece o humor real do empregado.

Por isso, com o treinamento nesta temática de relações interpessoais e prevenção de assédio moral e sexual, o ambiente de trabalho saudável proporcionará mais satisfação aos empregados e, consequentemente, mais produtividade e um empenho real em atingir suas metas, atender bem os clientes, trabalhar em equipe e não criar ou alimentar situações discriminatórias ou de assédio moral e sexual.

Igualmente relevante é a atuação de um psicólogo organizacional, especialista em organização e relações interpessoais no trabalho, pois como explicam Aline Fernanda Martins Lopes e Dayla Rocha Duarte:

> A psicologia organizacional centra seu foco no elemento humano e é exercida por meio do departamento de Recursos Humanos (RH) e Gestão de Pessoas, que na função de um psicólogo, busca avaliar a qualidade das condições da empresa, no que se refere ao clima, cultura, relações etc., com vistas a medir o impacto na saúde mental dos colaboradores.[279]

E complementam estas doutrinadoras que,

> Nessa esfera, apesar da impossibilidade de atingir todos os desarranjos socioculturais que contribuem para a perpetuação das relações abusivas, vê-se que a psicologia organizacional tem se mostrado efetiva na construção de

(279) LOPES, Aline Fernanda Martins Lopes; DUARTE, Dayla Rocha. Psicologia organizacional e do trabalho: principais métodos de prevenção ao assédio moral. 2020. *Revista Farol Faculdade Rolim de Moura*, v. 11, n. 11, p. 30-45, nov./2020. Disponível em: https://revista.farol.edu.br/index.php/farol/article/view/251. Acesso em 16 abr. 2021, p. 31.

um ambiente de trabalho com qualidade administrativa e, sobretudo, na preservação da saúde mental dos colaboradores.(280)

A atuação destes profissionais deve se voltar até mesmo ao próprio microempresário, que deve participar dos treinamentos e buscar sua constante evolução, uma vez que pode estar praticando condutas que sequer percebe serem ofensivas aos empregados, ou até mesmo condutas que pareçam permissivas de discriminação e assédio.

O apoio profissional de um psicólogo deve contribuir também para o manejo de estresse, pois como explica Mário Lázaro de Camargo *et al*:

> [...] a atuação de profissionais da área da saúde no espaço das organizações é de grande importância, tanto no combate quanto na prevenção do adoecimento psíquico do trabalhador, de modo que a realização contínua de diagnósticos organizacionais e ações que promovam o clima de trabalho satisfatório são exemplos de práticas que favorecem a saúde do trabalhador, em especial porque possuem função preventiva.(281)

Inclusive, treinamentos frequentes servem para criar uma nova cultura, de harmonização do ambiente de trabalho, de respeito, de não discriminação e contrária a qualquer forma de assédio entre os empregados.(282)

Sobre o tema, assim fundamenta Mário Lázaro de Camargo *et al*:

> Fomentar a cultura da prevenção também se configura como importante estratégia de gestão, antecipando-se a situações que, se presentes, poderão impactar negativamente na qualidade de vida no trabalho, bem-estar do trabalhador e na saúde da própria organização. Discutir e refletir sobre o assunto é de suma importância na prevenção do assédio moral, informando sobre o fenômeno para os trabalhadores, suas causas e consequências.(283)

---

(280) LOPES, Aline Fernanda Martins Lopes; DUARTE, Dayla Rocha. Psicologia organizacional e do trabalho: principais métodos de prevenção ao assédio moral. 2020. *Revista Farol Faculdade Rolim de Moura*, v. 11, n. 11, p. 30-45, nov./2020. Disponível em: https://revista.farol.edu.br/index.php/farol/article/view/251. Acesso em 16 abr. 2021, p. 43.

(281) CAMARGO, Mário Lázaro de *et al*. Considerações sobre o assédio moral como fator contribuinte para os episódios depressivos no trabalho: a violência velada e o adoecimento mental do trabalhador. *Revista Semina: Ciências Sociais e Humanas*, v. 39, n. 2, jul./dez. Londrina, 2018, p. 141. Disponível em: http://pepsic.bvsalud.org/pdf/sem/v39n2/a03.pdf. Acesso em: 26 set. 2022.

(282) MONTEIRO, Janine Kieling *et al*. Prevenção do assédio moral no trabalho na visão de servidores público do judiciário. 2018. *Psicologia Argumento*, v. 36, n. 94, p. 546-564, out./dez. 2018. Disponível em: https://periodicos.pucpr.br/psicologiaargumento/article/view/24454. Acesso em: 20 jul. 2022.

(283) CAMARGO, Mário Lázaro de *et al*. Considerações sobre o assédio moral como fator contribuinte para os episódios depressivos no trabalho: a violência velada e o adoecimento mental do trabalhador. *Revista Semina: Ciências Sociais e Humanas*, v. 39, n. 2, jul./dez. Londrina, 2018, p. 141. Disponível em: http://pepsic.bvsalud.org/pdf/sem/v39n2/a03.pdf. Acesso em: 26 set. 2022.

Assim, o apoio profissional tanto para questões jurídicas e preventivas de assédio, como para melhorar a gestão empresarial e o relacionamento entre os empregados, é um investimento que tende a trazer bons frutos à empresa, uma vez que são questões que se relacionam e o seu aprimoramento será importante para aumento da produtividade e prevenção de conflitos, aqui incluídos aqueles oriundos de assédio moral e assédio sexual.

Para auxiliar na prática do treinamento que pode ser oferecido, nos aspectos jurídicos do tema "prevenção de assédio moral e sexual", apresentamos no anexo IV desta obra uma sugestão de "Conteúdo programático de curso de prevenção de assédio moral e sexual em microempresas", que pode servir como um norte na preparação de um treinamento, naturalmente adaptável à necessidade da empresa, carga horária e objetivos do curso.

Considerações Finais

As microempresas formam um setor importante da economia brasileira sendo cerca de metade das empresas e empregando cerca de 25% dos trabalhadores. Entretanto, em seu cotidiano as microempresas enfrentam uma série de dificuldades em sua gestão, de forma que tais dificuldades têm potencial para gerar conflitos decorrentes de assédio moral e sexual.

Nesse contexto, o presente trabalho identificou algumas características de microempresas que têm potencial de causar, ou ao menos permitir, conflitos oriundos de assédio moral sexual no âmbito das microempresas, como a dificuldade de comunicação democrática, falta de profissionalização da gestão, fixação de metas inalcançáveis e cobranças excessivas, ausência de critérios na realização de promoção funcional, prêmios e bonificações ou até mesmo punições disciplinares e, por fim, a ausência de treinamento e apoio profissional externo.

A partir destes destas características das microempresas concluímos que deve ser realizada a prevenção de conflitos e, por isso, todas são abrangidas pelo *compliance* trabalhista que tem a finalidade de identificar riscos de conflitos no âmbito da empresa e a partir disso criar um código de ética e conduta e um plano de ação, inclusive com canais de denúncia, e treinamentos para amenizar e prevenir tais riscos, o que é aplicável às microempresas.

O *compliance* trabalhista é uma forma mais completa e mais recomendável de gerenciar e prevenir riscos, mesmo assim o presente trabalho conseguiu identificar outras formas de prevenção de assédio a partir das características apontadas, para situações em que a microempresa não deseja ou não tem condições financeiras de implantar um programa de *compliance*, mas ainda assim queira se aprimorar na prevenção de conflitos trabalhistas oriundos de assédio.

Em primeiro lugar a empresa deve buscar o aprimoramento da comunicação entre seus empregados e também com o microempresário para que haja uma comunicação democrática e a segurança de que o empregado eventualmente vítima de assédio será protegido.

Também é uma ferramenta preventiva a profissionalização do fluxo de trabalho com regras preestabelecidas para que não haja arbitrariedade em decisões tomadas por improviso, que geram sensação de injustiça.

Outra forma de prevenção de assédio diz respeito à fixação de metas e cobranças por produtividade dentro da razoabilidade. As metas e cobranças são comuns no âmbito empresarial, porém elas não podem se tornar um pesadelo para os empregados e também não podem criar uma concorrência selvagem entre eles, porque ao invés de todos trabalharem pelo mesmo objetivo da empresa, cada um passa a ter seu interesse individualista.

Também devem ser claros os critérios para premiações ou punições, para não se criar uma concorrência desleal entre os empregados e não desmotivá-los, por não conhecerem as consequências de suas condutas previamente.

Mencionamos, por fim, como uma importante forma de prevenção de conflitos treinamentos e apoio profissional, que abrangem diversos assuntos como questões jurídicas, organização do trabalho, e também relacionados a psicologia organizacional ou individual que cada trabalhador eventualmente necessitar.

Essas formas de prevenção de conflitos que foram listados não formam um rol taxativo, porém foram apontadas ao longo deste livro por parecerem as mais adequadas e palpáveis às microempresas dentro de sua realidade e observando suas características próprias.

Em suma, na presente obra concluímos, portanto, que a prevenção de conflitos trabalhistas oriundos de assédio moral e sexual é possível de ser realizada no âmbito das microempresas, desde que haja empenho de seus administradores e alinhamento de seus empregados na cultura que está sendo implantada ou aprimorada, bem como que a sua concretização ocorra de acordo com a realidade específica da empresa, utilizando as ferramentas estudadas, na medida dos riscos identificados como potenciais causadores ou permissivos de assédio moral ou sexual.

Referências

AJEJE, Bruna, *et al.* Comunicação e treinamento: melhores práticas. In: FRANCO, Isabel (Org.). *Guia prático de* compliance. Rio de Janeiro: Forense, 2020.

ALENCAR, Matheus de. *Mecanismos de proteção do empregado nos programas de criminal* compliance. São Paulo: LiberArs, 2017.

ALVARENGA, Rúbia Zanotelli de. Direito ambiental do trabalho saudável e equilibrado: proteção à saúde do trabalhador. *Revista eletrônica do Tribunal Regional do Trabalho do Paraná.* Curitiba: Escola Judicial do Tribunal Regional do Trabalho da 9ª Região, v. 2, n. 23, p. 42-66, out. 2013. Disponível em: https://juslaboris.tst.jus.br/bitstream/handle/20.500.12178/87246/2013_rev_trt09_v02_n023.pdf?sequence=1&isAllowed=y. Acesso em: 27 ago. 2023.

ANTUNES, Paulo de Bessa. *Direito ambiental.* 19. ed., rev. e atual. São Paulo: Atlas, 2017.

ARAÚJO JÚNIOR, Francisco Milton. Parâmetros para delimitação do meio ambiente do trabalho na volatilidade da sociedade contemporânea (ciberespaço). *Revista LTr*, v. 78, n. 4, p. 439-443, 2014.

ARGENTINA. *Ley n. 11.179, de 30.09.1921.* Codigo Penal. Boletín nacional de 03.11.1921. Disponível em: https://www.argentina.gob.ar/normativa/nacional/ley-11179-16546. Acesso em: 07 jan. 2024.

______. *Ley n. 20.744, de 27.09.1974.* Regimen de contrato de trabajo. Boletín nacional de 27.09.1974. Disponível em: https://www.argentina.gob.ar/normativa/nacional/ley-20744-25552/actualizacion. Acesso em: 06 jan. 2024.

______. *Ley n. 23.592, de 03.08.1988.* Ejercicio de derechos y garantias constitucionales. Boletín nacional de 05.09.1988. Disponível em: https://www.argentina.gob.ar/normativa/nacional/ley-23592-20465. Acesso em: 06 jan. 2024.

______. *Ley n. 26.485, de 11.03.2009.* Ley de proteccion integral a las mujeres. Boletín nacional de 14.04.2009. Disponível em: https://www.argentina.gob.ar/normativa/nacional/ley-26485-152155. Acesso em: 06 jan. 2024.

AVILA, Rosemari Pedrotti de. *As consequências do assédio moral no ambiente de trabalho.* 2008. 148 f. Dissertação (Mestrado). Programa de Pós-Graduação em Direito. Universidade de Caxias do Sul. Caxias do Sul. Disponível em: https://repositorio.ucs.br/xmlui/bitstream/handle/11338/290/Dissertacao%20Rosemari%20P%20de%20Avila.pdf?sequence=1&isAllowed=y. Acesso em: 24 set. 2022.

BERTOCCELI, Rodrigo de Pinho. Canais de denúncia e a sua eficácia. In: LAMACHIA, Cláudio; PETRARCA, Carolina (Orgs.); MELO, Izabela Frota; CODIGNOTO, Roberta (Coords.). *Compliance:* essência e efetividade. Brasília: OAB, Conselho Federal, 2018.

BEZERRA LEITE, Carlos Henrique. *Curso de direito do trabalho.* 14. ed. São Paulo: SaraivaJur, 2022.

BRASIL. CONSELHO DA JUSTIÇA FEDERAL. *I Jornada de Direito Civil.* Brasília, 2002. Disponível em: https://www.cjf.jus.br/enunciados/enunciado/698. Acesso em: 08 jan. 2024.

______. CONSELHO NACIONAL DE JUSTIÇA. *Protocolo para julgamento com perspectiva de gênero.* Brasília: Conselho Nacional de Justiça — CNJ; Escola Nacional de Formação e Aperfeiçoamento de Magistrados — Enfam, 2021. Disponível em: https://www.cnj.jus.br/wp-content/uploads/2021/10/protocolo-18-10-2021-final.pdf. Acesso em: 21 ago. 2023.

______. TRIBUNAL REGIONAL DO TRABALHO da 15ª Região. *Acórdão em RO-0010293-06.2017.5.15.0094.* Órgão Julgador: 5ª Câmara. Relator Des. Lorival Ferreira dos Santos. Campinas, SP, julgado em 03 set. 2019, publicado no *DEJT* em 17 set. 2019. Disponível em: https://jurisprudencia.trt15.jus.br/documento/44252248/XHLPKLXI%5D68S?highlight=ass%C3%A9dio,moral,organizacional. Acesso em: 03 jan. 2024

______. TRIBUNAL REGIONAL DO TRABALHO da 15ª Região. *Acórdão em RO-0011807-82.2019.5.15.0042.* Órgão Julgador: 4ª Câmara. Relator Des. Jorge Luiz Souto Maior. Campinas, SP, julgado em 02 ago. 2022, publicado no *DEJT* em 08 ago. 2022. Disponível em: https://jurisprudencia.trt15.jus.br/documento/75270096/XHLPKLXI%5D68S?highlight=ass%C3%A9dio,moral,organizacional. Acesso em: 03 jan. 2024.

______. TRIBUNAL REGIONAL DO TRABALHO da 15ª Região. *Quem somos.* 2022. Disponível em: https://trt15.jus.br/institucional/estrutura-do-tribunal/quem-somos. Acesso em: 05 abr. 2022.

______. TRIBUNAL REGIONAL DO TRABALHO da 15ª Região. *Assuntos processuais.* 2022. Disponível em: https://trt15.jus.br/transparencia/estatisticas-processuais/assuntos-processuais. Acesso em: 05 abr. 2022.

______. TRIBUNAL REGIONAL DO TRABALHO da 17ª Região. *Acórdão em RO-0118000-28.2012.5.17.0005.* Órgão Julgador: 3ª Turma. Relator Des. Carlos Henrique Bezerra Leite. Vitória, ES, julgado em 29 abr. 2013, publicado no *DEJT* em 10 maio 2013. Disponível em: https://www.trtes.jus.br/principal/publicacoes/leitor/671090573?formato=pdf. Acesso em: 09 jan. 2024.

______. TRIBUNAL SUPERIOR DO TRABALHO. *I Jornada de Direito Material e Processual na Justiça do Trabalho.* Brasília, 2007. Disponível em: https://www.trt5.jus.br/noticias/enunciados-1a-jornada-direito-material-processual. Acesso em: 08 jan. 2024.

______. TRIBUNAL SUPERIOR DO TRABALHO. *Acórdão em ARR-924-74.2013.5.08.0012.* Órgão Julgador: 2ª Turma. Relatora Ministra Maria Helena Mallmann. Brasília, DF, julgado em 07 ago. 2019, publicado no *DEJT* em 06 set. 2019. Disponível em: https://jurisprudencia-backend2.tst.jus.br/rest/documentos/b9bdc3b64540afd550064b2a7f00cb8f. Acesso em: 03 jan. 2024.

______. TRIBUNAL SUPERIOR DO TRABALHO. *Acórdão em RR-1592-09.2012.5.09.0673*. Órgão Julgador: 6ª Turma. Relator Ministro Augusto César Leite de Carvalho. Brasília, DF, julgado em 11 dez. 2019, publicado no *DEJT* em 13 dez. 2019 (grifo nosso). Disponível em: https://jurisprudencia-backend2.tst.jus.br/rest/documentos/11877bf2aaf135f19e38b5bea370a779. Acesso em: 04 jan. 2024.

______. TRIBUNAL SUPERIOR DO TRABALHO. *Acórdão em RR-1000390-03.2018.5.02.0046*. Órgão Julgador: 2ª Turma. Relatora Ministra Delaíde Miranda Arantes. Brasília, DF, julgado em 11 nov. 2020, publicado no *DEJT* em 04 dez. 2020. Disponível em: https://jurisprudencia-backend2.tst.jus.br/rest/documentos/89477dd436428560f398155e9333cf7c. Acesso em: 13 jan. 2024.

______. TRIBUNAL SUPERIOR DO TRABALHO. *Acórdão em RR-437-78.2014.5.04.0304*. Órgão Julgador: 6ª Turma. Relator Ministro Augusto César Leite de Carvalho. Brasília, DF, julgado em 31 mar. 2021, publicado no *DEJT* em 09 abr. 2021. Disponível em: https://jurisprudencia-backend2.tst.jus.br/rest/documentos/53632c5a4956c1fe061333168ce1861d. Acesso em: 03 jan. 2024.

______. TRIBUNAL SUPERIOR DO TRABALHO. *Acórdão em Ag-AIRR-20284-76.2013.5.04.0021*. Órgão Julgador: 5ª Turma. Relator Ministro Douglas Alencar Rodrigues. Brasília, DF, julgado em 26 maio 2021, publicado no *DEJT* em 28 maio 2021. Disponível em: https://jurisprudencia-backend.tst.jus.br/rest/documentos/7effb1a3e6a95e0992a92cc-656d25f49. Acesso em: 19 set. 2022.

______. TRIBUNAL SUPERIOR DO TRABALHO. *Acórdão em RRAg-1282-34.2017.5.08.0130*. Órgão Julgador: 8ª Turma. Relator Ministro Alexandre de Souza Agra Belmonte. Brasília, DF, julgado em 20 set. 2022, publicado no *DEJT* em 03 out. 2022 (grifo nosso). Disponível em: https://jurisprudencia-backend2.tst.jus.br/rest/documentos/7beb7d07398d54be86c04579bf604e53. Acesso em: 01 jul. 2023.

______. TRIBUNAL SUPERIOR DO TRABALHO. *Acórdão em RR-11813-85.2016.5.09.0002*. Órgão Julgador: 3ª Turma. Relator Ministro Alberto Bastos Balazeiro. Brasília, DF, julgado em 16 nov. 2022, publicado no *DEJT* em 18 nov. 2022. Disponível em: https://jurisprudencia-backend2.tst.jus.br/rest/documentos/24e57a292a4b8ec1ca3aedc674369b94. Acesso em: 03 jan. 2024.

______. TRIBUNAL SUPERIOR DO TRABALHO. *Acórdão em RRAg-474-15.2015.5.07.0037*. Órgão Julgador: 2ª Turma. Relatora Ministra Maria Helena Mallmann. Brasília, DF, julgado em 14 fev. 2023, publicado no *DEJT* em 17 fev. 2023. Disponível em: https://jurisprudencia-backend2.tst.jus.br/rest/documentos/2a93dd86dfd71c4c0472404b959f8b8f. Acesso em: 13 jan. 2024.

______. TRIBUNAL SUPERIOR DO TRABALHO. *Acórdão em Ag-AIRR-885-47.2018.5.10.0012*. Órgão Julgador: 6ª Turma. Relator Desembargador Convocado Fábio Tulio Correia Ribeiro. Brasília, DF, julgado em 1º nov. 2023, publicado no *DEJT* em 11 nov. 2023. Disponível em: https://jurisprudencia-backend2.tst.jus.br/rest/documentos/c60f48fe3ae633a022cafc47a76a4408. Acesso em: 03 jan. 2024.

______. TRIBUNAL SUPERIOR DO TRABALHO. *Acórdão em RR-444-14.2021.5.09.0651*. Órgão Julgador: 6ª Turma. Relatora Ministra Kátia Magalhães Arruda. Brasília, DF, julgado em 25 out. 2023, publicado no *DEJT* em 27 out. 2023. Disponível em: https://jurisprudencia-backend2.tst.jus.br/rest/documentos/7b240ab31b04b3d9149d45398bc593cc. Acesso em: 03 jan. 2024.

______. TRIBUNAL SUPERIOR DO TRABALHO. *Acórdão em RR-20658-94.2019.5.04.0017.* Órgão Julgador: 6ª Turma. Relatora Ministra Kátia Magalhães Arruda. Brasília, DF, julgado em 25 out. 2023, publicado no *DEJT* em 27 out. 2023. Disponível em: https://jurisprudencia-backend2.tst.jus.br/rest/documentos/3d4510b2b874447ea27524dcda3335ba. Acesso em: 03 jan. 2024.

______. TRIBUNAL SUPERIOR DO TRABALHO. *Frigorífico é condenado a indenizar trabalhadora vítima de estupro cometido por supervisor* (Número do processo omitido da notícia em razão do segredo de justiça). Órgão Julgador: 7ª Turma. Relator Ministro Alexandre Agra Belmonte. Brasília, DF, notícia publicada em 14 dez. 2023, data de julgamento e publicação não informadas. Disponível em: https://www.tst.jus.br/-/frigor%C3%ADfico-%C3%A9-condenado-a-indenizar-trabalhadora-v%C3%ADtima-de-estupro-cometido-por-supervisor. Acesso em: 13 jan. 2024.

______. TRIBUNAL SUPERIOR DO TRABALHO. *Acórdão em RRAg-10859-36.2017.5.15.0067.* Órgão Julgador: 1ª Turma. Relator Ministro Amaury Rodrigues Pinto Júnior. Brasília, DF, julgado em 13 dez. 2023, publicado no *DEJT* em 15 dez. 2023. Disponível em: https://jurisprudencia-backend2.tst.jus.br/rest/documentos/ba5f55d06ad381544748b17f2443cccc. Acesso em: 13 jan. 2024.

______. TRIBUNAL SUPERIOR DO TRABALHO. *Acórdão em RR-615-87.2017.5.09.0011.* Órgão Julgador: 1ª Turma. Relator Ministro Amaury Rodrigues Pinto Júnior. Brasília, DF, julgado em 06 dez. 2023, publicado no *DEJT* em 11 dez. 2023. Disponível em: https://jurisprudencia-backend2.tst.jus.br/rest/documentos/e4cf73fc382a7cbdcb02b63c430f6891. Acesso em: 13 jan. 2024.

______. SUPREMO TRIBUNAL FEDERAL. *Ação Direta de Inconstitucionalidade n. 5766.* Órgão Julgador: plenário. Relator Ministro Alexandre de Moraes. Brasília, DF, julgado em 20 out. 2021, publicado no *DJE* em 03 maio 2022. Disponível em: https://portal.stf.jus.br/processos/detalhe.asp?incidente=5250582. Acesso em: 02 out. 2022.

______. SUPREMO TRIBUNAL FEDERAL. *Ações Diretas de Inconstitucionalidade ns. 6.050, 6.069 e 6.082.* Órgão Julgador: plenário. Relator Ministro Gilmar Ferreira Mendes. Brasília, DF, julgado em 23 jun. 2023, publicado no *DJE* em 07 jul. 2023. Disponível em: https://portal.stf.jus.br/processos/detalhe.asp?incidente=5626228. Acesso em: 04 jan. 2024.

CALVO, Adriana. *O direito fundamental à saúde mental no ambiente de trabalho:* o combate ao assédio moral institucional: visão dos tribunais trabalhistas. São Paulo: LTr, 2014.

CAMARGO, Mário Lázaro de. *et al.* Considerações sobre o assédio moral como fator contribuinte para os episódios depressivos no trabalho: a violência velada e o adoecimento mental do trabalhador. *Revista Semina: Ciências Sociais e Humanas*, v. 39, n. 2, jul./dez. 2018, Londrina. Disponível em: http://pepsic.bvsalud. org/pdf/sem/v39n2/a03.pdf. Acesso em: 26 set. 2022.

CARLOTO, Selma. Compliance *trabalhista.* 2. ed. São Paulo: LTr, 2020.

CARVALHO, Madalena Felipe de. *Gestão de conflitos:* um estudo de caso em uma empresa familiar do setor metalúrgico. 2014. 47 f. Monografia Especialização em gestão púbica. Universidade Tecnológica Federal do Paraná. Disponível em http://riut.utfpr.edu.br/jspui/bitstream/1/23003/4/PB_GP_IV_2014_10.pdf. Acesso em: 24 set. 2022.

CARVALHO, Nordson Gonçalves de. *Assédio moral na relação de trabalho*. São Paulo: Rideel, 2009.

CAVALIERI FILHO, Sergio. *Programa de responsabilidade civil*. 10. ed. São Paulo: Atlas, 2012.

CLAUSS, Ben-Hur Silveira. Assédio sexual e perícia de psicologia. *Revista LTr*, São Paulo, v. 76, n. 5, p. 607-614, maio 2012, p. 609-610.

DALAZEN, João Oreste. *Competência material trabalhista*. São Paulo: LTr, 1994

DALLEGRAVE NETO, José Affonso. *Responsabilidade civil no direito do trabalho*. 6. ed. São Paulo: LTr, 2017.

DELGADO, Mauricio Godinho. *Curso de direito do trabalho*. 18. ed. São Paulo: LTr, 2019.

ESPANHA. *Ley Orgánica 10/1995, de 23 de noviembre*. Código Penal. Boletín Oficial del Estado num. 281, de 24 de mayo de 1996. Disponível em: https://www.boe.es/buscar/act.php?id=BOE-A-1995-25444. Acesso em: 03 jan. 2024.

______. *Ley 20/2007, de 11 de julio*. Estatuto del trabajo autónomo. Boletín Oficial del Estado num. 166, de 12 de julio de 2007. Disponível em: https://www.boe.es/buscar/act.php?id=BOE-A-2007-13409. Acesso em: 03 jan. 2024.

______. *Ley 36/2011, de 10 de octubre*. Reguladora de la jurisdicción social. Boletín Oficial del Estado num. 245, de 11 de octubre de 2011. Disponível em: https://www.boe.es/buscar/act.php?id=BOE-A-2011-15936. Acesso em: 03 jan. 2024.

______. *Real Decreto Legislativo 2/2015, de 23 de octubre*. Ley del Estatuto de los Trabajadores. Boletín Oficial del Estado num. 255, de 24 de octubre de 2015. Disponível em: https://www.boe.es/buscar/act.php?id=BOE-A-2015-11430. Acesso em: 03 jan. 2024.

FLORINDO, Valdir. Ambiente de trabalho + prevenção = – assédio moral. *Revista LTr*, São Paulo, v. 77, n. 10, p. 1180-1186, out. 2013.

FRANÇA. *Code du Travail*. En vigueur depuis le 03 janvier 1973. Disponível em: https://www.legifrance.gouv.fr/codes/texte_lc/LEGITEXT000006072050?etatTexte=VIGUEUR&etatTexte=VIGUEUR_DIFF. Acesso em: 06 jan. 2024.

______. *Code Pénal*. En vigueur depuis le 01 septembre 1990. Disponível em: https://www.legifrance.gouv.fr/codes/texte_lc/LEGITEXT000006070719/2024-01-06. Acesso em: 06 jan. 2024.

GARCIA, Gustavo Filipe Barbosa. *Meio ambiente do trabalho:* direito, segurança e saúde no trabalho. 8. ed. rev. atual. e ampl. Salvador: JusPodivm, 2021.

GONÇALVES, Carlos Roberto. *Direito Civil Brasileiro:* Responsabilidade Civil. 18. ed. São Paulo: SaraivaJur, 2023, v. 4.

GUIMARÃES, Andréa Bastos da Silva; CARVALHO, Kátia Cilene Medeiros de; PAIXÃO, Luiz Andrés Ribeiro. Micro, pequenas e medias empresas: conceitos e estatísticas. 2018. *Radar*, v. 55, p. 21–26, fev./2018. Disponível em: https://www.ipea.gov.br/portal/images/stories/PDFs/radar/180209_radar_55_cap04.pdf. Acesso em: 21 jul. 2022.

HENCSEY, Antonio Carlos, et al. Disseminação da cultura de *compliance*: casos práticos de ferramentas e mecanismos. In: FRANCO, Isabel (Org.). *Guia prático de* compliance. Rio de Janeiro: Forense, 2020.

HIRIGOYEN, Marie-France. Trad. Rejane Janowitzer. *O mal-estar no trabalho:* redefinindo o assédio moral. 3. ed. Rio de Janeiro: Bertrand Brasil, 2006.

ITÁLIA. *Regio Decreto 19 ottobre 1930, n. 1398.* Codice Penale. Gazzetta Ufficiale 26 ottobre 1930. Disponível em: https://www.gazzettaufficiale.it/sommario/codici/codicePenale. Acesso em: 04 jan. 2024.

______. *Regio Decreto 16 marzo 1942, n. 262.* Codice Civile. Gazzetta Ufficiale 04 aprile 1942. Disponível em: https://www.gazzettaufficiale.it/anteprima/codici/codiceCivile. Acesso em: 04 jan. 2024.

______. *Legge 9 dicembre 1977, n. 903.* Parita' di trattamento tra uomini e donne in materia di lavoro. Gazzetta Ufficiale 17 dicembre 1977. Disponível em: https://www.gazzettaufficiale.it/eli/id/1977/12/17/077U0903/sg. Acesso em: 04 jan. 2024.

______. *Decreto Legislativo 11 aprile 2006, n. 198.* Codice delle pari opportunità tra uomo e donna. Gazzetta Ufficiale 31 maggio 2006. Disponível em: https://www.parlamento.it/parlam/leggi/deleghe/06198dl.htm. Acesso em: 04 jan. 2024.

JORGE NETO, Francisco Ferreira; CAVALCANTE, Jouberto de Quadros Pessoa. *Direito do Trabalho.* 9. ed. São Paulo: Atlas, 2019.

LAMACHIA, Claudio; PETRARCA, Carolina (Orgs.); MELO, Izabela Frota; CODIGNOTO, Roberta (Coords.). *Compliance:* essência e efetividade. Brasília: OAB, Conselho Federal, 2018.

LENZA, Pedro. *Direito constitucional.* 25. ed. São Paulo: Saraiva Educação, 2021.

LOPES, Aline Fernanda Martins; DUARTE, Dayla Rocha. Psicologia organizacional e do trabalho: principais métodos de prevenção ao assédio moral. 2020. *Revista Farol Faculdade Rolim de Moura*, v. 11, n. 11, p. 30-45, nov./2020. Disponível em: https://revista.farol.edu.br/index.php/farol/article/view/251. Acesso em: 16 abr. 2021.

MACHADO, Lucas Gamaliel Fernandes; SCANDIUZZI, Ariadne Yurkin. *Compliance* e sua aplicação às médias, pequenas e microempresas. 2020. *Episteme Transversalis*, v. 11, n. 1, maio 2020. Disponível em: http://revista.ugb.edu.br/ojs302/index.php/episteme/article/view/2129. Acesso em: 04 abr. 2022.

MARANHÃO, Ney. Meio ambiente do trabalho: descrição jurídico-conceitual. *Revista LTr*, v. 80, n. 4, p. 420-430, 2016.

______. Poluição labor-ambiental: aportes jurídicos gerais. *Revista LTr*, v. 81, n. 6, p. 672-679, 2017.

MARCONI, Aline Del Tedesco Nassif. Compliance *trabalhista:* como assegurar conformidade nas relações de trabalho. São Paulo: Saint Paul Editora, 2021.

MATHIES, Anaruez. *Assédio moral e* compliance *na relação de emprego:* dos danos e dos custos e instrumentos de prevenção. Curitiba: Juruá, 2018.

MELO, Sandro Nahmias. Greve ambiental: direito de exercício coletivo. *Revista LTr*, São Paulo, v. 79, n. 12, p. 1.450-1.458, dez. 2015

MELO, Raimundo Simão de. *Direito ambiental do trabalho e a saúde do trabalhador.* 3. ed. São Paulo, LTr, 2008.

MENDES, Gilmar Ferreira; BRANCO, Paulo Gustavo Gonet. *Curso de Direito Constitucional.* 18. ed. São Paulo: SaraivaJur, 2023, p. 106.

MINARDI, Fábio Freitas. Direito ambiental do trabalho: fundamentos e princípios. *Revista eletrônica do Tribunal Regional do Trabalho do Paraná.* Curitiba: Escola Judicial do Tribunal Regional do Trabalho da 9ª Região, v. 2, n. 23, p. 175-194, out. 2013. Disponível em: https://juslaboris.tst.jus.br/bitstream/handle/20.500.12178/87246/2013_rev_trt09_v02_n023.pdf?sequence=1&isAllowed=y. Acesso em: 27 ago. 2023.

MONTEIRO, Janine Kieling *et al.* Prevenção do assédio moral no trabalho na visão de servidores público do judiciário. 2018. *Psicologia Argumento*, v. 36, n. 94, p. 546-564, out./dez. 2018. Disponível em: https://periodicos.pucpr.br/psicologiaargumento/article/view/24454. Acesso em: 20 jul. 2022.

NASCIMENTO, Amauri Mascaro. A defesa processual do meio ambiente do trabalho. *Revista LTr*, São Paulo, v. 63, n. 5, p. 583-587, 1999.

NASCIMENTO, Daniella Teixeira. Saúde mental de trabalhadores vítimas de assédio moral. *Revista Psicologia.pt*, Centro Universitário Jorge Amado, 2018. Disponível em: https://www.psicologia.pt/artigos/textos/A1197.pdf. Acesso em: 12 set. 2022.

NOVICKIS, Karlis Mirra. Origem, importância e efetividade dos programas de *compliance*. In: LAMACHIA, Cláudio; PETRARCA, Carolina (Orgs.); MELO, Izabela Frota; CODIGNOTO, Roberta (Coords.). *Compliance:* essência e efetividade. Brasília: OAB, Conselho Federal, 2018.

NUNES, Thiago Soares; TOLFO, Suzana da Rosa. A dinâmica e os fatores organizacionais propiciadores à ocorrência do assédio moral no trabalho. 2013. *Revista de Gestão e Secretariado*, v. 4, n. 2, p. 90–113, 2013. Disponível em: https://www.revistagesec.org.br/secretariado/article/view/161. Acesso em: 20 jul. 2022.

OLIVEIRA, Sebastião Geraldo de. *Proteção jurídica à saúde do trabalhador.* 6. ed. rev. e atual. São Paulo: LTr, 2011.

______. *Indenizações por acidente do trabalho ou doença ocupacional.* 7. ed. rev. e atual. São Paulo: LTr, 2013.

OIT — Organização Internacional do Trabalho. *Convenção n. 155.* Segurança e Saúde dos Trabalhadores. 67 a reunião da Conferência Internacional do Trabalho. Genebra, 1981. Disponível em: https://www.ilo.org/brasilia/convencoes/WCMS_236163/lang--pt/index.htm. Acesso em: 21 ago. 2023.

______. *Convenção n. 190.* Convenção sobre a eliminação da violência e do assédio no mundo do trabalho. 108a reunião da Conferência Internacional do Trabalho. Genebra, 2019. Disponível em: https://www.ilo.org/wcmsp5/groups/public/---europe/---ro-geneva/---ilo-lisbon/documents/genericdocument/wcms_729459.pdf. Acesso em: 21 ago. 2023.

______. *Violência e assédio no mundo do trabalho:* Um guia sobre a Convenção n. 190 e a Recomendação n. 206. Escritório Internacional do Trabalho – Genebra: OIT, 2021. *E-book.* Disponível em: https://www.ilo.org/wcmsp5/groups/public/---americas/---ro-lima/---ilo-brasilia/documents/publication/wcms_832010.pdf. Acesso em: 10 jan. 2023.

ONU — Organização das Nações Unidas. *Declaração do Rio sobre meio ambiente e desenvolvimento.* Conferência das Nações Unidas, Rio de Janeiro, 1992. Disponível em: https://www5.pucsp.br/ecopolitica/projetos_fluxos/doc_principais_ecopolitica/Declaracao_rio_1992.pdf. Acesso em: 25 fev. 2023.

PAULO, Iasmin Luz de; SILVA, Karoline Gomes da; SILVA, Humberto Cardoso da Silva. A gestão de conflitos em microempresas familiares: um estudo de múltiplos casos na cidade de Olinda. *Revista Brasileira de Administração Científica*, v. 12, n. 2, p. 379-390, 2021. Disponível em: https://www.sustenere.co/index.php/rbadm/article/view/CBPC2179-684X.2021.002.0030. Acesso em: 26 set. 2022.

PORTUGAL. *Decreto-lei n. 48/1995.* Aprova o Código Penal. Diário da República n. 63/1995, Série I-A de 1995-03-15. Disponível em: https://diariodarepublica.pt/dr/legislacao-consolidada/decreto-lei/1995-34437675. Acesso em: 07 jan. 2024.

______. *Lei n. 7/2009.* Institui o Código do Trabalho de Portugal. Diário da República n. 30/2009, Série I de 2009-02-12. Disponível em: https://dre.pt/dre/legislacao-consolidada/lei/2009-34546475. Acesso em: 17 jun. 2023.

______. *Lei n. 73/2017.* Reforça o quadro legislativo para a prevenção da prática de assédio, procedendo à décima segunda alteração ao Código do Trabalho, aprovado em anexo à Lei n. 7/2009, de 12 de fevereiro, à sexta alteração à Lei Geral do Trabalho em Funções Públicas, aprovada em anexo à Lei n. 35/2014, de 20 de junho, e à quinta alteração ao Código de Processo do Trabalho, aprovado pelo Decreto-lei n. 480/99, de 9 de novembro. Diário da República n. 157/2017, Série I de 2017-08-16. Disponível em: https://diariodarepublica.pt/dr/detalhe/lei/73-2017-108001409. Acesso em: 17 jun. 2023.

REINO UNIDO. *Equalit Act 2020, de 1º.10.2010.* Disponível em: https://www.legislation.gov.uk/ukpga/2010/15/contents. Acesso em: 06 jan. 2024.

REIS, Zoleide Martello dos; MACHADO, Wilton; VIEIRA, Bruna Ramos. As consequências do assédio moral no ambiente de trabalho privado. *Judicare*, v. 14, n. 1, p. 12-28, jul. 2019. Disponível em: http://ienomat.com.br/revista/index.php/judicare/article/view/98. Acesso em: 29 mar. 2022.

RIGONI, Nancy. *Gestão de uma microempresa do setor gráfico:* o caso da gráfica modelo. 2011. 33 f. Monografia Especialização em gestão de negócios financeiros. Universidade Federal do Rio Grande do Sul. Disponível em: https://www.lume.ufrgs.br/handle/10183/96983. Acesso em: 26 set. 2022.

RODRIGUES, André Luis Friaça *et al.* Gestão de riscos (*risk management*): desafios e melhores práticas In: FRANCO, Isabel (Org.). *Guia prático de* compliance. Rio de Janeiro: Forense, 2020.

RODRIGUES, Marcelo Abelha. *Direito ambiental esquematizado.* 5. ed. São Paulo: Saraiva Educação, 2018 (coleção esquematizado).

ROMI S/A. *Código de ética e conduta empresarial.* 2022. Disponível em: https://www.romi.com/investidores/governanca-corporativa/compliance/codigo-de-conduta/. Acesso em: 05 abr. 2022.

______. *Institucional.* 2023. Disponível em: https://www.romi.com/institucional/. Acesso em: 20 abr. 2023.

SARAMAGO, José. *O conto da ilha desconhecida.* São Paulo: Companhia das Letras, 1998.

SARLET, Ingo Wolfgang; FENSTERSEIFER, Tiago. *Curso de direito ambiental.* 2. ed. Rio de janeiro: Forense, 2021.

SCHWARZ, Rodrigo Garcia; THOME, Candy Florêncio. Assédio moral no trabalho e direito à saúde: consequências do assédio moral no âmbito do trabalho ao direito à saúde do trabalhador. *Revista do Direito do Trabalho e meio ambiente do trabalho*, v. 3, n. 2, p. 1-20, jul./dez. 2017. Disponível em: https://www.indexlaw.org/index.php/revistadtmat/article/ view/2346/pdf. Acesso em: 29 mar. 2022.

SEBRAE (Org.). *Anuário do trabalho nos pequenos negócios:* 2018. 11. ed. Serviço Brasileiro de Apoio às Micro e Pequenas Empresas; Departamento Intersindical de Estatística e Estudos Socioeconômicos [responsável pela elaboração da pesquisa, dos textos, tabela gráficos e mapas]. Brasília, DF: DIEESE, 2020. Disponível em: https://www.dieese.org.br/anuario/2018/anuarioPequenoNegocio2018.pdf. Acesso em: 06 abr. 2022.

______. *Integridade nas MPE.* Brasília, DF: SEBRAE, 2018. Disponível em: https://datasebrae.com.br/wp-content/uploads/2018/12/Integridade-nas-MPE-2018.pdf. Acesso em: 26 set. 2022.

______. *Sobrevivência de empresas no Brasil.* Brasília, DF: SEBRAE, 2016. Disponível em: https://www.sebrae.com.br/Sebrae/Portal%20Sebrae/Anexos/sobrevivencia-das-empresas-no-brasil-102016.pdf. Acesso em: 06 set. 2022.

SERPA, Alexandre; VASCONCELLOS, Reynaldo Dobrovolsky Molina de; PORTO, Roberta Guasti. *Compliance* e gestão de medidas disciplinares. In: FRANCO, Isabel (Org.). *Guia prático de* compliance. Rio de Janeiro: Forense, 2020.

SILVA, José Afonso da. *Direito ambiental constitucional.* 10. ed. São Paulo: Malheiros, 2013.

SILVA, José Antônio Ribeiro de Oliveira. *Acidente do trabalho:* Responsabilidade objetiva do empregador. 2. ed. São Paulo: LTr, 2013.

SIRVINSKAS, Luis Paulo. *Manual de direito ambiental.* 16. ed. São Paulo: Saraiva Educação, 2018.

SOARES, Fábio Lopes (Org.) *et al. Compliance:* Fundamentos e reflexões para integridade nas empresas. Rio de Janeiro: Lumen Juris, 2021.

SOUZA, Dercia Antunes de; PINHEIRO, Ana Paula. Causas e efeitos da rotatividade de pessoal/ turnover: Estudo de caso de uma microempresa do setor de educação. In: *Simpósio de excelência em gestão e tecnologia*, 10., 2013, Rio de Janeiro, Anais..., publicação online, 2013. Disponível em: https://www.aedb.br/seget/arquivos/artigos13/58618723.pdf. Acesso em: 16 set. 2022.

SOUZA, Fernanda Nunes Coelho Lana e. Implementação de um programa de *compliance*. In: LAMACHIA, Claudio; PETRARCA, Carolina (Orgs.); MELO, Izabela Frota; CODIGNOTO, Roberta (Coords.). *Compliance:* essência e efetividade. Brasília: OAB, Conselho Federal, 2018.

SOUZA, José Leonélio de. Métricas como medida de efetividade do *compliance*. In: LAMACHIA, Claudio; PETRARCA, Carolina (Orgs.); MELO, Izabela Frota; CODIGNOTO, Roberta (Coords.). *Compliance:* essência e efetividade. Brasília: OAB, Conselho Federal, 2018.

TARTUCE, Flávio Murilo. *Direito civil:* direito das obrigações e responsabilidade civil. 14. ed. Rio de Janeiro: Forense, 2019, v. 2.

TERRA, D. M.; BIANCHI, E. M. P. G. *Compliance* nas Micro e Pequenas Empresas: Percepções de seus Administradores. *Revista de Empreendedorismo e Gestão de Pequenas Empresas*, São Paulo, SP, v. 7, n. 3, p. 58-84, 2018. Disponível em: https://www.regepe.org.br/regepe/article/view/692. Acesso em: 4 abr. 2022.

TINTI, Evandro de Oliveira. A responsabilidade civil no direito do trabalho após a Lei n. 13.467/2017. *Revista Direito e Sociedade:* Rev. Estudos Jurídicos e Interdisciplinares, Catanduva, v. 13, n. 1, p. 146-156, jan./dez. 2018.

TRENNEPOHL, Terence. *Manual de direito ambiental.* 7. ed. São Paulo: Saraiva Educação, 2019.

URUGUAI. *Ley n. 9.155, de 04.12.1933.* Código Penal. Publicação em 07.07.1934. Disponível em: https://www.impo.com.uy/bases/codigo-penal/9155-1933. Acesso em: 07 jan. 2024.

______. *Ley n. 18.561, de 11.09.2009.* Ley de acoso sexual. Prevencion y sancion en el ambito laboral y en las relaciones docente alumno. Publicação em 21.09.2009. Disponível em: https://www.impo.com.uy/bases/leyes/18561-2009. Acesso em: 07 jan. 2024.

______. *Decreto n. 256, de 11.09.2017.* Regulamentacion de la Ley 18.561. Publicação em 20.09.2017. Disponível em: https://www.impo.com.uy/bases/decretos/256-2017. Acesso em: 07 jan. 2024.

VIEGAS, Rafaela Alexandra Souza. *O impacto do assédio moral no local de trabalho no bem estar dos indivíduos e na sua intenção de turnover.* 2021. 62 f. Dissertação (Mestrado). Lisbon School of Economics & Management. Universidade de Lisboa. Lisboa, Portugal. Disponível em: ttps://www.repository.utl.pt/bitstream/10400.5/23871/1/DM-RASV-2021.pdf. Acesso em: 25 set. 2022.

VIEIRA, Carla Valente. O (des)compasso entre a cultura corporativa e os códigos de conduta. In: LAMACHIA, Claudio; PETRARCA, Carolina (Orgs.); MELO, Izabela Frota; CODIGNOTO, Roberta (Coords.). *Compliance:* essência e efetividade. Brasília: OAB, Conselho Federal, 2018.

Anexo I

Roteiro para Implementação de Um Programa de *Compliance* Trabalhista em Microempresas

➢ **Introdução:** Em um primeiro momento, após a contratação da assessoria jurídica para implementação de um programa de *compliance* trabalhista em microempresas, são necessárias algumas reuniões para esclarecimento sobre o passo a passo do programa.

Para o empregador deve ser explicada a importância do programa de *compliance* trabalhista para a microempresa, destacando os benefícios e a necessidade de estar em conformidade com as leis trabalhistas, a importância do comprometimento da alta administração, que no caso são os sócios e, se tiver, gerentes com poder de mando e gestão.

Nessa etapa, também é importante que se explique aos funcionários a importância do programa de *compliance* trabalhista, destacando os benefícios que ele trará para a empresa e para os próprios empregados, por buscar um ambiente de trabalho melhor, fluxo de trabalho mais organizado, cumprimento da legislação trabalhista e proteção dos empregados contra assédio, discriminação e outras situações potencialmente ofensivas.

É importante que seja sempre reforçado ao empresário que o programa tem como objetivo garantir que todas as práticas da empresa estejam em conformidade com as leis trabalhistas, evitando assim assédio moral e sexual, e consequentemente problemas jurídicos e prejuízos financeiros à empresa.

➢ **Definir a equipe de *compliance*:** Antes de quaisquer outras medidas práticas é importante definir as responsabilidades de cada um na implantação e acompanhamento do programa de *compliance*, o que em uma microempresa pode ser restrito à pessoa do sócio e também a um ou mais profissionais externos que estão prestando a assessoria. Cada membro desta equipe deverá ter suas funções muito claras de tarefas e responsabilidades, com prestação de informações aos demais para reavaliação periódica e eventuais ajustes.

➢ **Análise de riscos:** Nesta fase o que se busca é identificar os principais riscos trabalhistas que a microempresa pode enfrentar, como discussões ou problemas interpessoais que já ocorreram ou que ocorrem entre os empregados e demais pessoas que estão no dia a dia da empresa, falta de registro de funcionários, horas extras não remuneradas, entre outros.

Também faz parte da análise de riscos o estudo da rotatividade de funcionários e das ações trabalhistas que a empresa já recebeu. Com base nessa análise, a empresa poderá definir quais medidas serão necessárias para minimizar esses riscos.

Tais riscos já devem ser listados e bem delineados, conforme sua maior ou menor probabilidade de se concretizar, para que a empresa possa posteriormente decidir o custo-benefício do enfrentamento de cada um, quanto será necessário investir para enfrenta-los e quais deverão ser priorizados dentro da previsão orçamentária.

➢ **Elaboração de documentos:**

1 – Código de ética e conduta: Logo após a análise de riscos desenvolva um código de ética e conduta que estabeleça os princípios e valores da empresa, orientações de comportamento ético e relações interpessoais no ambiente de trabalho, regras para prevenção de conflitos trabalhistas, com enfoque especial em assédio moral, assédio sexual e discriminação, procedimentos e formato do canal de denúncias, diretrizes da comunicação e treinamento do conteúdo deste Código, dentre outros tópicos relevantes.

Ele deve ser claro e objetivo e deve ser divulgado para todos os funcionários da empresa. É importante que o código esteja alinhado com as leis trabalhistas vigentes.

2 – Plano de ação: Ao mesmo tempo em que se elabora o código de ética e conduta, elabore um plano detalhado para implementar o programa de *compliance* trabalhista, definindo responsabilidades e recursos necessários. Também devem ser fixados prazos para cumprimento das etapas do programa de *compliance*, pois uma vez que este é cíclico, será necessário o monitoramento contínuo e eventuais ajustes.

Todos os riscos anteriormente listados devem ter medidas claras de enfrentamento, neutralização ou atenuação específicas para cada um destes riscos.

Obs: a partir da análise de riscos é possível a elaboração de outros documentos que se verificarem necessários, por exemplo, um plano de treinamento, política de advertências, política de metas e objetivos, regulamento empresarial, entre outros.

➢ **Criação de um sistema de denúncias, investigação e punição**

1 – Canal de denúncia: O canal de denúncia deve ser confidencial e seguro para que os funcionários possam relatar suspeitas ou violações das normas trabalhistas sem medo de retaliação, além de serem divulgadas amplamente as formas de denunciar. É importante que a empresa tenha um protocolo claro para lidar com as denúncias recebidas e que os funcionários sejam informados sobre como usar o canal de denúncia.

2 – Procedimento de investigação: O procedimento de investigação deve detalhar como serão conduzidas as investigações internas em caso de denúncias. É importante que o procedimento seja célere, imparcial, confidencial e que as ações corretivas adequadas sejam tomadas. A empresa deve estabelecer um protocolo claro para lidar com cada tipo de denúncia recebida.

➢ **Treinamento/comunicação:** O treinamento é fundamental para conscientizar os funcionários sobre as políticas e práticas trabalhistas corretas previstas no código de ética e conduta, no plano de ação e demais documentos. A empresa deve promover treinamentos regulares para manter os funcionários atualizados sobre as mudanças na legislação trabalhista, sobre as políticas internas da empresa e para reforçar a intolerância da empresa quanto a condutas antiéticas e ilícitos no ambiente de trabalho.

Não somente nos treinamentos deve haver essa troca de informações, mas sim uma comunicação frequente e construtiva, por diversas medidas de conscientização, como cartazes, placas, informativos, redes sociais, e-mails, mensagens e o exemplo do próprio empregador.

➢ **Outras observações:**

1 – Vale lembrar que o programa de *compliance* é um ciclo, de modo que após o cumprimento do plano de ação, deve-se refazer a análise de riscos e de tudo que fora realizado até o momento, com vistas a analisar o que foi alcançado, o que ainda precisa ser melhorado e até mesmos novos riscos e problemas que possam ter surgido nesse período, com a fixação de novas ações, medidas, treinamentos e ajuste na comunicação.

2 – Devem ser elaborados relatórios sobre o programa de *compliance* para registrar as responsabilidades quanto ao já realizado e o que falta realizar, ao mesmo tempo em que servirão, no futuro, para observar a evolução do programa e da realidade da empresa. Este relatório pode até ser compartilhado, respeitando-se a proteção de dados prevista na LGPD, com fornecedores, clientes e investidores, para demonstrar o compromisso da empresa com a ética e o cumprimento das leis.

Anexo II

MODELO de Código de Ética e Conduta — *Compliance* Trabalhista em Microempresas

Código de Ética e Conduta da "XXXXXX"
(modelo genérico e hipotético, a ser ampla e detalhadamente ajustado de acordo com a realidade da empresa e do resultado das avaliações iniciais e monitoramento contínuo e periódico)

Data da criação: [Data]

Data da última atualização: [Data]

Versão nº: [001, ou 002, etc.]

1. Introdução

1.1. A "XXXXXX" reconhece a influência que um ambiente de trabalho positivo e harmonioso exerce sobre a produtividade, satisfação e crescimento tanto dos empregados e prestadores de serviço quanto da empresa como um todo. Nesse contexto, este Código de Ética e Conduta foi elaborado como um material para orientar nossos esforços na prevenção de conflitos trabalhistas e na promoção de um meio ambiente de trabalho saudável, inclusivo e colaborativo.

1.2. Este Código evidencia o empenho da administração da "XXXXXX" na implantação do programa de *compliance* visando a boa gestão, respeito aos trabalhadores e seus direitos e todas as pessoas que, de alguma forma, com ela se relacionam e com a prevenção de desequilíbrio do ambiente de trabalho para que todos desenvolvam suas atividades com segurança, satisfação e produtividade.

1.3. Através deste Código, a "XXXXXX" busca deixar claro seu compromisso com a promoção de um ambiente de trabalho onde todos os participantes possam contribuir com o seu potencial, livre de quaisquer formas de assédio moral, assédio sexual e discriminação.

1.4. Este Código de Ética e Conduta é o nosso guia para construir uma cultura que valorize as pessoas e seu trabalho em equipe, garantindo um ambiente no qual todos possam evoluir profissionalmente, mantendo sempre em mente o foco na prevenção de conflitos, respeito mútuo e colaboração.

2. Princípios e Valores da "XXXXXX"

2.1. Respeito e Diversidade: Acreditamos que a diversidade é um elemento que enriquece a cultura e ambiente de trabalho em nossa empresa. Valorizamos e respeitamos as diferenças individuais, incluindo origens culturais, perspectivas, habilidades e identidades.

2.2. Integridade e ética profissional: Buscamos agir sempre com integridade em todas as nossas relações humanas, mantendo os princípios de ética, honestidade, não discriminação, justiça e transparência em nossas atividades.

2.3. Colaboração e comunicação: Acreditamos que o trabalho em equipe é fundamental para o nosso sucesso. Promovemos uma cultura de colaboração, comunicação aberta e compartilhamento de ideias para alcançar nossos objetivos comuns.

2.4. Responsabilidade social e ambiental: Não buscamos apenas o sucesso empresarial e o lucro, mas também cumprir a nossa função social, sempre buscando o desenvolvimento sustentável, com respeito a toda a sociedade e ao meio ambiente, inclusive o do trabalho, buscando implantar práticas sustentáveis e contribuir positivamente para a comunidade.

3. Prevenção de Assédio Moral, Assédio Sexual e Discriminação

3.1. Assédio Moral: A "XXXXXX" repudia qualquer forma de assédio moral, incluindo, mas não limitado, a comportamentos, gestos, palavras, escritos ou ações que causem desconforto, humilhação, constrangimento ou intimidação a qualquer membro da equipe.

3.2. Assédio Sexual: O assédio sexual é inaceitável e não será tolerado na "XXXXXX" em nenhuma circunstância. Isso inclui condutas sexuais indesejadas, propostas, comentários, gestos ou qualquer outro comportamento de natureza sexual ofensiva.

3.3. Discriminação: A "XXXXXX" é comprometida com a promoção da igualdade de oportunidades, sendo vedadas quaisquer práticas discriminatórias, seja baseada em raça, cor, religião, gênero, orientação sexual, nacionalidade, deficiência ou qualquer outra característica pessoal ou social.

4. Prevenção de Conflitos Trabalhistas e Resolução de Disputas

4.1. A "XXXXXX" se compromete a realizar processos seletivos para novos empregados com critérios e métodos justos e transparentes, buscando avaliar as qualificações e experiências dos candidatos de maneira imparcial e com respeito à diversidade de gênero, cultural e social. No momento da contratação, serão fornecidas aos novos empregados informações claras sobre suas responsabilidades, deveres, políticas internas e oportunidades de crescimento.

4.2. A solução de conflitos no âmbito da "XXXXXX" deverá ocorrer sempre por meio de diálogo aberto e respeitoso, jamais desencorajando os empregados de se expressar, denunciar condutas ilícitas ou ofensivas.

4.3. A "XXXXXX" observará sempre os dispositivos da Lei Geral de Proteção de Dados para tratamento de dados, apenas o fazendo dentro daquilo que for necessário e essencial para as suas atividades, desde o momento do processo seletivo, inclusive para os candidatos que eventualmente não forem aprovados, até o momento de término de contratos de trabalho.

4.4. A "XXXXXX" estabelecerá políticas disciplinares claras, com detalhamento sobre as condutas vedadas no âmbito da empresa, fiscalização, investigação de denúncias e eventuais penalidades, tudo em busca de transparência e equilíbrio do meio ambiente do trabalho.

4.5. Eventuais demissões de empregados serão conduzidas conforme os procedimentos estabelecidos pelas leis trabalhistas, respeitando os diretos dos empregados desligados, especialmente a dignidade humana e privacidade, observando-se a pontualidade no pagamento de suas verbas rescisórias.

5. Denúncias e investigação

5.1. Todos os empregados serão encorajados a denunciar prontamente qualquer incidente de assédio moral, assédio sexual ou discriminação. As denúncias podem ser feitas diretamente ao _____ (pode ser uma assessoria externa ou um comitê de *compliance* ou a um gestor/sócio específico (*compliance officer*)). Denúncias anônimas também serão consideradas e tratadas com seriedade.

5.2. A "XXXXXX" conduzirá investigações, por meio de _____ (pode ser uma assessoria externa ou um comitê de *compliance* ou a um gestor/sócio específico (*compliance officer*)), sobre todas as denúncias recebidas, mantendo a confidencialidade, imparcialidade e respeito a todos os envolvidos.

5.3. Se uma denúncia se mostrar fundamentada e com elementos de prova, deverão ser tomadas as medidas disciplinares adequadas, que podem incluir advertências por escrito, suspensões de até 30 dias, ou rescisão do contrato de trabalho por justa causa, conforme a gravidade da infração.

6. Treinamento e Comunicação

6.1. A "XXXXXX" oferecerá treinamentos e capacitações regulares sobre prevenção de assédio moral, assédio sexual e discriminação a todos os empregados, incluindo em seu conteúdo programático, pelo menos:

- Definições claras do que constitui assédio moral, assédio sexual e discriminação;

- Exemplos de comportamentos inaceitáveis;
- Causas e consequências da prática de assédio moral, assédio sexual e discriminação;
- Legislação e normas aplicáveis e punições cabíveis;
- Informações sobre como denunciar incidentes de forma segura e confidencial;
- Consequências de violações do Código de Ética e Conduta.
- Cultura organizacional e prevenção de assédio moral, assédio sexual e discriminação;

6.2. Os treinamentos e capacitações sobre os temas listados no item anterior devem ser interativos e informativos, sendo oferecidos aos novos empregados, além de cursos de atualização periódica para aqueles que já participaram de outros eventos de capacitação.

6.3. A "XXXXXX" deverá realizar treinamentos específicos para os sócios e gerentes com poder de mando e gestão, visando se aprofundar na temática da prevenção, identificação e solução de comportamentos inadequados no local de trabalho.

6.4. Os treinamentos deverão ser variados, multidisciplinares, contando com participação de especialistas em diversas áreas do conhecimento, como advogados, psicólogos organizacionais, médicos do trabalho ou engenheiros/técnicos especializados em saúde e segurança do trabalho, administradores, entre outros.

6.5. Além dos treinamentos regulares, a "XXXXXX" utilizará todos os meios de comunicação, tais como murais, redes sociais, grupos internos virtuais, entre outros, para disseminar e consolidar uma cultura de prevenção de assédio moral, assédio sexual e discriminação e outras formas de conflitos interpessoais, visando a todos os empregados, prestadores de serviço, clientes, fornecedores, entre outros que se relacionarem diretamente com o ambiente do trabalho.

6.6. A opinião dos empregados e demais pessoas citadas no item anterior será sempre relevante e solicitada por meio de pesquisas de satisfação, assim como os conteúdos de treinamentos poderão ser objeto de questionários a ser respondidos pelos participantes, que terão a faculdade de se identificar ou não. Todo material com opinião e *feedback* serão relevantes, analisados e utilizados para implantação de melhorias no ambiente de trabalho e nos treinamentos futuros.

7. Cumprimento e Responsabilidade

7.1. Todos os empregados, sócios e prestadores de serviço contratados têm a responsabilidade de cumprir este Código de Ética e Conduta, sob pena de sanções disciplinares a serem aplicadas conforme o caso, especialmente quanto à prevenção de assédio moral, assédio sexual e discriminação no ambiente de trabalho.

Este Código entra em vigor a partir da presente data e deve ser observado por todas as pessoas relacionadas a esta empresa, como empregados, sócios e prestadores de serviços contratados.

Local e Data.

Assinatura: ______________________________

Nome do sócio responsável pelo programa de *compliance*

(Anexo ao Código de Ética e Conduta)

Termo de Ciência do Código de Ética e Conduta

Eu, [Nome Completo], portador(a) do documento de identidade n. [Número do Documento] e CPF n. [Número do CPF], declaro, para todos os fins e efeitos legais, que recebi, li e compreendi integralmente o conteúdo do "Código de Ética e Conduta" da empresa "XXXXXX", datado de __/__/____, e estou ciente das diretrizes, princípios, políticas e procedimentos nele estabelecidos.

Comprometo-me a aderir às normas e orientações presentes no referido Código, bem como a promover um ambiente de trabalho respeitoso, inclusivo e colaborativo, contribuindo para a manutenção de um ambiente seguro e saudável para todos os empregados e prestadores de serviço.

Estou ciente de que qualquer violação ao Código de Ética e Conduta pode resultar em medidas disciplinares, de acordo com a gravidade da infração e os procedimentos estabelecidos.

Declaro, ainda, que tive a oportunidade de esclarecer dúvidas e discutir qualquer aspecto do Código de Ética e Conduta com os representantes da "XXXXXX", e que recebi os esclarecimentos necessários para um entendimento completo.

Por meio deste termo, manifesto minha concordância e comprometimento com as disposições do Código de Ética e Conduta da "XXXXXX".

Local e Data.

Assinatura: ___________________________

Anexo III

Roteiro de Avaliação de Riscos para Um Programa de *Compliance* Trabalhista em Microempresas

Análise de Riscos em um Programa de *Compliance* Trabalhista:
(Este roteiro é genérico e deve ser aprimorado de acordo com a realidade da empresa, características de trabalho do profissional que está prestando assessoria e pretensões do programa de *compliance*)

1. Conhecendo a empresa (aos sócios e gestores)

— Por que está buscando implantar um programa de *compliance*?

— Descrever detalhadamente a estrutura da empresa (estabelecimento, organograma entre sócios, empregados em atividade presencial, empregados em teletrabalho, e prestadores de serviços).

— Existem situações atuais que traz alguma preocupação mais imediata que gostaria de relatar?

— Na sua opinião, quais são os maiores desafios em relação à prevenção de assédio moral, assédio sexual e discriminação nesta empresa?

— Quais são os valores fundamentais da empresa nas relações entre empregados e entre estes e terceiros?

— Esses valores são mencionados aos empregados de alguma forma?

2. Riscos sobre assédio moral e assédio sexual e discriminação

— Existe — e qual é — uma cultura predominante na empresa em relação ao tratamento justo e respeitoso dos empregados?

— Existem práticas ou comportamentos que possam indicar um ambiente propício a assédio, discriminação ou outros conflitos trabalhistas?

— Existem políticas claras e eficazes para prevenir assédio moral, assédio sexual e discriminação?

— A empresa incentiva a diversidade e a inclusão no local de trabalho?

— Se sim, de quais formas?

— A empresa já teve conhecimento de situações de assédio, discriminação ou comportamentos inadequados? Se sim, foram devidamente tratadas?

— A empresa sofreu processos trabalhistas por conta de assédio moral ou sexual?

— Existem medidas concretas para garantir que todos os empregados convivam em harmonia? Quais?

— Há conscientização e treinamento regulares para prevenção de assédio moral e sexual?

— A empresa conta ou já contou com apoio de profissionais externos para a prevenção de assédio moral e assédio sexual e discriminação?

3. Contratação e Demissão:

— Como são os processos de contratação e demissão?

— São realizados internamente ou por empresa de assessoria especializada?

— São conduzidos de forma transparente e justa?

— Existe a possibilidade de enviesamento ou discriminação durante esses processos?

— A empresa cumpre as leis e regulamentos relacionados a contratação e demissão?

4. Sistema de Metas e Promoção funcional:

— Como as metas e objetivos são definidos para os empregados?

— As metas individuais estão alinhadas aos objetivos gerais da empresa? Como a empresa assegura esse alinhamento?

— As metas incentivam comportamentos éticos ou podem levar a pressões excessivas e antiéticas?

— Como o sistema de metas influencia a cultura da empresa? Ela promove uma atmosfera de colaboração ou competição excessiva?

— Os empregados têm a oportunidade de contribuir para a criação de suas próprias metas?

— Como a empresa lida com situações em que os empregados se sentem sobrecarregados?

— Como é realizada a avaliação do desempenho dos empregados em relação às metas e outros objetivos?

— Os critérios de avaliação são objetivos e transparentes?

— Os empregados têm oportunidade de fornecer feedback e debater sobre sua avaliação?

— Quais são os tipos de reconhecimento e recompensas oferecidos aos empregados que alcançam ou superam suas metas?

— Como a empresa apoia os empregados que enfrentam dificuldades para alcançar suas metas?

— Como a empresa determina as promoções funcionais?

— O sistema de promoção funcional é transparente e baseado em critérios não discriminatórios e não arbitrários?

— Como a empresa assegura que a distribuição de metas e oportunidades de promoção seja justa e equitativa para todos os empregados?

— Com base na experiência, até o momento, que melhorias ou ajustes você considera necessários no sistema de metas e promoções funcionais da empresa?

— Como a empresa planeja abordar eventuais problemas ou preocupações dos empregados em relação ao sistema de metas e promoções funcionais?

5. Denúncias, investigação e solução de conflitos

— Como as relações interpessoais são monitoradas e orientadas?

— Existem mecanismos para identificar e lidar com conflitos interpessoais de maneira construtiva?

— Existem canais disponíveis na empresa para os empregados relatarem incidentes de assédio ou discriminação?

— Como a empresa aborda e investiga denúncias, assegurando a confidencialidade e a imparcialidade?

— Quais são as suas expectativas em relação ao papel dos líderes na promoção de um ambiente de trabalho respeitoso?

— Como você acredita que os líderes da empresa devem demonstrar compromisso com a prevenção de assédio e discriminação?

6. Legislação trabalhista em geral: (Neste tópico devem ser realizadas diversas questões e abordagens para entender a realidade da empresa, pois nem sempre a própria empresa visualiza erros que possam violar a legislação trabalhista) Exemplos:

— Como é o sistema de remuneração dos empregados? Descrever todos as funções, salários, adicionais e benefícios e se isso é devidamente discriminado nos recibos de salário!

— Existe transparência na política de remuneração e no processo de concessão de benefícios?

— A jornada de trabalho é registrada e monitorada adequadamente?

— Os empregados usufruem dos intervalos e períodos de descanso previstos na lei?

— A empresa cumpre a legislação referente a limites de jornada e eventuais horas extras e outros adicionais, quando necessários?

— A empresa cumpre as normas regulamentadoras do Ministério do Trabalho e outras normas administrativas? (analisar documentos como LTCAT, AET, PCMSO, PPRA, Recibos de EPIs, entre outros)

— Quais os documentos e procedimentos voltados à prevenção de acidentes e doenças ocupacionais?

— Existem trabalhadores prestando trabalho remoto?

— Se sim, como é a organização deste teletrabalho? Há um treinamento ou orientações específicas a estes teletrabalhadores?

7. Perguntas aos empregados e prestadores de serviço

Deve ser esclarecido que as entrevistas são sigilosas e servem para contribuir para uma melhora no ambiente de trabalho e a ele próprio.

— O que você mudaria na empresa?

— Você já testemunhou ou experimentou alguma forma de assédio moral, assédio sexual ou discriminação dentro da empresa?

— Você se sentiu desconfortável ou constrangido com algum comportamento ou comentário de colegas ou gestores?

— Existe algum comportamento que você acredita ser inapropriado, mas não sabe como lidar com ele?

— Você sabe se existe um canal de denúncia de assédio ou discriminação na empresa?

— Você acredita que os canais de denúncia são confiáveis e que suas denúncias seriam tratadas com seriedade?

— Você já presenciou situações em que comportamentos inadequados foram ignorados ou não tratados pela empresa?

— Se acontecer algum conflito entre pessoas na empresa, como você acha que isso deve ser resolvido?

— A empresa já forneceu treinamentos ou orientações sobre prevenção de assédio moral, assédio sexual ou discriminação?

— Você considera esses treinamentos eficazes para criar um ambiente de trabalho seguro e respeitoso?

— Como você descreveria a atmosfera geral do ambiente de trabalho em relação a relações interpessoais e colaboração?

Anexo IV

Sugestão de Conteúdo Programático de Curso de Prevenção de Assédio Moral e Sexual em Microempresas

Nome do curso:

Nome do preceptor:

Carga horária:

Objetivo geral: Promover a conscientização e prevenção do assédio moral e sexual nas microempresas, criando um ambiente de trabalho saudável e respeitoso.

Objetivos específicos:

1. Identificar e compreender as diferentes formas de assédio moral e sexual.

2. Conscientizar os empregados sobre os impactos negativos do assédio no ambiente de trabalho.

3. Capacitar os participantes a reconhecerem comportamentos inadequados e agir de forma adequada.

4. Estabelecer diretrizes e práticas para prevenir o assédio moral e sexual.

Ementa: Introdução sobre o tema assédio moral e sexual: conceitos, definições, diferenças/semelhanças e legislação aplicável. Impactos do assédio no ambiente de trabalho: consequências para as vítimas, para o agressor, para a sociedade e para a empresa. Como agir diante de situações de assédio: denúncia, apoio às vítimas. Prevenção do assédio moral e sexual: melhora na comunicação interpessoal; profissionalização no fluxo de trabalho; sistema adequado de metas, promoções, prêmios e penalidades; treinamento e apoio profissional.

Conteúdo programático:

1. Introdução ao curso:

— Apresentação do curso e dos objetivos.

— Contextualização sobre a importância da prevenção do assédio moral e sexual nas microempresas.

2. Conceitos e definições:

— Explicação dos conceitos de assédio moral e assédio sexual;

— Diferenciação entre assédio moral e sexual;

— Análise das formas mais comuns de assédio.

3. Legislação aplicável:

— Análise das leis e normas que abordam o assédio moral e sexual no ambiente de trabalho;

— Noções sobre meio ambiente do trabalho e as normas sobre a sua proteção;

— Normas Regulamentadoras do MTE relativas ao tema

— Explicação dos direitos e deveres dos empregados e empregadores;

4. Impactos do assédio moral e sexual:

— Discussão sobre os impactos negativos do assédio no ambiente de trabalho, como estresse, baixa produtividade e clima organizacional prejudicado.

— Análise dos impactos na saúde física e mental das vítimas.

— Possíveis consequências para agressor que cometeu o assédio;

— Estudo das consequências do assédio para a sociedade e para o próprio empregador;

5. Identificação de comportamentos inadequados:

— Identificação de sinais de assédio moral e sexual.

— Exemplos práticos de comportamentos inadequados no ambiente de trabalho.

6. Ações diante de situações de assédio:

— Orientações sobre como agir ao presenciar ou ser vítima de assédio.

— Abordagem sobre os procedimentos para denúncia.

— Explicação sobre as medidas disciplinares que podem ser aplicadas.

7. Prevenção do assédio moral e sexual:

— Apresentação de estratégias para prevenir o assédio, como melhora na comunicação interpessoal; profissionalização no fluxo de trabalho; sistema adequado de metas, promoções, prêmios e penalidades; treinamento e apoio profissional;

— Discussão sobre a importância de criar um ambiente de trabalho seguro e respeitoso;

8. Cultura organizacional saudável:

— Proposta de uma cultura organizacional que promova o respeito e a igualdade;

— Exploração de estratégias para construir uma cultura organizacional saudável e livre de assédio moral e sexual, a partir da realidade daquela microempresa.

Bibliografia: (*vide* obras atuais no momento de proferir o curso, de acordo com a necessidade, o público, a carga horária).

Anexo V

Portaria Conjunta 2.279/2015 — Controladoria Geral da União e Secretaria da Micro e Pequena Empresa — Regulamenta o Programa de Integridade para MEs e EPPs (*DOU* de 11.09.2015)

Observação do autor: O Decreto n. 8.420/2015 foi revogado pelo Decreto n. 11.129/2022, porém este último traz previsões no que interessa ao estudo da presente Portaria.

> **Republicada Portaria que regulamenta o programa de integridade para ME e EPP.**
> *A Portaria Conjunta n. 2.279 CGU-MPE foi republicada por ter sido omitido parte do texto da terceira coluna da última linha da tabela anexa que contém os parâmetros de integridade da ME e EPP.*

O MINISTRO DE ESTADO CHEFE DA CONTROLADORIA-GERAL DA UNIÃO e o MINISTRO DE ESTADO CHEFE DA SECRETARIA DA MICRO E PEQUENA EMPRESA, com fundamento no disposto no § 5º do art. 42 do Decreto n. 8.420, de 18 de março de 2015, resolvem:

Art. 1º As medidas de integridade de microempresa ou empresa de pequeno porte, para fins da aplicação do disposto no inciso V do art. 18 e no inciso IV do art. 37 do **Decreto n. 8.420**, de 18 de março de 2015, serão avaliadas nos termos desta Portaria.

§ 1º Será considerada microempresa ou empresa de pequeno porte a pessoa jurídica que cumprir os requisitos estabelecidos na **Lei Complementar n. 123**, de 14 de dezembro de 2006.

§ 2º A implementação, por microempresa ou empresa de pequeno porte, dos parâmetros de que trata o §3º e o *caput* do art. 42 do **Decreto n. 8.420**, de 2015, poderá ser efetivada por meio de medidas de integridade mais simples, com menor rigor formal, que demonstrem o comprometimento com a ética e a integridade na condução de suas atividades.

§ 3º As medidas de integridade implementadas deverão considerar o atendimento aos parâmetros relacionados no Anexo desta Portaria e sua adequação ao perfil da empresa.

Art. 2º Para que as medidas de integridade implementadas sejam avaliadas, a microempresa ou a empresa de pequeno porte deverá apresentar:

I - relatório de perfil; e

II - relatório de conformidade.

Art. 3º No relatório de perfil, a microempresa ou a empresa de pequeno porte deverá prestar as seguintes informações:

I - áreas de atuação;

II - responsáveis pela administração;

III - quantitativo de empregados e a estrutura organizacional; e

IV - nível de relacionamento com o setor público, especificando:

a) principais autorizações, licenças e permissões governamentais necessárias para o exercício de suas atividades;

b) valor aproximado dos contratos celebrados ou vigentes com o setor público nos últimos três anos e a participação destes no faturamento anual; e

c) utilização de agentes intermediários, como procuradores, despachantes, consultores ou representantes comerciais, no relacionamento com o setor público.

Art. 4º No relatório de conformidade, a microempresa ou a empresa de pequeno porte deverá:

I - relacionar e demonstrar o funcionamento das medidas de integridade adotadas; e

II - demonstrar como as medidas de integridade contribuíram para a prevenção, detecção e remediação do ato lesivo objeto da apuração.

Parágrafo único. A comprovação das informações de que trata o *caput* pode abranger a apresentação de documentos oficiais, correios eletrônicos, cartas, declarações, correspondências, memorandos, atas de reunião, relatórios, manuais, imagens capturadas da tela de computador, gravações audiovisuais e sonoras, fotografias, ordens de compra, notas fiscais, registros contábeis ou outros documentos, preferencialmente em meio digital.

Art. 5º A aplicação do percentual máximo previsto no inciso V do art. 18 do **Decreto n. 8.420**, de 2015, fica condicionada ao atendimento pleno dos parâmetros de integridade e a efetiva atuação das medidas na prevenção, detecção e remediação do ato lesivo objeto da apuração.

Parágrafo único. A autoridade responsável pela avaliação das medidas de integridade poderá realizar entrevistas e solicitar novos documentos.

Art. 6º Esta Portaria entra em vigor na data de sua publicação.

VALDIR MOYSÉS SIMÃO
Ministro de Estado Chefe da Controladoria-Geral da União

GUILHERME AFIF DOMINGOS
Ministro de Estado Chefe da Secretaria da Micro e Pequena Empresa

ANEXO

Parâmetros de integridade da microempresa e empresa de pequeno porte.

Na implementação de medidas de integridade, as Microempresas e Empresas de Pequeno Porte — MPE poderão observar os parâmetros orientativos abaixo descritos, não sendo exigida a demonstração de cumprimento de todos os parâmetros na avaliação.

PARÂMETROS DE INTEGRIDADE (Art. 42 do Decreto n. 8.420, de 18 de março de 2015)*	ESCLARECIMENTOS sobre os Parâmetros de Integridade para as MPE**	EXEMPLOS de medidas de integridades que as MPE podem adotar (Rol não taxativo)***
"I - comprometimento da alta direção da pessoa jurídica, incluídos os conselhos, evidenciado pelo apoio visível e inequívoco ao programa;"	A alta direção de uma MPE é representada por seus administradores, sejam eles seus sócios, proprietários, donos, chefes ou gerentes. O comprometimento da alta direção será verificado mediante a atuação e a postura da direção da empresa em relação aos seus funcionários. A direção deve disseminar a cultura de integridade, atuar na execução das medidas estabelecidas e tornar público o seu compromisso com o tema.	Disponibilizar cursos, palestras, debates e exposições sobre a ética e integridade, bem como fomentar a participação de funcionários em tais atividades; Difundir a cultura de integridade por meio de e-mails, redes sociais, cartazes, entre outros, informando os funcionários sobre a importância e necessidade das medidas de integridade; Implementar as condutas definidas no código de ética e incentivar que seus funcionários façam o mesmo; Difundir posturas éticas e íntegras de funcionários; Promover e incentivar debates sobre comportamentos éticos e íntegros, inclusive por meio de estudos de casos; e Promover a conscientização de que a corrupção é prejudicial a todos e deve ser combatida.
"II - padrões de conduta, código de ética, políticas e procedimentos de integridade, aplicáveis a todos os empregados e administradores, independentemente de cargo ou função exercidos;"	A MPE deve reconhecer e promover valores, comportamentos e princípios de condutas necessários à integridade da empresa, tanto para funcionários quanto para a direção. Os valores, comportamentos e princípios de condutas devem constar de um código de ética. O código de ética deve contribuir para a construção da cultura de trabalho e negócios dentro da empresa e deve ser fonte de consulta para funcionários e para a direção na tomada de decisão que envolva questões relativas à integridade da empresa.	Elaborar código de ética com valores, comportamentos e princípios de condutas aplicáveis a todos os funcionários e à direção, incluindo regras de relacionamento com o setor público; Divulgar o código de ética, por meio da afixação de cartazes, placas, sinais, mensagens sobre os padrões de conduta e os procedimentos que devem ser observados; Atualizar o código de ética; e Atualizar os procedimentos que devem ser adotados de acordo com os novos negócios celebrados.

PARÂMETROS DE INTEGRIDADE (Art. 42 do Decreto n. 8.420, de 18 de março de 2015)*	ESCLARECIMENTOS sobre os Parâmetros de Integridade para as MPE**	EXEMPLOS de medidas de integridades que as MPE podem adotar (Rol não taxativo)***
"IV – treinamentos periódicos sobre o programa de integridade;"	O treinamento é um dos pontos mais importantes para o funcionamento efetivo das medidas de integridade. A direção e os funcionários devem participar de treinamentos sobre assuntos relacionados às medidas de integridade, principalmente sobre o conteúdo do código de ética, os valores que orientam a cultura ética e os principais riscos relativos às atividades da MPE.	Promover, periodicamente, treinamentos internos sobre integridade; Promover a participação da direção e funcionários em cursos, presenciais ou à distância, oferecidos por instituições públicas ou privadas, sobre ética e integridade, licitações e contratos com a Administração Pública, políticas anticorrupção, dentre outros; e Divulgar a cultura de integridade da empresa em reuniões, encontros e eventos.
"VI – registros contábeis que reflitam de forma completa e precisa as transações da pessoa jurídica;"	Todas as empresas, com exceção do empresário individual a que se refere o art. 966 da Lei n. 10.406, de 10 de janeiro de 2002 — Código Civil, precisam registrar contabilmente suas operações. Vendas, compras, empréstimos, rendimentos e prejuízos são fatos que afetam o patrimônio de uma empresa e, por isso, devem ser registrados. As MPEs, optantes pelo Simples Nacional, podem observar a contabilidade prevista no art. 27 da Lei Complementar n. 123, de 2006, na forma regulamentada pelo Comitê Gestor do Simples Nacional.	Implantar sistema eletrônico de registro contábil; Registrar as transações nos livros oficiais; Preservar os livros e registros contábeis; Preservar os documentos que comprovem o recolhimento de impostos e contribuições devidas enquanto não ocorrer a decadência ou a prescrição; Assegurar-se de que o contador é profissional habilitado.
"VII – controles internos que assegurem a pronta elaboração e confiabilidade de relatórios e demonstrações financeiros da pessoa jurídica;"	Controles internos são procedimentos que verificam se as transações, compras, vendas, controle de estoque, pagamentos, dentre outros, estão sendo feitos de forma correta e de acordo com as instruções da direção. O controle interno também tem a função de apontar e corrigir eventuais erros, além de atuar de forma preventiva, diminuindo a possibilidade de ocorrência de fraudes e irregularidades.	Definir, sempre que possível, as atribuições dos funcionários; Confrontar receitas e despesas com os registros contábeis realizados, confirmando o registro das transações; Estabelecer regras sobre a necessidade de aprovação e autorização específica sobre pagamentos de alto valor, alto risco ou relacionados com o setor público; Definir regras claras para a aprovação de relatórios e documentos contábeis; Realizar auditorias.

PARÂMETROS DE INTEGRIDADE (Art. 42 do Decreto n. 8.420, de 18 de março de 2015)*	ESCLARECIMENTOS sobre os Parâmetros de Integridade para as MPE**	EXEMPLOS de medidas de integridades que as MPE podem adotar (Rol não taxativo)***
"VIII – procedimentos específicos para prevenir fraudes e ilícitos no âmbito de processos licitatórios, na execução de contratos administrativos ou em qualquer interação com o setor público, ainda que intermediada por terceiros, tal como pagamento de tributos, sujeição a fiscalizações, ou obtenção de autorizações, licenças, permissões e certidões;"	Relações comerciais com a administração pública exigem a observância de princípios e regras específicos. Caso essas regras e princípios sejam violados, a MPE pode sofrer sanções. Para evitar que ocorram irregularidades nas relações estabelecidas com o setor público, é importante que a MPE estabeleça regras sobre o contato de seus funcionários e diretores com agentes públicos; a participação em licitações; o oferecimento de brindes e presentes a agentes públicos; e, a contratação de atuais e ex-agentes públicos. Essas regras podem ser incluídas no Código de Ética e devem ser amplamente difundidas na empresa.	Orientar os funcionários e a direção sobre as leis que disciplinam as contratações públicas, como a Lei n. 8.666/93, a Lei n. 10.520/05 e a Lei Complementar n. 123/06; os mecanismos de prevenção e de enfrentamento à corrupção; e a responsabilização da pessoa jurídica pela prática de atos ilícitos contra a administração pública (Lei n. 12.846/2013); Rever, antes de participar de qualquer modalidade de licitação, os procedimentos inerentes à respectiva modalidade licitatória, com foco nas condutas vedadas; Incluir no Código de Ética regras referentes à participação em licitação e contratação e relacionamento com a Administração Pública; No caso de contratação de preposto ou de terceirização de elaboração de documentos para participar em procedimento licitatório, a MPE deverá fiscalizar suas atuações: como trabalham, se atuam de forma íntegra e regular, dentre outros. Oferecer treinamentos e cursos sobre compras públicas ou políticas anticorrupção aos funcionários que atuarem especificamente nos processos licitatórios; Estabelecer que as interações com o setor público e a atuação em procedimentos licitatórios sejam feitas por no mínimo dois representantes da empresa; Envolver pessoas da direção nos procedimentos licitatórios. A direção da empresa deve atuar como supervisor ou revisor durante o procedimento licitatório e durante a execução do contrato; Cumprir corretamente o disposto no contrato.

PARÂMETROS DE INTEGRIDADE (Art. 42 do Decreto n. 8.420, de 18 de março de 2015)*	ESCLARECIMENTOS sobre os Parâmetros de Integridade para as MPE**	EXEMPLOS de medidas de integridades que as MPE podem adotar (Rol não taxativo)***
"XI – medidas disciplinares em caso de violação do programa de integridade;"	Estabelecer medidas disciplinares significa prever as penalidades e os procedimentos para a punição de funcionários que violarem as regras da MPE, independente da posição ou cargo ocupado. As penalidades devem ser definidas de forma proporcional à irregularidade cometida, de forma a garantir que as medidas de integridade sejam respeitadas e que violações não sejam toleradas. São exemplos de penalidades que podem ser adotadas: advertência, suspensão e demissão.	Instituir penalidades e procedimentos disciplinares apropriados e razoáveis para apurar e reprimir a prática de diferentes irregularidades; Inserir as medidas e procedimentos disciplinares no Código de Ética; Alertar os funcionários sobre as penalidades e os procedimentos disciplinares, e disseminar o tema em treinamentos; Formalizar os procedimentos de apuração de irregularidades e aplicação de penalidades; Informar aos funcionários, no momento da contratação, sobre as condutas éticas da empresa e quais violações são passíveis de punições; Incluir cláusula de ciência das condutas éticas da empresa nos contratos de trabalho dos funcionários.
"XII – procedimentos que assegurem a pronta interrupção de irregularidades ou infrações detectadas e a tempestiva remediação dos danos gerados;"	Desenvolver procedimentos que assegurem a interrupção imediata de irregularidades e infrações e que permitam a reparação dos danos causados de forma rápida e direta, evitando a ocorrência futura de situações análogas.	Garantir que mais de um representante da MPE supervisione as operações ou atividades relevantes, como aquelas que envolvam grandes valores ou que estejam relacionadas com o setor público; Investigar situações ou comportamentos inadequados; Registrar todas as irregularidades constatadas e a forma de reparação dos danos; Interromper as irregularidades logo que elas forem detectadas.
"XVI – transparência da pessoa jurídica quanto a doações para candidatos e partidos políticos."	Transparência não se limita a apresentar os recibos de doações eleitorais realizadas. A MPE deve deixar clara a sua posição quanto à doação eleitoral. As doações a candidatos e partidos políticos devem ser divulgadas. A MPE que não realiza doações também deve divulgar essa informação.	Definir regras claras sobre as doações eleitorais; Informar se a MPE realiza ou não doações, o valor máximo que pode ser doado, e quem pode aprovar doação; Divulgar as regras adotadas pela MPE sobre doações eleitorais para os funcionários e para o público externo; Declarar todas as doações a Justiça Eleitoral e guardar os recibos de doações efetuadas; Divulgar doações a candidatos e partidos políticos.

* Na primeira coluna da tabela, estão descritos os parâmetros de integridade que são exigidos para as MPE de acordo com o art. 42 do Decreto n. 8.420, de 18 de março de 2015.

** Na segunda coluna da tabela, são feitos esclarecimentos sobre os parâmetros de integridade, seus conceitos e conteúdos, simplificando-os e aproximando-os da realidade das MPE.

*** Na terceira coluna da tabela, constam exemplos não taxativos de medidas de integridade que as MPE podem utilizar para a criação ou aperfeiçoamento de medidas de integridade.